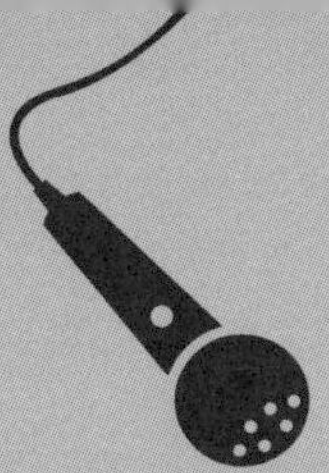

재미있는 실제 사례를 통해 실무 적용점을 찾아내는

스토리텔링 인사노무관리

– 직무·평가·보상을 중심으로 –

HR 편

김 복 수 저

HR 교재는 딱딱하다는 ‘편견’을 깨다

딱딱한 HR을 쉽게 공부할 수 있는 가장 좋은 방법, 사례(story)

이론과 실무를 스토리 방식으로 통합하여
책을 읽고 나면 자연스럽게 실제 업무에 적용할 수 있다.

중앙경제

스토리텔링(Storytelling) 인사노무관리[HR 편]

초판발행 2020년 3월 4일
초판4쇄발행 2025년 1월 6일

지은이 김복수
펴낸이 김남진
펴낸곳 중앙경제

디자인 이지훈, 최가영
마케팅 신석재, 김성울, 이소영, 윤지희, 김선혜
경영지원 이상훈, 박세라, 조용환

출판등록 80.6.21 제2-66호
주소 서울시 중구 다산로11길 19(신당동 355-8) 백석빌딩 신관 4층
전화 02)2231-7293
팩스 02)2235-5344
홈페이지 www.elabor.co.kr

ISBN 978-89-7017-437-2 (93330)
정가 25,000원

스토리텔링(Storytelling)
인사노무관리[HR 편]

김 복 수 저

중앙경제

「스토리텔링(Storytelling) 인사노무관리[HR 편]」을 내면서

이 책은 스토리텔링 인사노무관리[노동법 편]과 한쌍을 이루는 책입니다. 저는 항상 인사노무관리는 노동법과 HR의 통합이 중요하다고 강조해 왔습니다. 2018년 스토리텔링 인사노무관리[노동법 편]을 출간하였고 1년 반 뒤인 2020년 1월 스토리텔링 인사노무관리[HR 편]을 출간하게 되었습니다. 그리고 딱딱한 인사노무관리를 좀 더 쉽게 접근하고 싶은 마음에서 스토리텔링(Storytelling) 방식을 선택하였습니다.

스토리텔링 인사노무관리[HR 편]을 집필하는데 생각보다 더 많은 시간이 걸렸습니다. 책을 쓰면서 생각을 다시 한번 정리해야 했고 기존 생각의 많은 오류를 발견하기도 하였습니다. 참으로 책을 쓰는 것은 어려운 작업인 것 같습니다. 저는 기업에서 약10년, 노무법인에서 약10년, 총 20여년 동안 인사노무관리 업무를 수행하였습니다. 기업에서는 제가 속한 한 회사(한화갤러리아)를 위하여 고민하였습니다. 그러나 노무법인에서는 저에게 의뢰한 다양한 고객사를 위하여 고민하는 시간이었습니다. 이러한 과정(컨설팅, 자문, 강의 등)에서 인사노무관리의 본질에 대해서 계속 생각하게 되었고 그러한 고민의 결과를 책으로 정리하게 되었습니다.

그렇다면 제가 생각하는 인사노무관리의 본질은 무엇일까요? 바로 인사노무관리는 "조직의 건강한 성장과 구성원의 행복"을 위해서 존재한다는 것입니다. 조직은 성장해야 합니다. 그러나 더 중요한 것은 건강하게 성장해야 한다는 것입니다. 그리고 구성원에게 행복한 일터가 되어야 합니다. 그러나 많은 기업들이 병들어 있고 구성원이 행복하지 못합니다. 원래 '직장생활은 그런거야'라고 생각하고 넘어갈 수 없습니다. 우리의 조직은 건강하게 성장할 수 있고 구성원은 행복할 수 있습니다. 그 방법을 이 책에 담아 보았습니다. 한번 함께 고민해 보았으면 좋겠습니다.

이 책은 3가지 특징을 가지고 있습니다.

첫 번째 '쉽다'입니다. HR 교재들은 매우 딱딱하고 어렵습니다. 그래서 접근 방식을 바꾸었습니다. 스토리텔링 방식이기 때문에 쉽게 이해되고 매우 친근한 느낌이 들 것입니다.

두 번째 '업무에 즉시 적용할 수 있다'입니다. 이론과 실무가 분리되는 방식이 아니라 이론과 실무를 통합하였습니다. 따라서 책을 읽고 나면 실제 업무에 적용할 수 있을 것입니다.

세 번째 '꼭 필요한 내용만 담았다'입니다. HR은 너무 광범위하고 내용이 많습니다. 인사노무실무자가 모두 학습하는 것은 매우 어려운 일입니다. 따라서 실무자가 업무를 수행하는데 꼭 필요한 영역을 중심으로 서술하였습니다.

이 책이 나오기까지 정말 많은 분들의 도움이 있었습니다. 먼저 출판을 허락해 주신 중앙경제 김희성 회장님과 김남진 대표님께 감사드립니다. 그리고 책의 시작부터 마지막까지 챙겨주신 김태윤 상무님과 편집을 위해 애써주신 이지훈 대리님께 감사의 말씀을 전합니다. 또한 인사관리가 무엇인지를 알려주신 중앙대학교 경영학과 정연앙 교수님께 감사드립니다. 교수님의 가르침으로 인사관리의 뼈대를 세울 수 있었다고 생각합니다. 그리고 지난 10여년 동안 HR의 본질에 대해서 함께 고민해 주신 예담의 정호영 부대표 노무사님께 감사드리고 장내석 노무사님, 이은정 과장님, 이민주 대리께 감사드립니다. 예담 가족들의 헌신이 없었다면 이 책은 세상에 나오지 못했을 것입니다. 마지막으로 사랑하는 가족 아내 보연과 딸 민서에게 감사함을 전합니다.

정말 이 땅의 기업들이 건강하게 성장하고 그 구성원이 행복해지는데 이 책이 조금이나마 도움이 되기를 간절히 소망합니다. *God bless you!*

2020. 1. 5.

노무법인 예담

저자 ***김 복 수*** *드림*

차 례

제1장 인사관리를 시작하며

제2장 직무관리

제3장 인사평가

제4장 보상관리

제5장 인사관리를 마무리하며

제1장 인사관리를 시작하며

제2장
제3장
제4장
제5장

story

01

인적자원관리의 3단 케이크 (조직관리–인사관리–노사관계관리)

Storytelling

K 컨설턴트는 3년 전 ○○철강을 대상으로 인사제도 설계 컨설팅을 수행하였다. 그러나 컨설팅을 통해 설계한 인사제도는 아직 제대로 시작조차 되지 못하고 있고 노동조합은 매년 높은 임금인상을 요구하며 회사와 계속적으로 대립하고 있다. K 컨설턴트는 정기적으로 ○○철강을 방문하여 변화관리를 코칭하고 있지만 별다른 효과가 없어 보인다. 과연 ○○철강에는 무슨 문제가 있는 것일까?

Coaching

조직관리 vs 인사관리 vs 노사관계관리

○○철강은 인사관리와 노사관계에서 많은 어려움을 겪고 있다. 이러한 인사관리와 노사관계의 애로사항을 어떻게 해결해야 할까? 인적자원관리는 아래 그림과 같이 크게 조직관리, 인사관리, 노사관계관리로 구성된다[1]. 이 그림을 '인적자원관리의 3단 케이크'라고 부르기로 하자.

1) 중앙대학교 경영대학 경영학과 정연앙 교수 강의자료 인용

[인적자원관리 체계]

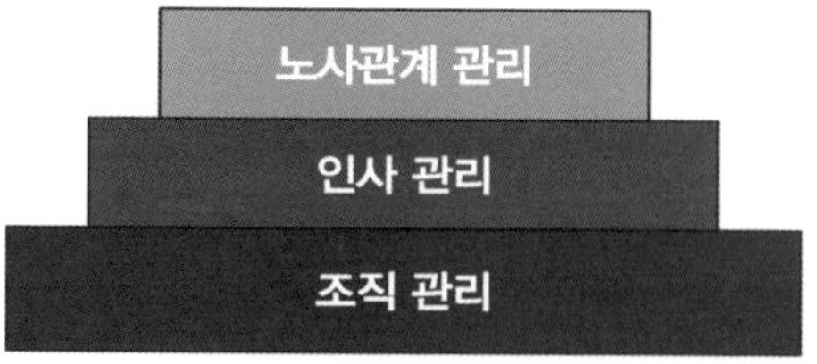

구분	조직관리	인사관리	노사관계관리
개념	▪ 인적자원관리의 기초 영역	▪ 인적자원관리의 핵심 영역	▪ 인적자원관리의 종합 영역
주요내용	▪ 조직구조, 리더십, 의사소통, 의사결정 참여, 권한의 위임 등	▪ 채용관리, 직무관리, 평가관리, 보상관리, 육성관리, 유지관리, 이직관리 등	▪ 노사협력프로그램의 운영, 노사협의회, 고충처리, 단체교섭 등
지향점	▪ 신뢰에 기초한 조직관리	▪ 합리적 인사관리	▪ 상생의 노사관계
핵심가치	▪ 신뢰 (trust)	▪ 형평 (equity)	▪ 협력 (collaboration)

※ 중앙대학교 경영대학 정연앙 교수 강의 자료 수정 인용

3단 케이크는 1단 조직관리, 2단 인사관리, 3단 노사관계관리로 이루어진다. 인적자원관리의 3단 케이크가 조직관리 → 인사관리 → 노사관계관리 순서로 이루어진다는 것은 어떤 의미일까? 바로 밑단 케이크가 윗단 케이크의 기초가 된다는 것이다. 즉, 조직관리가 인적자원관리의 출발점이 된다. 안정적인 조직관리가 전제되어야 인사관리가 가능하다. 또한 어떠한 인사관리를 하는가에 따라서 노사관계의 모습이 결정된다는 것이다. 이러한 관계에 대하여 상기 사례를 통해 살펴보자. 먼저 인사관리와 조직관리의 관계이다. ○○철강은 계속적으로 연평균 50% 높은 사직률을 보이고 있다. 50% 사직률이란 직원이 1,000명인 회사에 매년 500명이 사직한다는 것을 의미한다. 이유는 리더십의 심각한 문제 때문이다. ○○철강의 관리자들은 오로지 경영진의 눈에 들기 위해서만 일하고 있다. 따라서 부서원은 매일 야근과 불합리한 업무지시, 불필요한 보고서작성 등으로 지쳐가고 결국 사직으로 이어지고 있는 것이다. 이러한 조직관리 상황에서 어떠한 새로운 인사제도도 정상적으로 작동할 수 없다. 인사관리가 성공적으로 시행되고 있는 기업을 살펴보면 항상 리더십, 소통, 권한위임 등 조직관리 관점의 깊이 있는 노력이 이루어지고 있는 것을 발견할 수 있다. 다음으로 노사관계관리와 인사

관리와의 관계이다. ○○철강은 인사평가제도가 시행되지 않고 있다. 이러한 상황에서 개인별 임금을 매년 회사가 일방적으로 결정하다보니 회사와 종업원간에 갈등이 계속 발생하고 있는 것이다. 나아가 최근 주52시간제가 시행되었음에도 불구하고 매일 2~3시간의 야근을 하는 상황이 계속되다 보니 직원과 회사와의 관계는 더욱 악화되고 있다. 즉, ○○철강의 경우 불합리한 인사제도가 대립적 노사관계의 원인으로 작용하고 있는 것이다. 협력적 노사관계를 구축한 기업을 살펴보면 대부분 지속적으로 인사제도를 개선한 기업들이라는 공통점을 가지고 있다. 결론적으로 조직관리, 인사관리, 노사관계관리는 매우 밀접하게 서로 연계되어 있다는 것을 알 수 있다. 인적자원관리를 성공적으로 수행하기 위해서는 먼저 신뢰의 조직관리를 구축하고 이후 합리적 인사관리를 시행하는 것이 요구된다. 이러한 합리적 인사제도하에서 협력적 노사관계가 구축될 수 있을 것이다.

그렇다면 ○○철강에 대한 솔루션은 어떻게 될까? 먼저 조직관리 관점에서 문제를 정확히 진단하는 것이 필요할 것이다. 즉, 리더십의 문제, 소통의 문제 등을 해결하는 것이 선행되어야 한다. 이를 통해 신뢰(trust)의 조직관리가 이루어지게 되면 새로운 평가–보상제도가 정상적으로 시행될 수 있는 토대가 마련될 것이다. 그리고 평가–보상제도의 변화를 통해 인사관리의 형평성(equity)이 제고되면 노사관계는 자연스럽게 협력적(collaboration) 방향으로 나아갈 것이라고 생각된다.

HR 실무 적용 Point

1. 인적자원관리는 조직관리-인사관리-노사관계관리로 구성된다.
2. 조직관리가 인사관리의 기초가 되며, 인사관리는 노사관계관리의 기초가 된다. 즉, 인적자원관리는 조직관리부터 시작되는 것이다.
3. 조직관리는 신뢰(trust), 인사관리는 형평(equity), 노사관계관리는 협력(collaboration)이 핵심가치임을 기억하자.

story

02

인사관리의 구조를 좀 더 쉽게 설명할 수 없을까?

Storytelling

인사팀 김대리는 최근 새롭게 발령받은 신임 인사담당 때문에 걱정이 많다. 신임 인사담당은 영업 출신이라서 인사관리에 대한 기본적인 지식이 전무한 상태다. 인사 경력 5년차인 김대리는 신임 인사담당에게 직무, 채용, 인사평가, 보상, 교육훈련, 퇴직관리 등 인사관리 업무 전반에 대해서 상세하게 설명해 주었다. 그런데 신임 인사담당의 표정이 썩 좋지 않다. 생각보다 인사관리가 복잡하고 어려워서 잘 이해하지 못하는 것 같다. 김대리는 답답한 마음에 커피 한잔의 여유를 가지며 생각에 잠겼다. 복잡한 인사관리의 구조를 좀 더 쉽게 설명할 수 없을까?

Coaching

지금부터는 인적자원관리 3단 케이크의 중간에 위치한 인사관리에 대해서 집중적으로 살펴보자. 인사관리는 사람과 일에 관련된 다양한 기능으로 구성된다. 인사담당자는 실제 인사업무를 수행하기 때문에 본인이 무슨 일을 하는지에 대해서 잘 이해하고 있다. 그러나 인사업무를 수행한 경험이 없는 사람은 인사관리 업무를 매우 복잡하고 어렵게 생각한다. 왜냐하면 인사관리는 다양한 인사기능이 상호작용하는 관계이기 때문이다. 상기 사례와 같이 인사담당자는 간혹 "인사관리가 뭐 하는 업무에요?"라는 질문을 받게 된다. 매우 간단한 질문처럼 보이지만 위 질문에 명확하게 대답하는 것은 생각보다 쉽지 않다. 이럴 때 다음과 같은 그림으로 설명해 보면 어떨까?

[인사관리 체계]

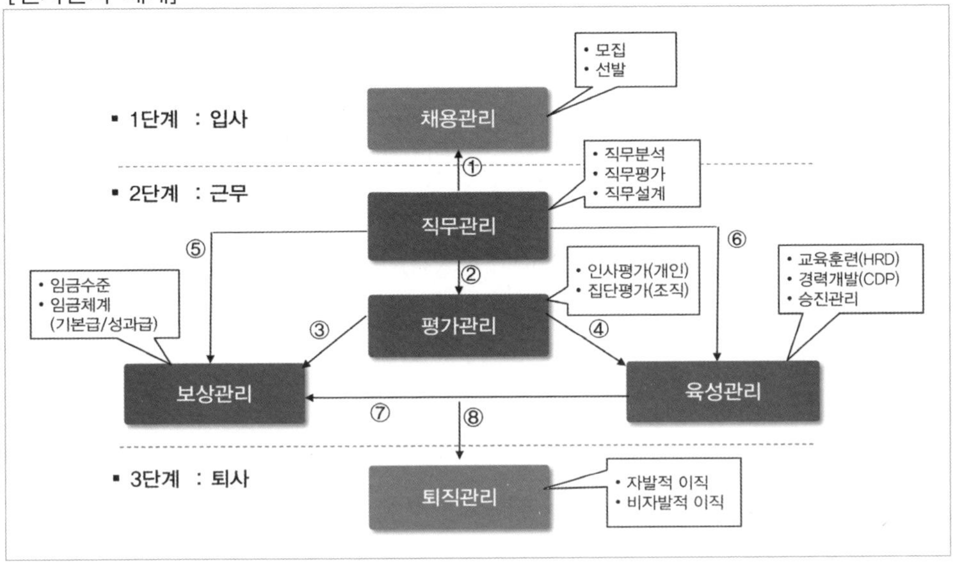

인사관리의 출발은 직무관리이다. 보통 채용을 인사관리의 출발점으로 보지만 직무를 출발점으로 보는 것이 올바른 접근이다. 예를 들어 보자. 여러분이 작은 슈퍼마켓을 시작하기로 하였다. 먼저 슈퍼마켓의 '일(직무)'를 생각해 보게 된다. 생각해 보니 판매담당 1명과 케셔 1명이 필요하다고 판단되었다. 판매담당은 상품 상하차, 배달 등을 수행하고 케셔는 계산업무, 반품 등의 업무를 수행할 예정이다. 그리고 나서 이러한 업무를 잘 수행하기 위해서는 '어떠한 사람을 채용해야 하지?'라는 생각으로 이어진다. 이와 같이 먼저 직무가 결정되고 사람을 채용하는 것이 당연한 순서라고 볼 수 있다. 그러나 아직도 대기업들은 먼저 사람을 채용하고 어느 부서에 배치할지를 고민하는 경우가 있다. 오히려 중소기업이 직무를 인사관리의 출발점으로 삼는 것은 참 아이러니한 일이라고 생각된다.

직무가 결정되면 기업은 해당 직무를 가장 잘 할 수 있는 사람을 채용하게 된다(① 화살표). 그리고 채용 후 직원은 자신의 직무를 수행하게 된다. 직무 수행이 이루어지면 직무수행에 대한 평가가 필요하다. 직무수행에 대한 평가 시 당연히 직무를 기준으로 평가가 이루어져야 할 것이다(② 화살표). 이후 평가 결과는 보상과 육성에 영향을 미치게 된다. 즉, 일을 열심히 한 직원과 그렇지 않은 직원 간에는 당연히 보상의 차이가 존재해야 한다(③ 화살표). 그리고 열심히 일한 직원에게 핵심인재 육성과 상위 직무수행의 기회도 부여되어야 할 것이다(④ 화살표). 또한 보상은 직무의 성격과 난이도 등을 고려해야 할 것이다(⑤ 화살표). 그리고 직무별로 적합한 교육이 이루어지는 것이 필요하다(⑥ 화살표). 또한 꾸준한 역량개발을 통해 보다 중요한 업무를 수행하게 되는 경우 임금이 인상될 것이다(⑦ 화살표). 다른 직장으로 이직한 직원은 퇴직금 정산 등 퇴직처리를 해야 할 것이다(⑧ 화살표). 이와 같이 인사기능은 6가지로 구성되며 기능간에는 강력한 상호연계성을 가지고 있다.

이제 인사관리 각 기능의 세부내용에 대해서 살펴보자. 먼저, 직무관리이다 직무관리는 직무의 내용을 명확히 정리하는 직무분석, 직무의 상대적 가치를 밝히는 직무평가, 직무의 모습을 정하는 직무설계로 구성된다. 채용관리는 구직자를 모으는 모집과 모집된 사람 중에서 우리 회사에 적합한 사람을 뽑는 선발로 구분된다. 평가관리는 개인을 평가하는 인사평가와 조직을 평가하는 집단평가로 나누어진다. 보상관리는 임금의 수준에 관한 임금수준관리와 임금의 체계를 결정하는 임금체계관리(기본급체계와 성과급 체계로 구분)로 나누어진다. 육성은 역량개발을 위한 교육훈련과 경력경로를 설계하는 경력관리, 그리고 직급의 상승과 관련된 승진관리로 구분된다. 마지막으로 이직은 다른 회사로의 이직 등 스스로 그만두는 자발적 이직과 회사의 이유에 의해서 직장을 떠나는 비자발적 이직으로 구분된다. 이와 같이 인사관리의 기능은 크게 6개로 구분된다. 이러한 6가지의 인사기능은 대기업만이 아니라 이 세상에 존재하는 모든 기업이 가지고 있는 본연의 경영기능에 해당한다. 예를 들어 직원 1명(주방보조라고 가정해 보자)으로 운영되는 작은 식당의 경우를 가정해 보자. 사장님은 주방보조가 할 일을 고민한 후에 주방보조 일을 가장 잘 할 만한 사람을 채용한다. 그리고 직원이 잘 하는 점과 그렇지 못한 점을 수시로 평가하고 당연히 급여를 지급한다. 또한 음식조리 등 주방보조에게 필요한 교육도 실시하고 퇴직하면 퇴직금을 지급하는 등 퇴직처리를 하게 된다. 어떠한가? 이처럼 업종과 규모를 불문하고 6가지 인사기능은 공통적으로 활용된다고 볼 수 있다.

그렇다면 수 만명 규모의 대기업과 아주 작은 소기업의 인사관리의 차이는 무엇일까? 첫 번째 차이는 각 인사기능의 정교함이다. 대부분의 대기업과 글로벌 기업의 경우에는 많은 시간과 비용을 투입하여 평가제도를 설계하고 보상제도를 설계하는 등 각 인사기능의 정교함을 지속적으로 향상시켜나가고 있다. 따라서 점차 채용, 평가, 보상, 육성 등의 인사기능이 회사에 적합한 제도로 성숙하며 발전하게 된다. 그러나 인사관리가 허약한 소기업의 경우에는 정교함이 부족한 인사기능이 형식적으로 작동하는 모습을 보인다. 두 번째 차이는 인사기능간의 연계성이다. 즉, 인사기능을 연결하고 있는 화살표의 강도이다. 대기업과 글로벌 기업은 인사기능간의 연계의 강도가 매우 강하다. 예를 들어 열심히 일한 직원이 좋은 평가를 받고 높은 보상과 육성의 기회를 받게 된다. 그러나 인사관리가 허약한 소기업의 경우에는 인사제도간의 연계성이 매우 약하다. 예를 들어 관리자 마음대로 임금인상과 승진자를 결정하는 모습을 보게 된다. 직원들은 이러한 인사관리를 매우 불합리하다고 생각할 수밖에 없다. 결국 인사관리 수준의 차이는 인사기능의 정교함과 인사기능간의 연계의 강도라고 볼 수 있다. 지금도 위대한 기업의 인사담당자는 인사기능을 어떻게 더 정교하게 개선할 것인가를 고민하고 있으며, 인사기능간의 연계의 강도를 높일 수 있는 방안을 수립하고 있다는 점을 기억할 필요가 있다.

복잡하게 보이는 인사관리를 그림을 통해 살펴보니 매우 쉽게 이해가 된다. 이제 누군가가 인사담당자인 여러분에게 "인사관리가 뭐에요?"라고 질문한다면 "어 인사관리란 바로 이거야. 그림으로 설명해 줄게"라고 차분하고 친절하게 설명해 주자.

HR 실무 적용 Point

1. 인사관리는 직무관리, 채용관리, 평가관리, 보상관리, 육성관리, 이직관리로 구성된다.
2. 인사기능은 서로 강력하게 상호연계되어야 한다.
3. 인사관리의 고도화는 인사기능을 정교화하고 인사기능간 상호연계성을 강화하는 활동이다.

story

03

인사관리는 경쟁지향과 협력지향 중 어떤 방향을 선택해야 할까?

Storytelling

K 컨설턴트는 최근 2개 회사의 인사제도 설계 컨설팅을 진행하였다. K 컨설턴트는 상반기에 ○○금속에 대하여 인사제도 설계 컨설팅을 수행하였고, 하반기에 △△테크의 인사제도 설계 컨설팅을 시행하였다. 상반기에 시행한 ○○금속의 경우 CEO가 매우 강력한 연봉제 등을 통하여 경쟁 지향적 조직을 만들어 줄 것을 요청하였다. 그러나 하반기에 컨설팅을 시행한 △△테크의 경우 조직성과의 집단배분을 통한 협력지향적 조직을 구축할 수 있도록 도와 달라고 요청하였다. 상기 두 회사의 컨설팅을 마친 후 K 컨설턴트는 고민에 빠지게 되었다. 왜 기업들은 서로 다른 방향의 인사제도를 요청하는 것인가? 나아가 과연 경쟁 중심의 인사제도와 협력 중심의 인사제도 중 과연 어떠한 인사제도가 바람직한 것일까?

Coaching

기업은 매우 다양한 인사제도를 가지고 있다. 비슷한 업종과 규모일지라도 인사제도의 모습은 매우 상이하다. 나아가 인사제도의 기초가 되는 인사관리의 방향성도 다른 경우가 많다. 인사관리의 방향성은 달리 말해서 인사관리의 패러다임이라고 이해할 수 있다. 이번 스토리에서는 인사관리의 패러다임에 관하여 역사적 두 인물을 통해서 살펴보고자 한다.

[과학적 관리론 vs 인간관계론]

Frederic Winslow Taylor(1856~1915)

George Elton Mayo(1880~1949)

두 명의 사진이 있다.

첫 번째 사진의 주인공은 테일러(Frederick Winslow Taylor)이다[2].

테일러는 1856년 3월 20일 미국 필라델피아에서 변호사의 아들로 태어났다. 테일러는 아버지와 마찬가지로 변호사기 되기 위하여 1872년 필립 엑스터 아카데미에 입학하였으며 졸업 후 하버드 대학 입학시험에 합격하였다. 그러나 안질로 시력이 악화되어 하버드 대학 입학을 포기하고 엔터프라이즈 수력공장에 입사하게 된다. 이후 1878년 미드베일 철강공장으로 전직 후 기계공에서 시작하여 빠른 속도로 수석기사까지 승진하게 된다. 이 과정에서 테일러는 1883년 스티븐스공과대학에서 기계공학사의 학위를 따낼 만큼 학업에서도 열정을 보이게 된다. 미드베일 철강공장에서 퇴직 후 1890년부터 1893년 까지는 제조투자회사에서 컨설팅 엔지니어로 근무하기도 한다. 그 후 다시 베들레헴 철강공장으로 자리를 옮긴 테일러는 과학적 관리와 관련된 많은 실험을 통하여 이론을 완성시키고

2) 조직학의 주요이론(제4판) 김성국 공저 수정 인용, 홍문사

1911년 과학적 관리의 원칙(The principles of scientific management)이라는 세기의 역작을 세상에 발표하게 된다. 과학적 관리법의 핵심내용은 시간연구(time study)와 동작연구(motion study)를 통한 과업 관리(task management)이다. 또한 표준 과업량을 초과하면 높은 비율의 성과급을 지급하는 차별적 성과급제도(differential-piece-rate-sytem)의 도입이다. 이러한 과업관리와 차별적 성과급 제도를 통하여 아담 스미스(Adam Smith)가 주장했던 '분업의 효율'을 실제로 이룰 수 있었던 것이다. 여기서 아담 스미스가 주장했던 분업의 효율성에 대해서 잠시 살펴볼 필요가 있을 것 같다. 아담스미스는 '국부론'에서 핀제조업 사례를 통해서 분업을 설명하고 있다[3]. A 공장은 핀을 만드는 18개의 조작(철사를 잡아 늘이기, 철사를 곧게 펴기, 철사를 끊기, 철사 끝을 뾰족하게 만들기, 대가리 만들기 등)을 한 사람이 모두 수행하고 있다. 그리고 B 공장은 한 사람이 두 세가지 조작만을 담당하여 핀을 만들고 있다. 즉 B공장은 분업을 통해서 핀을 만들고 있는 것이다. 이러한 작업방식의 차이는 엄청난 생산성을 차이를 가져 왔다. A 공장의 경우에는 한사람이 하루에 최대 20개를 만들었지만, B 공장의 경우 한 사람이 하루에 무려 4,800개의 핀을 만들어 내고 있었다. 분업이 약 240배의 생산성의 차이를 만들어 낸 것이다. 이후 과학적 관리법은 헨리 포드에게 전해지게 되고 헨리포드는 분업을 활용한 컨베이어방식으로 자동차 대량생산체제를 구축할 수 있게 되었다. 물론 테일러의 과학적 관리법은 인간을 기계화하였다는 비판을 빋게 되지만, 인류가 지금 자동차의 혜택을 누리고 있는 것이 테일러의 과학적 관리법의 덕분이라는 점은 명백한 사실이다.

두 번째 사진의 주인공은 메이요(George Elton Mayo)이다[4]. 메이요는 1880년 오스트레일리아의 법률과 의학분야의 명문가의 장남으로 태어났다. 메이요는 대학에 입학하여 의학을 공부하였으나 이후 철학과 심리학에 심취하게 된다. 1922년 미국으로 이민으로 간 메이요는 펜실베니아 대학의 와튼 스쿨에서 연구원을 거쳐 하버드 대학의 교수가 되었다. 메이요의 대표적인 실험은 호손공장(Hawthorne factory)실험이다. 호손공장실험은 1924년부터 1932년까지 무려 8

3) 국부론 애덤 스미스 저 수정 인용, 비봉출판사

4) 조직학의 주요이론(제4판) 김종순 공저 수정 인용, 홍문사

년 동안 진행된 대규모 연구 프로젝트이다. 호손공장 실험은 크게 4단계 구분할 수 있다. 첫 번째 단계는 조명실험(illumination experiment ; 1924~1927)이다. 실험집단에게 조명도를 높이자 예상대로 작업능률이 향상되었다. 그러나 반대로 조명도를 낮추었을 때 작업능률이 낮아지지 않고 그대로 유지되는 것이었다. 또한 실험집단과 다르게 조명에 아무런 변화를 주지 않은 통제 집단의 경우에도 작업능률이 향상되는 현상을 보였다. 이 실험을 통하여 조명뿐만 아니라 다른 요소가 작업능률에 영향을 미치고 있다는 것을 추측할 수 있었다. 그러나 작업능률에 영향을 미치는 요소를 발견하지는 못하였다. 두 번째 단계는 계전기 조립작업실험(relay room experiment, 1927~1929)이다. 메이요는 첫 번째 실험 이후 호손 실험에 참여해 달라는 요청을 받게 되고 두 번째 실험부터 참여하게 된다. 이 실험에서 메이요는 다양한 조건의 변화를 시도하게 된다. 실험 결과 작업시간의 단축, 휴식시간의 증가, 간식의 제공 등이 이루어지자 작업능률은 향상되었다. 그러나 작업시간과 휴식시간의 환원, 간식 등이 중단되었지만 작업능률은 하락하지 않고 그대로 유지 되었다. 근로시간, 휴식, 간식 등의 다양한 근로조건도 작업능률에 결정적인 영향을 주지 못한다는 점이 밝혀졌다. 그러나 첫 번째 실험과 마찬가지로 어떠한 요소가 작업능률에 영향을 미치는 가를 발견하지는 못했다. 세 번째 단계는 면접조사(interviewing program, 1928~1930)였다. 메이요는 약 20,000명의 종업원을 대상으로 3년간 면접을 실시하였다. 정말 대단한 면접이라고 생각한다. 메이요는 면접을 통하여 물리적 환경(조명, 근로시간, 휴식, 간식 등)뿐 아니라 종업원의 감정(관리자와 작업자 사이의 관계 등)이 작업능률에 많은 영향을 미치고 있다는 것을 발견하게 된다. 마지막 네 번째 단계는 배전기 전선작업실 관찰(bank wiring room study, 1931~1932)이다. 메이요는 배전기 전선작업실을 대상으로 관찰을 시작하였다. 관찰결과 작업장에는 비공식적인 조직과 보이지 않는 규칙이 작동하고 있었다. 누구도 다른 사람과 다르게 너무 열심히 일하지 않았으며, 반대로 너무 태만하게 일하지도 않았다. 즉, 서로 나름대로의 적정한 생산량 기준을 가지고 있었던 것이다. 이렇게 메이요의 실험은 마무리되게 된다. 결국 호손공장 실험을 통해 작업능률은 관리자와 작업자의 관계, 작업자간의 관계에 의해서 결정된다는 점을 밝혀내게 된다.

지금까지 테일러와 메이요의 이야기를 매우 길게 한 이유는 무엇일까? 인사관리의 패러다임과 매우 관련이 있기 때문이다. 인사관리의 패러다임은 크게 자유주의와 공동체주의로 구분될 수 있다.

[인사관리 패러다임 [자유주의 vs 공동체주의][5)]]

구분	자유주의	공동체주의
인간에 대한 가정	• 원자화된 자유행위자(free agent)	• 관계인(relational person)
핵심주장	• 자유인의 개인적 자유와 선택의 자유 강조	• 관계인의 호혜성을 강조
인사관리	• 조직 내 구성원간 혹은 조직단위간 경쟁과 그룹화를 통한 관리 • 핵심적인 개별 인재를 확보하고 유지하며 이들을 통한 가치창출을 추구 • 사람들의 동기부여를 위해 강도 높은 인센티브를 제공	• 조직 내 구성원 전체를 비교적 동질적으로 관리 • 조직의 가치와 적합한 인재를 선발하고 이들의 자발적 참여와 협업을 통해 가치창출을 추구 • 사람들의 동기부여를 위해 다양한 직업가치 명제를 제공하며, 인센티브 강도는 상대적으로 약함.

인간에 대한 가정 차원에서 살펴보면 자유주의는 인간을 원자화된 자유행위자(free agent)로 보지만 공동체주의는 인간을 관계인(relational person)으로 본다. 이러한 인간에 대한 가정의 차이는 인사관리에 영향을 미치게 된다. 자유주의적 인사관리는 경쟁을 통한 관리를 지향하며 높은 인센티브를 통한 동기부여가 가능하다고 생각한다. 그러나 공동체주의적 인사관리는 협업을 매우 중요하게 여기며 직업 가치를 통한 동기부여를 지향한다. 이와 같이 자유주의와 공동체주의는 매우 다른 관점에서 사람을 바라보고 있다. 자유주의와 공동체주의는 매우 오래전부터 서로 경쟁해 왔으며 아직도 경쟁하고 있는 인간에 대한 경쟁적 패러다임이라고 볼 수 있다. 그럼 테일러와 메이요를 자유주의와 공동체주의에 적용해 보면 어떻게 될까? 테일러는 자유주의, 메이요는 공동체주의와 맥을 같이

5) '경쟁적 패러다임과 인사조직연구 : 자유주의와 공동체주의를 중심으로', 배종석 외, 인사·조직연구 제17권 제2호(2009) 참조

한다고 볼 수 있다.

그렇다면 우리는 어떠한 인적자원관리 패러다임을 선택해야 하는가? 예를 들어 보자. 우리나라의 기업들은 IMF 경제위기전에는 대부분 매우 공동체주의적인 인사제도를 가지고 있었다. 그러나 IMF 경제위기 속에서 30대 그룹의 절반 이상이 도산, 법정관리 등으로 역사 속으로 사라지는 등 대부분의 기업들이 극심한 경영위기를 맞게 되었다. 그러자 1998년을 기점으로 많은 기업들은 효율성을 강조한 자유주의적 인사제도를 경쟁적으로 도입했다. 대표적인 것이 연봉제일 것이다. 연봉제란 평가와 보상을 연계하는 보상제도인데 경쟁을 통해서 인력운영의 효율성을 높이겠다는 것이다. 그러나 연봉제 도입이후 10여년이 지나면서 많은 기업들은 과도한 경쟁에 의해서 협업을 기피하는 문제를 경험했고 이후 좀 더 공동체주의적 인사제도를 고민하기 시작했다. 이와 같이 자유주의와 공동체주의는 테일러와 메이요 이후 지금까지 끊임없이 경쟁하고 있는 경쟁적 인사관리 패러다임인 것이다. 극단의 자유주의적 패러다임 또는 극단의 공동체주의적 패러다임은 존재하지도 않고 바람직하지도 않다. 기업은 자유주의적 패러다임과 공동체주의적 패러다임의 적절한 균형점을 찾아야 하는 것이다. 이러한 균형점은 어떠한 공식으로 찾을 수 있는 것이 아니라 조직의 가치관을 기반으로 인사관리에 대한 진정성 있는 고민을 통해서만 도출될 수 있다는 점을 기억해야 한다.

HR 실무 적용 Point

1. 우리조직은 경쟁지향적 조직과 공동체지향적 조직 중 어떤 조직에 해당하는지 고민해 보자.
2. 경쟁지향적 조직은 자유주의 패러다임, 협력지향적 조직은 공동체주의 패러다임에 기초하고 있다.
3. 인사관리 패러다임을 결정하게 되면 세부 인사제도의 방향성은 자동적으로 결정된다는 점을 기억하자. 즉, 기업은 인사관리 패러다임 설정에 많은 시간과 노력을 투입해야 한다.

story

04

반드시 직무주의 인사관리를 해야 할까? 속인주의 인사관리는 문제가 있는 것인가?

Storytelling

K 컨설턴트는 최근 인사관리교육기관에서 기업 인사부서장을 대상으로 '인사관리 변화 방향'이라는 주제로 강의를 진행하였다. 강의의 핵심은 이제 기업이 직무주의 인사관리로 나아가야 한다는 것이었다. 특강을 마치고 질의응답시간에 다음과 같은 질문을 받게 되었다. "강사님 직무주의 인사관리가 좋다는 것은 잘 알겠는데 반드시 직무주의 인사관리를 해야 하는 것인가요?, 지금처럼 속인주의 인사관리를 하면 안되나요?"

특강 내내 직무주의 인사관리의 중요성을 목소리 높여 외쳤는데 강의가 끝난 시점에서 '직무주의를 꼭 해야 하느냐?'라는 질문은 정말 K 컨설턴트를 허탈하게 만들었다. 정말 직무주의 인사관리란 무엇이며 우리는 왜 직무주의 인사관리를 해야 하는 것일까?

Coaching

인사관리의 출발점을 어디에 두는가에 따라서 인사관리를 구분해 보면 크게 직무주의 인사관리와 속인주의 인사관리로 나누어진다. 인사(人事)관리는 사람(人)과 직무(事)를 대상으로 한다. 따라서 인사관리는 직무를 기반으로 하는 직무주의 인사관리와 사람을 기반으로 하는 속인주의 인사관리로 구분된다. 그럼 직무주의 인사관리와 속인주의 인사관리에 대해서 좀 더 자세히 살펴보자.

[직무주의 인사관리와 속인주의 인사관리 비교]

구분	직무주의 인사관리	속인주의 인사관리
개념	직무를 인사관리의 기반으로 함	사람을 인사관리의 기반으로 함
채용관리	선 직무 결정 후 인력채용	선 채용 결정 후 업무 배정
직무관리	직무분석에 의한 직무프로파일(직무기술서&직무명세서) 관리	특별히 직무관리를 하지 않으며 직원의 능력에 따라서 업무를 부여
인사평가	직무수행 과정과 결과를 평가	보유 능력과 태도를 평가
임금관리	직무의 가치에 따라서 결정	인적속성(학력, 경력, 근속년수 등)에 따라서 결정
경력관리	경력경로에 따른 스페셜리스트(Specialist) 육성	사전에 설계된 경력경로가 모호하며 순환보직에 의한 제너럴리스트(Generalist) 육성
퇴직관리	직무가 없어지면 재훈련을 통해 재배치 또는 퇴직 처리	직무가 없어지면 다른 적당한 직무로 이동함.

직무주의 인사관리란 먼저 직무에 대하여 고민하여 직무를 명확히 한 후 해당 직무를 가장 잘 수행할 수 있는 사람을 채용한다. 직무분석에 의한 직무프로파일(직무기술서&직무명세서)을 관리하고 인사평가는 직무수행 과정과 결과를 중심으로 이루어진다. 임금은 직무의 가치에 따라서 결정되며 경력은 사전에 설계된 경력경로에 따라서 결정되며 스페셜리스트(specialist)육성을 원칙으로 한다. 그리고 직무가 없어지면 재훈련을 통해 재배치하거나 퇴직절차를 밟는다. 그러나 속인주의 인사관리는 이와는 다르게 이루어진다. 속인주의 인사관리에서는 우선 우수한 사람을 채용한다. 직원의 능력을 고려하여 업무를 부여하고 평소 근무태도를 중심으로 평가한다. 임금은 학력, 경력, 능력 등 인적속성을 기준으로 결정되고 경력경로는 사전에 명확히 설계되어 있지 않고 순환보직을 통하여 제너럴리스트(generalist)를 양성한다. 그리고 직무가 없어지면 다른 적당한 직무로 이동시킨다. 이와 같이 직무주의와 속인주의는 매우 다른 인사관리 방식이다.

서구의 글로벌 기업들은 대부분 직무주의 인사관리를 시행하고 있다. 그러나 아직까지 우리나라 기업들은 속인주의 인사관리를 선택하고 있다. 왜 서구의 기업과 우리나라의 기업은 다른 인사관리 방법을 선택하고 있는 것일까? 그리고 과연 직무주의와 속인주의 중 어떠한 인사관리 방식이 우수한 인사관리 방식일까? 이에 대해서 좀 더 생각해 보자.

이런 질문을 스스로에게 던져 보자. 내가 만약 사업을 한다면 어떠한 인사관리 방식을 선택할 것인가? 예를 들어 보자. 만약 사람을 채용할 경우 일에 대하여 고민한 후 그 일을 잘 할 수 있는 사람을 뽑을 것인가?(직무주의) 아니면 일과 무관하게 일단 우수한 사람을 뽑을 것인가?(속인주의) 그리고 임금을 결정할 경우 일에 따라서 임금을 다르게 결정할 것인가?(직무주의) 아니면 일과 무관하게 학력 또는 근무경력 등을 기준으로 임금을 결정할 것인가?(속인주의) 위 질문에 답하기는 어렵지 않다. 바로 직무주의이다. 왜냐하면 직무주의가 더 합리적이기 때문이다.

그렇다면 우리나라 기업들은 왜 직무주의 인사관리를 하지 않고 속인주의 인사관리를 선택한 것일까? 첫 번째 이유는 속인주의 인사관리가 직무주의 인사관리보다 쉽기 때문이다. 반대로 표현하면 직무주의 인사관리가 속인주의 인사관리보다 어려운 인사관리이기 때문이다. 속인주의 인사관리는 인사관리에 대하여 전혀 모르는 상태에서도 할 수 있다. 즉, 사람을 채용하고 근무태도를 평가하고 임금을 지급하는 것은 누구나 가능하다. 그러나 직무주의 인사관리는 다르다. 직무주의 인사관리는 직무에 대한 체계적인 관리가 선행되어야 시행할 수 있다. 직무관리의 가장 기초적인 것이 직무분석이다. 이러한 직무분석은 상당한 시간과 노력을 필요로 한다. 나아가 직무급을 시행하기 위해서는 직무평가를 통하여 직부의 상대적 가치를 파악해야 한다. 직무평가는 직무분석보다 어려울 뿐 아니라 시행하는 기업이 많지 않기 때문에 벤치마킹을 통해 시도하기에도 어려움이 있다. 따라서 많은 기업들은 손쉽게 접근할 수 있는 속인주의 인사관리를 선택하게 되는 것이다.

두 번째 이유는 동양에는 속인주의 인사관리가 더 적합하다고 생각하기 때문이다. 실제로 서양의 기업은 직무주의 인사관리, 동양의 기업은 속인주의 인사관리가 보편화되어 있다. 이를 바탕으로 우리나라 기업들은 속인주의 인사관리가 올바른 방식이라고 인식하고 있는 것이다. 그러나 이것은 오해이다. 보편화되어 있기 때문에 올바른 방식이라고 할 수 없다. 우리는 속인주의 인사관리와 직무주의 인사관리 중 어떤 방식이 더욱 합리적 인사관리 방식인지에 관하여 진지하게 다시 고민해야 할 것이다. 미국의 경우에도 처음부터 직무주의 인사관리가 시행된 것이 아니라 1960년~70년대를 거치며 직무주의 인사관리로 변화되었다. 물론 미국은 노동조합의 동일노동-동일임금 요구에 의해서 직무주의 인사관리의 필요성이 높아졌다는 특이점이 있다.

세 번째 이유는 직무주의 인사관리의 부작용에 대한 염려 때문이다. 많은 기업들이 직무주의 인사관리를 시행하면 자신의 일만 수행하고 서로 협력하지 않는다고 생각한다. 즉, 직무주의 인사관리는 개인주의적인 조직문화를 만들 것이라는 추측이다. 그러나 이것 또한 오해이다. 예를 들어 축구경기를 생각해보자. 축구는 공격수, 미드필더, 수비수 등 역할을 명확히 구분하여 경기에 임한다. 그러나 상황에 따라서 공격수가 수비에 가담하기도 하고 코너킥 등의 경우에는 수비수가 공격을 하는 경우도 있다. 직무주의 인사관리는 직무의 명확성을 바탕으로 인사관리를 시행하는 것이지 협업의 저하와는 전혀 무관하다. 즉, 직무주의 인사관리를 통하여 자신의 일을 명확히 하고 나아가 협업의 조직문화를 구축하는 것은 충분히 가능한 일이다.

참고로 직무에 따라서는 속인주의 인사관리가 더 적합하다는 주장을 하는 경우가 있다. 예를 들어 연구직의 경우 우수한 사람을 먼저 확보한 후 연구과제 등을 부여하는 방식이 더 적절하다는 것이다. 물론 타당한 주장일 수 있다. 그러나 다시 한번 생각해 보면 이 또한 광의의 직무주의 인사관리라고 보아야 한다. 왜냐하면 연구직이라는 직무의 특성을 고려하여 인사관리 방식을 결정한 것이기 때문이다.

그렇다면 직무주의 인사관리를 시행하기 위해서 가장 먼저 무엇을 준비해야 할까? 바로 직무관리이다. 즉, 직무주의 인사관리를 시행하기 위해서는 직무관리가 선행되어야 한다. 다시 말해서 직무관리가 이루어지지 못한다면 속인주의 인사관리를 선택할 수밖에 없다. 직무관리의 핵심은 직무의 내용을 명확히 하고 직무수행자의 인적요건을 밝히는 활동인 직무분석(job analysis)과 직무의 상대적 가치를 평가하는 직무평가(job evaluation)이다. 외국의 기업들은 직무분석과 직무평가를 통하여 직무주의 인사관리를 할 수 있는 기초가 마련되어 있다. 그러나 우리나라 기업의 경우 직무분석은 어느 정도 이루어지고 있으나, 직무평가는 거의 시행하지 못하고 있는 실정이다. 결론적으로 직무주의 인사관리를 시행하기 위해서는 반드시 직무관리가 필요하다는 점을 반드시 기억해야 한다.

향후 20년간 기업 인사관리의 핵심이슈는 직무주의 인사관리로 귀결될 것이라고 조심스럽게 예측해본다. 우리나라 기업도 이제 직무주의 인사관리를 반드시 시행해야 한다. 왜(why) 직무주의 인사관리를 도입해야 하는가에 대한 논의는 그만해도 될 듯하다. 언제(when) 그리고 어떤 방식(how)으로 직무주의 인사관리를 성공적으로 정착시킬 것인가에 대한 고민을 시작해 보자.

HR 실무 적용 Point

1. 인사관리는 크게 직무주의 인사관리와 속인주의 인사관리로 구분된다.
2. '왜 직무를 기반으로 하는 직무주의 인사관리를 도입해야 하는가?'를 명확히 이해할 필요가 있다.
3. 직무관리(직무분석과 직무평가)에 대한 장기적인 계획을 수립한다.

참고자료 : 직급체계 개편

SAMSUNG	• 삼성전자는 2017년 3월부터 기존 '연공주의' 중심 인사제도를 '직무역할' 중심으로 개편함. 기존 직급 개념은 경력개발단계(Career Level)로 전환됨. • 직급단계는 기존 7단계(사원1,2,3, 대리, 과장, 차장, 부장)에서 4단계(CL1, CL2, CL3, CL4)로 단순화됨. • 임직원 간 공통 호칭은 '○○○님'을 사용함. 단, 업무성격에 따라 '프로', '영어이름' 등을 자율적으로 사용함. 팀장, 그룹장, 파트장, 임원은 직책으로 호칭함.
LG	• LG전자는 2017년 7월부터 사무직 직급을 5단계에서 3단계로 단순화함. - 사원을 동일하고, 대리・과장은 선임으로, 차장・부장은 책임으로 통합함. • LG디스플레이와 LG유플러스 등 LG계열사도 직급을 간소화함. 다만, 직급을 통합하는 기준은 업종의 특성을 반영하여 결정함.

LG하우시스 직급체계 개편

〈기존 직급체계〉

직급	직위
Ⅰ급	부장
Ⅱ-1급	차장
Ⅱ-2급	과장
Ⅲ급	대리
Ⅳ-1급	사원

〈신직급체계 및 역할정의〉

직급	직위	역할정의
G1	책임 [Professional]	• 업무전반을 기획・실행하고, 성과에 대한 책임을 부여함. • 성과에 대한 책임 부여 원칙에 따라 직책선임은 책임 진급에 한하여 가능함.
G2	선임 [Specialist]	• 주어진 업무를 독자적으로 기획・수행하며 개선과제를 주도함.
G3	사원 [Associate]	• 일정기간 육성을 통해 주어진 업무를 지시에 따라 수행하고 개선과제를 보조함.

※ HR BEST PRACTICE 112, 한국인사관리협회 2019.7. 인용

롯데 직급체계 개편

기존 직급	신 직급		직급 정의
부장	S1	Senior Manager [수석]	• 팀단위 리더십 보유 • 산업특성의 이해와 통찰력 보유 • 성과창출 기본단위 성과관리/평가관리 능력 보유
차장	S2		
과장	M1	Manager [책임]	• Playing Leader, 직무전문성보유 • 팀장 보좌, 소그룹 조직 담당 책임 • 직원의 멘토링, 코칭을 통해 성장지원 능력 보유
과장대리	M2		
대리	SA	Senior Assistant	• 담당직무 기본, 단독 수행 가능
사원	A	Assistant	• 담당직무와 단독직무를 제한적으로 수행 가능
사원	JA	Junior Assistant	• 한정된 직무에 대하여 보조적 업무

※ 임금연구, 경총노동경제연구원 2015년 가을호 인용

현대자동차 직급체계 개편

〈 직급체계 축소〉

기존 〈6단계〉	변경 〈4단계〉	
부장	G4	책임매니저
차장		
과장	G3	
대리	G2	매니저
4급 사원	G1	
5급 사원		

〈 승진제도 개선〉

기존	변경
〈대상〉 과장 이상 포인트 충족자, 대리 이하 4년차 이상	〈대상〉 2년차 이상 가능 당해년도 승진자만 제외
〈기준〉인사평가	〈기준〉인사평가
• 최근 평가점수 서열화 (본부 단위 일괄 서열화)	• 조직특성에 맞는 맞춤형 지표 활용 • 현업 세션을 통한 조직별 승진자 결정

※ 월간 인사관리 2019년 10월호 인용

01 심층학습

HR측면과 Legal측면의 통합적 접근

인적자원관리를 통합적으로 접근해야 한다는 의미가 무엇일까? 예를 들어보자. 최근 주52시간제가 시행되었다. 주52시간제도는 근로시간이 단축되는 노동법의 변화라고 볼 수 있다. 하지만 주52시간제를 대응하기 위해서는 교대제 개편, 근무방식의 변화 등 HR의 변화가 반드시 병행되어야 한다. 직장 내 괴롭힘 금지에 대해서 생각해보자. 직장 내 괴롭힘 금지는 근로기준법의 개정으로 시행되었다. 그러나 직장 내 괴롭힘을 예방하기 위해서는 조직관리와 인사관리, 나아가 조직문화의 변화가 필요하다. 이와 같이 대부분의 인적자원관리 이슈는 Legal측면과 HR측면을 통합적으로 접근하는 것이 요구되는 것이다.

2001년도 가을로 기억된다. 필자의 회사는 유통회사였는데 항상 수산직무와 축산직무에서 채용-육성-유지 등 인력운영상의 애로를 겪고 있었다. 당시 대리 1년차였던 필자는 인사담당으로서 어떻게 이러한 문제를 풀 것인가에 대해서 심도 있는 고민을 하기 시작했다. 많은 고민 끝에 수산직무와 축산직무의 인력운영방식을 도급으로 전환하는 기획서를 작성했고 대표이사의 결제를 득하고 난 뒤 무난하게(?) 인력운영의 방식을 도급으로 전환하게 되었다. 그러나 지금 이러한 업무를 회상해 볼 때 정말 뒷골이 오싹해 지는 느낌이다. 왜냐하면 필자가 도급으로 전환했던 수산과 축산직무는 업무의 성격과 운영상 도급이 불가능한 업무였기 때문에 사실상 도급업체로부터 인력을 공급받는 파견의 형태로 운영됐던 것이다. 물론 운 좋게 수년간 아무런 문제없이 운영되었지만 만약에 도급의 적법성과 관련한 근로감독이 있었거나 도급근로자가 필자의 회사를 상대로 근로자성을 주장하는 문제가 발생했더라면 회사는 꼼짝없이 불법파견의 책임을 져야만 했을 것이다.

필자가 왜 이렇게 옛 추억을 떠올리며 이야기를 하고 있는 것일까. 이러한 상황은 비단 필자만의 경우가 아니라 인사업무를 수행하는 모든 인사담당자의 모습이 될 수 있기 때문이다. 그렇다. 인사업무는 채용-평가-보상-승진 등 대부분 경영의 영역으로 보여지기 때문에 많은 경우에 법률적 정합성에 대한 검토가 부족하다. 물론 노동법의 영역에 해당한다고 판단된다면 법제팀이나 자문 노무법인의 도움을 받는 경우도 있겠지만, 중소기업이나 인력상황이 여유롭지 않은 기업은 일단 인사제도를 시행 후에 문제가 발생하는가를 지켜보는 것이 일반적인 모습일 것이다.

통합적 접근(Integrated Approach)의 개념

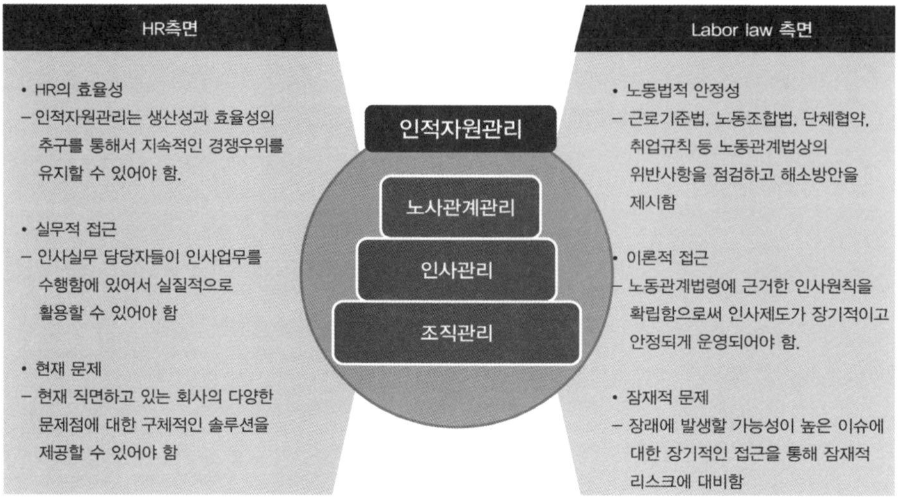

인적자원관리의 통합적 접근(HRM Integrated Approach)

그럼 이제 인적자원관리의 통합적 접근의 의미와 필요성에 대해서 살펴보아야 할 시점이다. 그림과 같이 통합적 접근(Integrated Approach)이란 미시적이고 단면적인 모습만을 보는 것이 아니라, 고려해야 할 다양한 요소를 거시적이고 종합적으로 접근해 최적의 솔루션을 찾는 것을 의미한다. 특히 인적자원관리에서의 통합적 접근이란, 첫째 HR의 효율성과 노동법적 안정성, 둘째 인사업무의 실무적 접근과 법이론적 접근, 셋째 현실적 문제와 잠재적 문제라는 두 마리 토끼를 다 잡을 수 있는 접근법을 의미한다. 이러한 통합적 접근을 패러독스 경영의 한 형태로 바라보는 시각도 있을 수 있다. 패러독스 경영이란 '서로 상충되는 요소들이 한 조직 내에서 상호 조화를 이루면서 공존할 수 있도록 관리하는 경영 방식'을 말한다. 예를 들어 외부영입과 내부육성, 개인성과와 집단성과 등 서로 상충되는 요소를 어떻게 관리할 것인가에 대한 많은 고민을 하게 된다. 그러므로 필자가 이야기하는 통합적 접근과 패러독스 경영을 연계해 바라보는 것도 의미 있는 접근이라고 생각된다.

통합적 접근의 제1요소 – HR 효율성 vs 노동법적 안정성

통합적 접근의 첫번째 테마는 HR의 효율성과 노동법적 안정성에 대한 부분이다. 기업의 인사관리는 보통 HR의 효율성을 제고하기 위한 방안을 강구하면서 시작된다. 그러나 항상 고려해야 할 사항은 법률적 리스크에 대한 안정성을 확보할 수 있는가에 대한 부분이다. 앞서 살펴 본 바와 같이 수산직무와 축산직무를 도급으로 전환하면서 인사관리상의 채용-육성-유지 등의 문제는 해결했지만 불법파견이라는 치명적인 법률적 리스크를 가지게 된다면 인사제도는 성공적으로 정착할 수 없을 것이다.

통합적 접근의 제2요소 - 실무적 접근 vs 이론적 접근

대부분의 인사실무자들은 지금 당장 사용할 수 있는 인사제도의 설계를 원한다. 그러나 이러한 근시안적 인사제도의 기획 및 운영은 보통 이론적 근거를 갖지 못한 제도로 남을 가능성이 높다. 위에서 살펴본 사례와 같이 도급의 전환은 민법상 도급의 검토와 노동법상의 「파견근로자보호등에관한법률」 등의 검토를 통해서 인사제도가 기획되고 시행되었어야 했을 것이다. 그러므로 인사제도의 설계 시 근거법률을 반드시 확인하고 이를 바탕으로 심도 있는 검토가 이루어져야 한다.

통합적 접근의 제3요소 - 현실적 문제 vs 잠재적 문제

항상 기업은 당면한 이슈를 안고 있다. 그러므로 당장 현재의 문제점만을 해결하기 위한 방안을 만드는 것에 집중하기 마련이다. 이와 같이 기업의 노동쟁의-진정-고소 등의 현실적 문제를 해결하기에도 에너지와 역량이 부족하기 때문에 잠재된 리스크에 대한 관리는 뒷전으로 밀릴 수밖에 없다. 위에서 살펴본 사례와 같이 아무런 문제없이 운영되어지는 도급업무의 이면에는 불법파견이라는 엄청난 잠재된 문제가 도사리고 있었던 것이다.

나의 업무는 10년 후에 평가받는다

필자는 인사팀에서 근무 시 "인사팀의 업무는 약 10년이 지난 후에 평가 받는다"는 이야기를 많이 들었다. 이 이야기는 지금 도입한 제도는 당장 평가할 수 없으며 약 10년 이상 흐른 후에 아무런 문제없이 효율적이고 안정적으로 운영될 수 있다면 성공했다고 말할 수 있다는 이야기이다. 이와 같이 인사담당자는 "내가 기획한 인사제도는 내가 인사팀을 떠난 후에 평가받는다"는 심정으로 업무에 임해야 할 것이며, HR적 측면과 Legal적 측면의 통합적 접근을 통해 본인의 회사에 적합한 최적의 솔루션을 찾아나가야 할 것이다.

〈노동법률 2010년 7월호 기고문을 일부 수정하여 작성함〉

제1장

제2장 직무관리

제3장

제4장

제5장

story

05

직무(job)와 직위(position)는 동일한 개념인가? 다른 개념인가?

Storytelling

김대리는 인사업무를 하면서 인사관련 용어 때문에 어려움이 많다. 최근에 직무분석 시행(안)을 보고하는 과정에서 팀장님으로부터 "김대리 직무(job)와 직위(position)가 어떻게 다르지?"라는 질문을 받게 되었다. 이 과정에서 김대리는 직무(job)와 직위(position)의 다른 점을 명확히 설명하지 못했고 대충 "아 팀장님 직무와 직위는 완전히 같지는 않지만 비슷한 개념입니다."라고 얼버무리고 말았다. 직군, 직무, 직위, 과업 등 많은 용어가 사용되고 있는데 이러한 직무관련 용어를 어떻게 명확히 구분해서 이해할 수 있을까?

Coaching

인사업무를 수행하면서 직무관련 용어로 애를 먹는 경우가 종종 있다. 왜냐하면 직무관련 용어는 채용, 평가, 보상 등의 용어와는 달리 실체가 모호한 추상적인 개념이기 때문에 명확히 정의하기가 쉽지 않기 때문이다. 즉, 채용, 평가, 보상 등은 실체가 있는 업무이다. 사람을 뽑고 성과를 평가하고 임금을 지급하는 등 실체가 있기 때문에 용어상의 어려움도 상대적으로 덜하다. 그러나 직무관리는 실체가 모호하기 때문에 직무관련 용어를 명확히 이해하는 것이 더욱 중요할 수 있다.

직무관련 용어는 크게 직군(job family), 직무(job), 직위(position), 과업(task)

으로 구분된다. 직무관련 용어 중 요소(element) 등도 있으나 본서에서는 실무상 필요한 개념을 중심으로 설명하기로 한다. 다음 그림을 통해서 이해해 보자. 여러분이 평소 이용하는 대형 슈퍼마켓 매장을 생각해보자. 해당 매장의 업무는 크게 영업직군과 지원직군으로 구분된다. 영업직군은 매장영업과 관련된 업무를 수행하고 지원직군은 인사, 총무 등 업무지원과 관련된 일을 한다. 그리고 영업직군은 농산담당, 공산품담당, 계산담당 직무로 나누어진다. 또한 각각의 직무는 직위로 구성된다. 그리고 해당 슈퍼마켓에 1번부터 3번까지 3개의 계산대가 있다고 가정해보자. 이 경우 계산담당의 직위는 1번 계산대 케셔, 2번 계산대 케셔, 3번 계산대 케셔로 표현할 수 있다. 직위와 관련하여 핵심적인 내용은 직위의 수는 종업원의 수와 같다는 점이다. 만약 해당 슈퍼마켓의 직원의 20명이라면 직위는 20개가 된다. 하지만 직무는 20개보다 적을 가능성이 매우 높다. 왜냐하면 비슷한 직위가 하나의 직무로 묶이기 때문이다. 이와 같이 직무와 직위는 다른 개념임을 반드시 기억할 필요가 있다. 그리고 케셔는 상품계산, 계산업무 정산, 반품상품 처리, 고객문의 응대 등의 과업을 수행한다.

[직무 관련 용어]

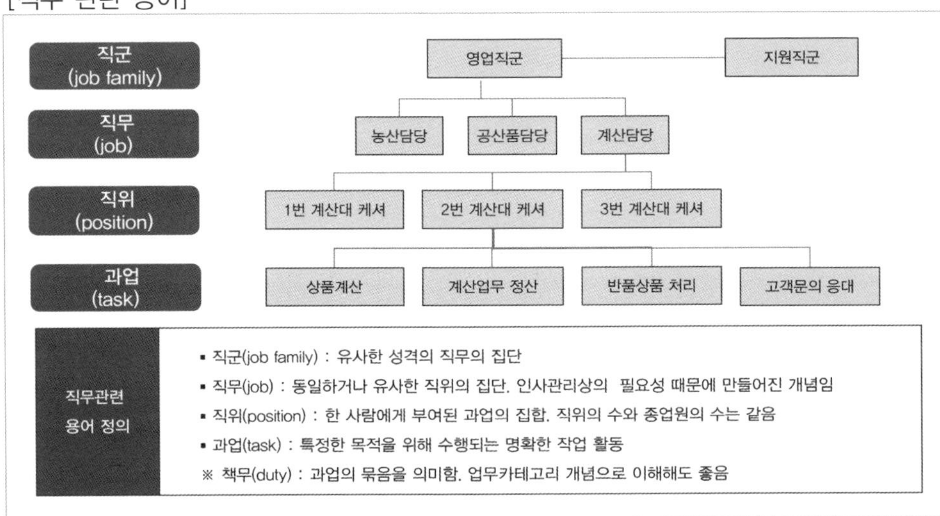

이제 직무관련 용어를 다시 한번 작은 개념부터 큰 개념으로 정리해 보자. 과업이란 특정한 목적을 위해 수행되는 명확한 작업활동을 말한다. 이러한 과업이

모이면 한 사람의 업무인 직위가 된다. 직위란 한 사람에게 부여된 과업의 집합을 의미한다. 이러한 직위는 종업원의 수와 같다는 점이 매우 중요하다. 비슷한 직위가 모여 하나의 직무를 형성한다. 직무란 동일하거나 유사한 직위의 집단을 말한다. 마지막으로 직군의 개념이 있다. 직군이란 유사한 성격의 직무의 집단을 말한다. 여기서 추가적인 개념 한 가지를 더 기억해 보자. 바로 책무(duty)이다. 책무는 과업과 직위 사이에 존재하는 개념으로 볼 수 있다. 보통 직위는 약 30개에서 50개 정도의 과업으로 구성된다. 이러한 경우 과업의 성격이 비슷한 것을 하나의 카테고리로 묶는 것이 가능할 것이다. 예를 들어 인사담당이 공개채용, 수시채용, 인턴채용, 인사평가, 조직평가, 연봉재계약 등의 과업을 수행한다고 가정해 보자. 이 경우 공개채용, 수시채용, 인턴채용은 채용이라는 업무카테고리로 구분할 수 있을 것이다. 이와 같이 비슷한 성격의 과업끼리 묶은 것을 책무라고 한다. 향후 책무는 인사평가 등 인사관리 전반에 중요한 개념으로 활용되기 때문에 추가적으로 기억해 둘 필요가 있다.

직무관련 용어 중 가장 중요한 내용은 직무의 개념이다. 직무를 쉽게 이해하자면 '동일하거나 유사한 직위의 집단'으로 볼 수 있다. 그러나 직무의 개념과 관련하여 가장 핵심적인 사항은 직무란 인사관리의 필요성 때문에 만들어진 개념이라는 것이다. 예를 들어 보자. A회사의 인사팀이 5명으로 구성되어 있다. 한명은 정규직 채용담당, 한명은 계약직 채용담당, 한명은 정규직 급여담당, 한명은 계약직 급여담당, 한명은 노무담당이다. 아마도 계약직 직원이 굉장히 많은 기업이라고 생각된다. 이 경우 인사부서의 직위는 당연히 5개이다. 인사팀의 인원이 5명이기 때문에 직위도 5개가 된다는 것은 쉽게 이해할 수 있다. 그러나 직무는 몇 개일까? 이 경우 인사관리의 필요성을 고려하여 직무를 결정하게 된다. 첫 번째 경우는 직무를 좁게 확정하는 경우이다. 이렇게 되면 정규직 채용담당, 계약직 채용담당, 정규직 급여담당, 계약직 급여담당, 노무담당 등 5개로 직무가 결정된다. 두 번째 경우는 직무를 넓게 확정하는 경우이다. 이렇게 되면 채용담당(정규직 채용담당과 계약직 채용담당을 하나의 직무로 확정함), 급여담당(정규직 급여담당과 계약직 급여담당을 하나의 직무로 확정함), 노무담당 등 3개로 직무가 결정될 수도 있다. 직무를 좁게 확정하면 직무수행자별 업무구분이 명확하며 직무전문성을 높일 수 있다. 반면에 직무를 넓게 확정하면 직무수행자간 업무협업이 가능하고 다양한 업무의 수행능력을 키울 수 있다. 이와 같이 직무란 유연한 개념이며 기업은 인사관리의 필요성에 따라서 직무를 결정하게 되는 것이다. 지금까지 직무관련 용어의 개념에 대해서 설명해 보았다. 직무관련 용어는 매우 혼돈스러운 개념이지만 예시를 통해 개념을 이해하게 되면 별로 어렵지 않은 내용이다. 또한 향후 인사관리를 설명하는 과정에서 다양한 용어가 사용되기 때문에 이 시점에서 개념을 명확히 이해하고 넘어가는 것이 반드시 필요하다.

HR 실무 적용 Point

1. 먼저 과업(task)-직위(position)-직무(job)-직군(job family)의 차이를 기억한다.
2. 직위(position)의 수는 종업원의 수와 같다. 그러나 보통 직무(job)의 수는 종업원의 수보다 적다. 왜냐하면 조직 내에는 비슷한 일(직위)을 하는 사람이 있기 때문이다.
3. 직무는 인사관리의 필요성 때문에 만들어진 개념이다. 즉, 인사관리의 방향성에 따라서 직무를 넓게 확정할 수도 있고 좁게 확정할 수도 있다.

story

06

눈에 보이지 않는 직무를 어떻게 분석해야 하나?

Storytelling

최근 김대리는 팀장님에게 특별한 업무를 지시받았다. 바로 직무분석이다. 팀장님은 김대리를 호출하여 "김대리, 우리 회사가 아직 직무분석을 하지 않은 것은 알고 있지? 내가 3개월의 시간을 줄 테니 직무분석을 시행하도록 해, 할 수 있겠지?" 김대리는 잠깐 머뭇거린 후 "예 팀장님"이라고 작은 목소리로 대답하였다. 얼떨결에 대답은 하였지만 직무분석을 어디서부터 어떻게 시작해야 할지 앞이 깜깜하다. 눈에 보이지 않는 직무를 어떻게 분석해야 할까? 무슨 수학공식 같은 직무분석 공식이 있는 것일까?

Coaching

직무분석은 인사관리의 다양한 기능 중 매우 추상적이며 어려운 영역이다. 왜냐하면 채용, 평가, 보상 등은 명확히 눈에 보이지만 직무는 어렴풋하고 모호하기 때문이다. 따라서 인사담당자에게 직무분석은 쉽지 않는 업무일 수 있다. 그러나 직무분석은 인사관리의 시작을 의미하기 때문에 직무분석을 명확히 이해하는 것은 매우 중요하다. 그럼 이제 뜬구름 같은 직무분석을 손에 잡히는 직무분석으로 바꿔보자. 직무분석의 전체적인 모습을 그림으로 표현하면 다음과 같다.

[직무분석 Framework]

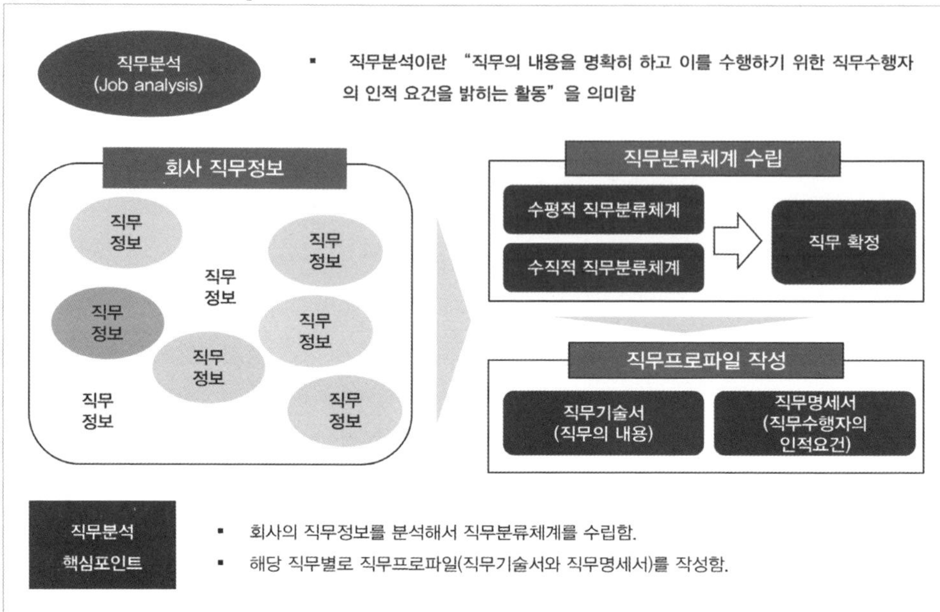

우선 직무분석의 정의를 살펴보자. 직무분석(job analysis)이란 '직무의 내용을 명확히 하고 해당 직무를 수행하기 위한 직무수행자의 인적요건을 밝히는 활동'을 말한다. 직무분석의 정의는 두 가지 내용으로 구성된다. 첫 번째는 '직무의 내용을 명확히 하는 것'이고 두 번째는 '해당 직무를 수행하기 위한 직무수행자의 인적요건을 밝히는 것'으로 구분될 수 있다. 좀 더 쉽게 말해서 직무분석이란 '해당 직무가 무슨 일을 하는가?'와 '해당 직무를 수행하기에 가장 적합한 사람은 어떤 사람인가?'를 밝히는 것이라고 볼 수 있다.

그리고 직무분석의 큰 틀의 모습은 다음과 같이 설명될 수 있다. 회사에는 수많은 직무정보가 있다. 먼저 이러한 직무정보를 수집하고 체계적으로 분석하여 직무분류체계를 수립한다. 직무분류체계를 통하여 직무가 결정되게 된다. 직무명이 결정되면 해당 직무에 대하여 직무기술서&직무명세서를 작성한다. 여기서 직무기술서(job description)는 직무의 내용을 정리한 문서이고 직무명세서(job specification)는 직무수행자의 인적요건을 정리한 문서를 의미한다. 결론적으로 직무분석의 산출물은 직무분류체계와 직무기술서&직무명세서라고 볼 수 있다.

[직무분석 시행절차]

1단계	2단계	3단계	4단계
직무분석 사전준비	직무정보 수집	직무분류체계 수립	직무기술서 & 직무명세서 작성
▪ 직무관련 기존자료 수집 및 분석 – 조직도(3년간) – 업무분장표 – 레이버스케쥴 – 업무매뉴얼 – 기존 직무관련 정보 등 ▪ 직무분석 TFT 구성 – TFT 대상 : HR, 현업팀장, SME* – TFT활동기간 결정 – TFT 대상별 역할 배분 *SME=subject matter expert(직무전문가)	▪ 직무분석 설명회 실시 – 직무분석 목적 설명 – 직무분석 절차와 일정 설명 – 직무분석 시 개인별 역할 명확화 – 직무분석 공감대 형성 ▪ 직무조사 실시 – 직무조사 방법 결정 – 업무조사서 배포 및 취합 – 업무조사서 피드백 – 업무조사서 보완 작성 – 직무정보 인터뷰 시행 – 직무정보 수집 완료	▪ 가설적 직무분류체계 작성 – 직무분류 초안작성 : HR – 직무분류 의견 수렴 : 현업팀장, SME ▪ 직무분류 – 수평적 직무분류체계 논의(직무의 종류) – 수직적 직무분류체계 논의(직무의 역할과 책임) ▪ 직무분류체계 수립 – 수평적/수직적 직무분류 체계 결정 – 직무명과 직무수 확정	▪ 직무기술서&직무명세서 작성 – 대상 : 직무분류체계를 통해 확정된 직무 – 작성자 : 팀장 또는 SME ▪ 직무기술서 – 과업을 중심으로 직무의 내용을 명확화 함. ▪ 직무명세서 – 직무수행자의 능력, 지식, 자격 등 인적요건을 정함.

이제 직무분석의 절차를 통하여 직무분석에 대하여 살펴보기로 하자. 직무분석은 1단계 : 직무분석 사전 준비 → 2단계 : 직무정보 수집 → 3단계 : 직무분류체계 수립 → 4단계 : 직무기술서&직무명세서 작성으로 이루어진다.

1단계 직무분석 사전준비 단계에서는 기존자료를 중심으로 조직 내 직무관련 정보를 수집하고 분석한다. 그리고 직부분석을 위한 TFT(Task Force Team)조직을 구성한다. 2단계부터가 실질적인 직무분석 단계라고 볼 수 있다. 2단계 직무정보 수집단계는 크게 직무분석 설명회와 직무정보 조사로 이루어진다. 직무분석 설명회를 직군의 특성을 고려하여 직무정보 조사를 실시한다. 이후 3단계와 4단계는 직무분석 산출물을 도출하는 단계이다. 3단계 직무분류체계 수립은 수집된 직무정보의 분류를 통하여 시행된다. 먼저 가설적으로 직무분류체계를 작성 한 후 수평적 직무분류(직무의 종류)와 수직적 직무분류(직무의 역할과 책임)의 구체적인 논의를 거쳐 직무분류체계를 확정하게 된다. 이를 통하여 직무명과 직무수가 확정된다. 마지막 4단계는 직무기술서&직무명세서를 작성하는 단계이다. 직무기술서는 과업을 중심으로 직무의 내용으로 구성된다. 그리고 직무명세서는 직무수행자의 능력, 지식, 자격 등 인적요건을 중심으로 이루어진다. 지금까지 직무분석 절차에 대해서 개괄적으로 살펴보았다. 직무분석 절차에 대한 세부적인 내용은 향후 story를 통하여 단계별로 자세히 설명할 예정이다.

직무분석에 대해서 다시 한번 정리해 보자. 직무분석이란 '직무의 내용을 명확히 하고 해당 수행하기 위한 직무수행자의 인적요건을 밝히는 활동'이라고 볼 수 있다. 지금까지 직무분석에 대해서 개괄적으로 살펴보았다. 그러나 아직도 직무분석의 실체가 모호하게 느껴질 것이다. 매우 당연한 결과이다. 아직 직무분석의 구체적인 내용에 대해서 살펴보지 않았기 때문이다. 향후 직무분석에 대한 구체적이고 실무적인 설명을 통하여 직무분석의 실체를 밝혀 보기로 하자.

HR 실무 적용 Point

1. 직무분석은 직무관리의 출발점이다. 직무관리는 인사관리의 출발점이다. 즉, 직무분석은 인사관리의 출발점을 의미한다.
2. 직무분석이란 '직무의 내용을 명확히 하고 해당 직무를 수행하기 위한 직무수행자의 인적요건을 밝히는 활동'을 말한다.
3. 직무분석의 산출물은 직무분류체계와 직무기술서&직무명세서이다.

story

07

직무분석 시작 전에 무엇을 준비해야 하는가?

Storytelling

김대리는 직무분석을 위한 사전준비를 시작했다. 사전준비단계에서 해야 할 일이 많을 것 같은데 막상 준비하려고 하니 무엇을 준비해야 할지 막막하기만 하다. 직무분석 소요기간은 약 3개월로 잡고 있다. 다음 주부터 직무분석 시작인데 이렇게 아무 준비 없이 그냥 시작하면 되는 걸까? 김대리는 불안하기만 하다.

Coaching

이제부터 직무분석의 세부적인 절차에 대해서 살펴보기로 하자. 앞서 살펴본 바와 같이 직무분석은 '1단계 : 직무분석 사전 준비 → 2단계 : 직무정보 수집 → 3단계 : 직무분류체계 수립 → 4단계 : 직무기술서&직무명세서 작성'으로 진행된다. 직무분석 시 반드시 기억해야 할 사항은 직무분석은 매우 정교한 프로세스 업무라는 점이다. 즉, 직무분석은 단계별로 해야 할 일이 명확하다. 직무분석의 첫 번째 단계는 직무분석 사전 준비 단계이다. 보통 직무분석 시 특별한 사전준비 없이 직무분석을 시작하는 경우가 많이 있다. 그러나 직무분석 시 크게 2가지 사항을 사전에 준비한 후 직무분석을 시작하는 것이 바람직하다.

첫 번째 사전준비 사항은 직무관련 기존자료 수집 및 분석이다. 직무분석을 처음 시행하는 경우 "우리 회사는 직무분석을 해 본 적이 없기 때문에 직무관련 정보가 없습니다."라고 말하는 경우가 종종 있다. 그러나 이것은 직무관련 정보를 잘못 이해하고 있는 경우이다. 직무관련 정보란 좁은 의미의 직무분석 결과만을 의미하는 것이 아니라 넓은 의미의 직무관련 정보를 의미한다고 보아야 한다. 즉, 직무관련 정보란 조직도, 업무분장표, 레이버스케쥴, 업무매뉴얼 등을 의미한다. 조직도는 회사의 전체의 모습을 한 눈에 알 수 있도록 하는 매우 중요한 정보이다. 필자는 컨설팅을 시작하게 되면 최근 3년간의 조직도를 살펴본다. 이를 통하여 회사의 주력사업과 부서의 변경 모습을 한 눈에 알 수 있기 때문이다. 업무분장표는 부서의 업무를 개인별로 배분한 자료이다. 아주 작은 기업이라고 하더라도 보통 부서별 업무분장표는 가지고 있다. 왜냐하면 실제 업무를 수행하기 위해서는 개인별로 업무를 배분하는 절차가 반드시 필요하기 때문이다. 레이버스케쥴은 시간대별로 수행해야 할 업무를 정리한 자료를 말한다. 보통 업무는 시간의 흐름에 따라 이루어지기 때문에 출근해서 퇴근까지 수행해야할 업무를 정리한 자료가 있기 마련이다. 예를 들어 커피숍의 경우 '8시 30분 : 출근, 8시 30분 ~ 8시 40분 : 환기, 8시 40분 ~ 8시 50분 : 테이블 닦기, 8시 50분 ~ 9시 : 바닥 청소, 9시 : 오픈' 등 시간대별로 해야 할 일을 구체적으로 정하고 있다. 업무매뉴얼은 단위업무별 업무수행방법을 의미한다. 보통 중요한 업무의 경우에 기업은 업무매뉴얼을 작성하여 누가 업무를 수행하더라도 해당 업무가 정상적으로 이루어지도록 하고 있다. 이와 같이 조직내에는 다양한 직무관련 정보가 있다. 직무분석 시 사전에 직무관련 기존자료 수집 및 분석을 통하여 직무에 대한 이해를 높이는 것이 매우 중요하다.

두 번째 사전준비 사항은 직무분석 TFT(Task Force Team)의 구성이다. 직무분석은 누가 하는 것일까? 다른 구성원의 도움 없이 인사담당만으로 직무분석을 수행할 수 있을까? 결론부터 말하자면 직무분석은 인사담당 혼자서 할 수 있는 업무가 아니다. 따라서 직무분석 사전에 직무분석 TFT의 구성을 통하여 직무분석 진행 시 역할 구분을 명확히 하는 것이 반드시 필요하다. 먼저 직무분석 TFT에는 당연히 HR(인사팀)이 포함되어야 한다. HR은 직무분석의 전체적인 코디네이터로서의 역할을 수행한다. 다음으로 현업팀장이다. 직무분석은 직무정보의 수집부터 시행된다. 당연히 직무정보는 업무 현장에 있다. 따라서 당연히 직무분석 TFT에는 현업팀장이 포함되어야 한다. 나아가 현업팀장은 직무정보 수집, 직무분류체계수립, 직무기술서&직무명세서 작성 시 매우 핵심적인 역할을 수행하게 된다. 마지막으로 직무분석 TFT에는 SME(Subject Matter Expert : 직무전문가)가 포함되어야 한다. 직무전문가는 일정 기간이상(보통 10년이상) 업무경험을 보유한 해당 분야의 전문가를 의미한다. 그럼 직무전문가는 어떠한 역할을 수행할까? 예를 들어 직무분석 시 부서 간 업무조정, 업무수행방식의 변경 등 매우 민감한 이유가 발생하는 경우가 있다. 이러한 경우 현업팀장은 본인의 이해관계를 중심으로 판단하기 때문에 조직관점의 올바른 판단을 하기가 쉽지 않다. 이때 직무전문가가 회사 전체의 방향성을 고려하여 어떻게 하는 것이 바람직한 것인지에 대하여 의견을 개진할 수 있다. 또한 해당팀장이 부임한지 얼마 되지 않아 업무에 대한 이해가 부족한 경우가 있을 수 있다. 이러한 경우 직무전문가가 해당 팀장의 직무전문성을 보완하는 역할을 수행하기도 한다. 실무적으로 직무전문가는 팀장보다 높은 직급으로 선정하는 경우, 팀장보다 낮은 직급으로 선정하는 경우, 팀장보다 높은 직급과 낮은 직급을 모두 선정하는 경우 등으로 나누어 볼 수 있다. 직무전문가의 선정은 일정한 원칙을 가지고 결정하되 기업의 상황을 고려하여 유연하게 운영하는 것이 바람직하다.

지금까지 직무분석 사전준비에 대해서 살펴보았다. 직무분석 사전 준비는 크게 '직무관련 기존자료 수집 및 분석'과 '직무분석 TFT 구성'으로 이루어진다. 직무분석은 정교한 프로세스 업무라라는 것을 기억한다면 직무분석 사전준비를 결코 소홀히 할 수 없을 것이다.

HR 실무 적용 Point

1. 직무분석은 정교한 프로세스 업무라는 점을 명심한다. 다시 말해 해당 프로세스에서 해야 할 일을 누락하게 되면 매우 큰 문제가 발생할 수 있다.
2. 직무분석 사전 준비는 '직무관련 기초자료 수집 및 분석'과 '직무분석 TFT구성' 등으로 이루어진다.
3. 직무분석은 인사팀 혼자서 할 수 있는 업무가 아니다. 따라서 직무분석 TFT구성 시 HR, 현업팀장, SME(Subject matter expert : 직무전문가)를 반드시 포함시킨다.

story

08

직무정보 수집은 어떤 방식으로 해야 하나?

Storytelling

이번 주부터 본격적으로 직무분석이 시작된다. 김대리의 회사는 유통회사이기 때문에 직원은 크게 사무직과 매장영업직으로 구성되어있다. 직무분석을 시작한 김대리는 어떤 방식으로 직무정보를 수집할지 고민하고 있다. 그리고 궁금증이 꼬리에 꼬리를 물고 계속된다. "직무정보를 수집하기 전에 먼저 직무분석 설명회를 해야 하나?" 그리고 "사무직과 매장영업직에 대해 동일한 방식으로 직무정보를 수집해도 괜찮을까?" 정말 누구에게 물어볼 사람도 없어 답답하기만 하다.

Coaching

직무분석 사전준비가 완료되면 처음으로 해야 할 일이 무엇일까? 바로 직무분석 설명회이다. 그럼 왜 가장 먼저 직무분석 설명회를 해야 할까? 직무분석 설명회가 직무분석에 대하여 직원과 회사사이에 공감대를 형성시켜 주기 때문이다. 즉, 직무분석 설명회를 통하여 직원들은 직무분석의 목적이 무엇인지에 대해서 명확히 이해할 수 있다. 나아가 직무분석에 대한 불필요한 오해를 방지할 수 있다. 예를 들어 평가보상제도 등 인사제도 설계를 위해서 직무분석을 시행하는 회사를 가정해 보자. 이와 같은 경우에도 직원들은 향후 인력구조조정을 위해서 직무분석을 한다고 오해할 수 있다. 이러한 상황이라면 직무분석이 시작부터 삐걱거리는 문제가 발생하게 된다. 따라서 직무분석 시 먼저 직무분석 설명회를 통해서 왜 우리가 직무분석을 하는지에 대해서 명확히 설명하는 것이 반드시 필요하다. 그리고 직무분석 설명회를 통해 직무분석의 절차와 세부일정을 설명하고 직무분석 단계별 개인별 역할에 대해서 명확히 하는 것이 중요하다. 직무분석 설명회는 보통 직무분석 TFT(HR, 팀장, SME)를 대상으로 시행한다. 그러나 회사규모가 작은 경우(직원 100명 미만)에는 전직원을 대상으로 직무분석 설명회를 시행하는 것도 가능하다.

직무분석 설명회 이후 직무정보 수집이 이루어지게 된다. 직무분석은 직무의 내용을 밝히는 과정이기 때문에 당연히 직무정보 수집이 매우 중요한 절차가 된다. 직무정보를 수집하기 전 어떠한 방법으로 직무조사를 실시할 것인지에 대해서 충분히 검토해야 한다. 우리가 쉽게 접할 수 있는 직무로 예를 들어 보자. 대형 슈퍼마켓 축산담당의 경우 어떻게 직무조사를 하는 것이 좋을까? 먼저 축산담당이 일하는 모습을 자세히 관찰할 필요가 있을 것이다. 그리고 일정한 양식지에 직무내용을 작성해 줄 것을 요청하는 것도 좋은 방법이 될 것이다. 그리고 세부적인 궁금한 사항은 축산담당과 인터뷰를 통해서 해결해야 할 것이다. 반면에 사무직 총무담당의 경우라면 어떨까? 총무담당의 업무 성격상 직무정보 수집 시 특별히 일하는 모습을 관찰할 필요는 없을 것이다. 총무담당에게 업무내용을 양식지에 작성해 줄 것을 요청한 후 추가적인 직무정보 필요 시 인터뷰를 통해서 보완하면 될 것이다. 이와 같이 직무조사 방법은 직무특성을 고려하여 결정되어야 한다. 전사의 모든 직무에 대하여 직무특성의 고려 없이 획일적인 직무조사 방법을 적용하는 것은 바람직하지 않다고 본다.

직무조사와 관련하여 좀 더 실무적인 접근을 해 보도록 하자. 사실 직무조사 방법 중 가장 실무적으로 많은 사용되는 것은 바로 업무조사서 방식이다. 업무조사서란 업무의 내용을 쉽게 정리할 수 있도록 작성된 양식지를 말한다. 회사는 이러한 업무조사서를 통해서 필요한 직무정보를 매우 빠른 시간 내에 수집하는 것이 가능하다. 업무조사서의 예시는 다음 그림과 같다.

[업무조사서 양식(1)]

구분	직급	성명
작성자	대리	김 철 수 (인)
확인자	차장	황 성 환 (인)

1. 기본정보

부서명	인사팀	업무명	인사담당
업무개요	직원들의 인사관리(채용, 평가, 임금, 퇴직 등)와 관련한 업무를 수행한다.		

2. 업무내용

책무(Duty)	과업(Task)	업무비중	수행빈도	중요도	업무보고대상자
채용	- 인력운영 계획 수립	5%	년	상	대표이사
	- 대졸 공개채용(상반기/하반기)	10%	반기	상	대표이사
	- 전문대졸 공개채용	5%	년	중	경영지원본부장
	- 직무별 수시채용	3%	수시	중	경영지원본부장
	- 인턴사원 수시채용	3%	수시	중	인사팀장
	- 배치 및 인사이동 시행	4%	수시	중	경영지원본부장
인사평가	- 인사평가 시행 계획 수립	5%	년	상	대표이사
	- 목표합의 시행	10%	년	상	경영지원본부장
	- 수시코칭 시행	10%	분기	중	인사팀장
	- 평가자 교육 시행	10%	반기	상	인사팀장
	- 인사평가 결과 적용	5%	년	중	대표이사
임금관리	- 인건비 예산 계획 수립	10%	년	상	대표이사
	- 인사평가 결과 임금 반영	5%	년	중	경영지원본부장
	- 개인별 연봉결정 및 연봉계약서 체결	10%	년	중	인사팀장
	- 보수규정 제개정	5%	분기	중	대표이사
합계		100%			

[업무조사서 양식(2)]

3. 인적요건

기본사항			
최소학력	1. 무관 2. 고졸이상 3. 전문대졸이상 4. 대졸이상 5. 대학원 석사이상 6. 대학원 박사이상		
전공	1. 무관 2. 상경계열 3. 이공계열 4. 법정계열 5 인문,사회계열 6. 기타( )		
성별	1. 무관 2. 남성 3. 여성		
자격증	자격증 구분		발행기관
	▣ 필수자격증		
	▣ 권장자격증	공인노무사	고용노동부
필요지식	필요지식 세부사항		요구수준
	▣ 이론지식	인사관리론, 노동법	상
	▣ 실무지식	채용실무, 평가실무, 보상실무, 퇴직관리 실무, 4대보험 실무	중
	▣ 전산지식	MS office(엑셀,파워포인트,워드)	상
	▣ 외국어	영어	중
필요경력	세부사항		요구수준
	▣ 사외경력	-	-
	▣ 사내경력	현업부서	최소 2년 이상
필요교육	세부사항		교육기관
	▣ 필수교육	인사관리 기본	KPC 한국생산성본부
	▣ 권장교육	스토리텔링 인사노무관리	중앙경제 HR교육원
작업위험	위험내용		위험수준
	▣ 정신적 위험	대인관계로 인한 정신적 스트레스	중
	▣ 육체적 위험	거의 없음	하

업무조사서의 세부 구성에 대해서 살펴보자. 1번 기본정보 관련 사항이다. 먼저 부서명, 직무명, 직무개요 등 기본정보를 간략히 작성한다. 기본정보 중 직무개요는 해당 직무의 전체적인 내용을 간략히 2줄 정도로 자유롭게 기술하도록 한다. 여기서 업무조사서의 성격에 대해서 이해하고 넘어갈 필요가 있다. 업무조사서는 원칙적으로 업무수행자가 작성한다. 그렇다면 업무조사서의 내용대로 직무기술서와 직무명세서 등이 확정되는 것일까? 그렇지 않다. 업무조사서는 단지 업무수행자의 의견을 의미하는 것이다. 향후 업무조사서의 내용을 검토하고 수정, 보완하여 직무기술서와 직무명세서가 만들어지게 된다. 따라서 업무조사서 작성 시 업무수행자는 부담 없이 본인의 생각을 기술하면 되는 것이다.

그리고 2번 업무내용 관련사항이다. 업무내용은 업무수행자가 현재 수행하고 있는 업무를 기준으로 업무를 정리한다는 생각으로 작성하도록 한다. 업무내용이 향후 직무기술서의 기초자료가 되기 때문에 매우 중요한 직무정보가 된다. 업무내용은 책무(duty), 과업(task), 업무비중, 수행빈도, 중요도, 업무보고대상자 등으로 구성된다. 개인마다 차이가 있겠지만 보통 한 사람은 약 30개 ~ 50개 정도의 과업을 수행한다고 보고 있다. 과업을 잘 서술하고 과업을 카테고리별로 정리하면 책무가 구성된다. 업무비중은 해당 과업이 전체업무에서 차지하는 비중을 말한다. 보통 시간기준으로 작성한다. 그리고 업무보고대상자는 해당 과업수행을 누구에게 보고하는가에 대한 내용이다. 여기서 궁금한 점이 한 가지 생긴다. 업무조사서에 왜 업무보고대상자 정보가 필요할까? 필자는 얼마 전 모회사 직무분석 과정에서 흥미로운 경험을 하게 되었다. 직무분석 회의에서 회사 전무가 "우리 회사가 생긴지 10년이 넘었는데 아직도 전결규정이 없습니다. 이번 직무분석에서 전결규정을 제대로 만들고 싶습니다. 가능할까요?"라고 이야기하는 것이었다. 필자는 "가능합니다."라고 대답하였다. 그리고 직무조사 시 현재 과업별로 누구에게 보고하고 있는지를 파악한 후 현재 업무보고 대상의 적정성을 논의하여 전결규정을 완성하였다. 여기서 중요한 점 한 가지가 등장한다. 업무조사서의 양식은 직무분석의 목적에 따라서 결정된다는 점이다. 따라서 인터넷 등에서 업무조사서 양식을 다운받아 그대로 사용하는 것은 매우 위험한 접근인 것이다.

마지막으로 3번 인적요건 관련사항을 작성한다. 인적요건은 업무수행자가 해당 업무를 수행하기 위해서 갖추어야할 요건을 의미한다. 학력, 전공, 성별, 자격증, 필요지식, 필요경력, 필요교육, 작업위험 등에 대하여 개인의 의견을 자유롭게 작성하면 된다. 인적요건 작성 시 한 가지 유의할 사항이 있다. 인적요건은 해당 직무를 성공적으로 수행하기 위한 요건을 의미하는 것이지 작성자 본인의 모습을 의미하지 않는다는 점을 기억할 필요가 있다.

지금까지 업무조사서 양식에 대해서 자세히 살펴보았다. 이제 구체적으로 업무조사서 작성 진행 절차에 대해서 알아보자. 업무조사서 작성 진행은 1단계 : 업무조사서 배포 → 2단계 : 업무조사서 취합(1차) → 3단계 : 업무조사서 피드백 및 보완작성 요청 → 4단계 : 업무조사서 보완 작성 후 취합(2차)의 순서로 진행된다. 1단계는 업무조사서 배포이다. 먼저 업무조사서 작성요령을 자세히 설명한 후 업무조사서를 배포하다. 보통 업무조사서 작성요령 설명은 통상적으로 직무분석 설명회 때 이루어진다. 업무조사서를 배포할 때 가장 중요한 점은 누구에게 업무조사서를 작성하도록 할 것인가이다. 일반적으로 사무직 근로자의 경우 모든 근로자에게 업무조사서를 작성하도록 하는 것이 가능하다. 그러나 동일한 업무를 여러명이 수행하고 있고 명백히 동일한 업무로 판단된다면 동일한 업무수행자 중 업무경력과 지식수준 등을 고려하여 소수 인원에게 업무조사서를 작성하도록 할 수도 있다. 또한 자신의 업무를 글로 표현하기 어려운 직원의 경우에는 팀장, SME을 통하여 업무조사서를 작성하도록 하는 것도 검토할 필요가 있다. 2단계는 업무조사서 취합(1차)이다. 업무조사서가 배포되면 보통 개인별 작성시간을 3일 정도 부여한 후 팀장의 확인을 받은 후 인사팀으로 제출하도록 한다. 따라서 업무조사서 작성과 팀장확인을 위해서 최소 1주일의 시간이 소요된다는 것을 이해할 수 있다. 업무조사서 작성의 핵심포인트는 회사가 원하는 수준으로 전체의 업무조사서가 작성되어야 한다는 점이다. 이 점에서의 수준은 양적수준이 아니라 질적수준을 의미한다. 회사가 원하는 질적수준을 충족시키기 위해서는 어떻게 해야 할까? 가장 쉬운 방법은 예시를 제시하는 것이다. 예시를 통해서 업무조사서 작성자는 본인이 어느 수준으로 업무조사서를 작성해야 할지를 이해하게 된다. 예시는 가급적 쉽게 이해할 수 있는 직무로 하는 것이 좋다. 예시로서 인사담당 업무조사서가 매우 적합하다. 왜냐하면 회사의 대부분의 직원은 인사담당의 업무를 알고 있기 때문이다. 직원들은 '인사담당의 업무를 저 정도로 표현하다면 나의 업무는 이 정도면 되겠지'라고 생각하며 회사의 요구수준을 쉽게 이해하게 된다. 추가적으로 회사의 대표업무(제약회사의 경우 영업업무, 제조업의 경우 생산업무 등)를 예시로 제시하는 것도 도움이 될 수 있다. 3단계는 업무조사서 피드백 및 보완작성 요청이다. 위와 같이 업무조사서 예시를 제시했음에도 불구하고 항상 기준에 미치지 못하는 업무조사서가 접수된다. 이 경우 업무조사서 미비점을 세부적으로 피드백하고 보완작성을 요청해야 한다. 업무조사서 작성 기간 동안 바쁜 업무로 성실하게 작성하지 못한 직원에게 추가적인 시간을 주는 개념으로 이해할 수 있다. 이러한 절차로 최소 1주일의 시간이 추가적으로 소요된다. 참고로 이러한 피드백과 보완요청은 업무조사서 작성자인 업무수행자보다는 확인자인 팀장에게 전달하는 것이 훨씬 효과적이다. 마지막 4단계는 업무조사서 보완작성 및 취합(2차)이다. 최초 업무조사서 작성과 마찬가지로 업무조사서 보완작성을 위해서 3일 이상의 시간을 부여하고 팀장의 확인을 받은 후 인사팀으로 제출하도록 한다. 이 과정에서 최소 1주일~2주일의 시간이 추가적으로 소요되게 된다.

지금까지 직무정보를 수집하는 방법에 대해서 살펴보았다. 직무정보는 직무분석의 기초가 되는 매우 중요한 절차이다. 직무조사는 보통 업무조사서에 의해서 이루어진다. 하지만 더 중요한 점은 직무특성을 고려하여 직무조사 방법을 선택해야 한다는 것을 반드시 기억할 필요가 있다.

HR 실무 적용 Point

1. 직무분석 설명회를 개최하여 직무분석에 대한 오해를 예방하고 회사와 직원간의 공감대를 형성한다.
2. 직무조사방법은 직무의 특성을 고려하여 직군별로 상이하게 결정될 수 있다.
3. 직무조사는 보통 업무조사서에 의해서 이루어진다. 업무조사서 양식은 직무분석의 목적에 맞게 디자인되어야 한다.

story

09

직무분류체계는 어떤 기준으로 작성해야 하는가?

Storytelling

김대리는 우여곡절을 거쳐 직무정보 수집을 마무리하였다. 이제 직무분류체계를 작성해야 하는데 한 가지 궁금한 점이 생겼다. 직무를 좁게 확정하는게 좋을지 아니면 넓게 확정하는게 좋을지에 대한 것이다. 직무를 좁게 확정하면 직무의 개수가 많아진다. 반대로 직무를 넓게 확정하면 직무의 개수가 적어진다. 그리고 이러한 직무분류체계의 결정을 HR부서, 현업팀장, SME 중 누가 하는 것이 맞는지에 대한 고민도 함께 생겨났다. 직무분류체계에 대한 명확한 기준이 있으면 좋으련만 어디에도 명확한 기준이 없는 것 같다.

Coaching

이제 직무분석의 첫 번째 산출물인 직무분류체계에 대해서 살펴 볼 시간이다. 직무분류체계란 직무를 일정한 기준에 따라 세부적으로 분류하는 것을 의미한다. 직무정보를 수집한 후 직무정보의 성격에 따라 직무분류체계를 수립하게 된다. 인사부서의 직무분류체계 예시는 다음과 같다.

직무분류체계는 크게 수평적 직무분류와 수직적 직무분류에 의해서 결정된다. 수평적 직무분류란 업무의 종류에 따른 구분을 의미한다. 예시의 인사부서의 경우 업무의 종류를 채용, 평가, 보상, 노무, 교육 등으로 구분하고 있다. 수직적 직무분류란 업무의 책임에 따른 구분을 의미한다. 예시의 인사부서는 역할을 총괄역할, 담당역할, 보조담당역할로 구분하고 있는 것이다(이러한 구분은 회사의 규모와 상황에 따라서 다른 모습을 보이게 된다). 그리고 수평적 직무분류와 수직적 직무분류를 메트릭스로 표현하면 직무분류체계가 되는 것이다. 여기서 중요한 점은 직무분류체계에 따라서 직무명이 확정된다는 점이다. 예시의 경우 직무명은 인사총괄, 채용담당, 평가담당, 보상담당, 노무담당, 노무보조담당, 교육담당으로 확정된다. 예를 들어 보상담당은 '보상'이라는 수평적 직무분류와 '담당'이라는 수직적 직무분류가 합쳐진 개념이다. 따라서 해당 인사부서의 직무의 수는 총 7개가 된다. 여기서 이 질문에 대답해 보자. "해당 인사부서의 인원의 몇 명인가?" 정답은 "알 수 없다"이다. 왜냐하면 하나의 직무에 여러개의 직위가 존재할 수 있기 때문이다. 상기 예시에서 교육담당 직무는 하나이다. 그런데 두 명의 교육담당이 한명은 직무교육담당 한명은 신입사원교육담당 등 교육담당 직무를 나누어 수행하고 있을 수 있다. 따라서 직무분류체계는 직위(position)가 아니라 직무(job)를 기준으로 만들어진다는 점을 기억할 필요가 있다.

[직무분류체계(인사부서 예시)]

수평적 직무분류 (수직적 직무분류: 총괄 / 담당 / 보조담당)

구분	채용	평가	보상	노무	교육
총괄	인사총괄				
담당	채용담당	평가담당	보상담당	노무담당	교육담당
보조담당				노무 보조담당	

시사점	
	▪ 직무분류체계란 직무를 일정한 기준에 따라 세부적으로 분류하는 것을 의미함. ▪ 직무분류는 수평적 분류(업무의 종류)와 수직적 분류(업무의 역할)을 기준으로 함. ▪ 직무명은 업무의 종류와 업무의 역할을 모두 포함하고 있음.

지금까지 부서의 직무분류체계 수립에 대하여 살펴보았다. 그렇다면 조직 전체의 직무분류체계는 어떻게 작성해야 할까? 생각보다 어렵지 않다. 전사의 직무분류체계는 부서의 직무분류체계의 취합을 통하여 만들 수 있다.

직무분류체계 수립 시 몇 가지 유의해야 할 점이 있다. 첫 번째 직무의 크기의 결정과 관련된 점이다. 직무의 정의를 설명할 때 매우 강조했던 내용이 있다. 바로 '직무란 인사관리의 필요성 때문에 만들어진 개념이다'라는 점이다. 쉽게 설명하자면 직무의 크기는 인사관리와 연계하여 결정된다는 것이다. 채용담당의 경우를 예를 들어 보자. 채용담당 업무를 2명이 나누어서 수행하고 있다고 가정해 보자. 한 명은 정규직 채용을 담당하고 한 명은 계약직 채용을 담당하고 있다. 즉, 직위(position)가 두 개이며 두 직위가 비슷한 업무를 수행하고 있다. 이 경우 두 가지 선택이 가능하다. 첫 번째 선택은 두 개의 직위를 하나의 직무인 채용담당으로 확정하는 것이다. 이러한 방식은 직무를 넓게 확정하는 방식이다. 두 번째 선택은 두 개의 직위를 정규직 채용담당, 계약직 채용담당 등 두 개의 직무로 확정하는 것이다. 이러한 방식은 직무를 좁게 확정하는 방식이다. 이와 같이 직무를 확정하는 것은 의사결정의 문제이다. 직무를 넓게 확정하게 되면 인사관리의 유연성을 높일 수 있으나 직무전문성의 강화하기가 어렵다. 반면에 직무를 좁게 확정하게 되면 인사관리가 경직될 수 있지만 직무전문성 제고에는 적합하다. 즉, 직무의 크기는 어떤 획일적인 기준이 있는 것이 아니라 향후 인사관리의 방향성과 연계하여 결정하는 것이다. 또한 직무는 1명 이상이 수행하는 일의 크기를 의미한다는 점도 기억할 필요가 있다. 그리고 직무를 확정할 때 향후 직무급 설계에 대비하여 노동시장의 직무구분을 고려하는 것이 바람직하다.

두 번째 직무분류체계를 누가 결정하는가에 대한 문제이다. 일부 기업에서 인사부서가 일방적으로 모든 부서의 직무분류체계를 결정하는 경우가 있다. 그러나 이러한 접근은 바람직하지 못하다. 만약 인사부서가 현업의 직무내용에 대해서 깊이 있게 이해하지 못하고 있는 경우에는 잘못된 직무분류체계가 만들어질 가능성이 높다. 따라서 직무분류체계는 업무수행방식과 관련되기 때문에 현업부서장의 의견을 반영하여 결정하는 것이 필요하다. 그러나 현업부서장은 직무분석과 직무분류체계에 대한 이해도가 낮기 때문에 직무분류에 대한 정확한 의견을 개진하기가 쉽지 않은 것도 현실이다. 이에 필자는 가장 실무적으로 바람직한 직무분류체계 수립방법을 다음과 같이 제안하고 싶다. 먼저 인사부서가 가설적으로 직무분류체계를 수립한다. 그리고 직무분석 TFT(인사부서, 현업팀장, SME) 회의를 통하여 가설적 직무분류체계에 대한 현업팀장과 SME의 의견을 수렴한다. 이후 인사부서가 인사관리 방향성을 고려하여 최종적인 직무분류체계를 확정하는 것이다. 이와 같은 접근은 인사부서와 현업의 의견을 균형감있게 고려할 수 있는 방안이 될 수 있다.

세 번째 직무분류체계는 고정되어 있지 않고 변화한다는 점이다. 직무분류체계는 현재 회사의 업무의 모습을 기준으로 만들어진다. 향후 업무의 내용이 변화한다면 당연히 직무분류체계도 변화하게 된다. 예를 들어 향후 조직의 성장으로 보상업무가 늘어나게 되면 '보상담당'직무는 '급여담당'과 '복리후생담당'직무로 분화될 수 있다. 또한 반대로 매출 감소 등으로 조직규모가 축소되게 되면 '채용담당'과 '평가담당'직무가 '채용&평가담당'직무로 통합될 수도 있다. 즉, 직무분류체계는 직무의 생성과 소멸과정을 통해 지속적으로 변화되는 것이다. 따라서 보통 직무분석을 3~5년 단위로 업데이트 하는 것이 반드시 요구된다.

지금까지 직무분류체계에 대해서 살펴보았다. 직무분류체계는 직무분석의 중요한 첫 번째 산출물로서 의미를 갖는다. 직무분류체계를 통하여 직무명이 확정되고 해당 직무명은 직무평가, 보상관리, 경력관리 등 향후 인사관리 전반에 폭넓게 활용될 것이다.

HR 실무 적용 Point

1. 직무분류체계는 수평적 직무분류와 수직적 직무분류를 통해서 만들어지며 이를 통하여 직무명이 확정된다.
2. 직무의 크기는 인사관리의 방향성을 고려하여 결정하게 된다. 직무를 넓게 확정할 수도 있고 좁게 확정할 수도 있다.
3. 직무분류체계는 인사부서와 현업부서의 의견을 균형감있게 고려하여 결정하는 것이 바람직하다.

참고자료 : 직무분류체계(예시)

㈜○○ 디자인 직무분류체계

직군	경영관리직군			제작/시공 직군		Design 직군	
직무	기획	재정	프로젝트기획	제작	시공	디자인	오픈마케팅
리더급 직무	기획 리더	재정 리더		제작 리더	시공 리더	디자인 리더	
담당급 직무	기획 담당	재정 담당	프로젝트기획 담당	제작 담당	시공 담당	디자인 담당	오픈마케팅 담당

story

10

직무기술서와 직무명세서 만들기

Storytelling

김대리는 정말 힘들게 직무분류체계 수립까지 마무리하였다. 이제 마지막 산출물인 직무명세서와 직무기술서를 작성하려고 한다. 직무기술서는 직무의 내용이고 직무명세는 직무수행자의 인적요건이라는 것은 알고 있다. 그런데 김대리의 고민이 또 다시 시작되었다. 업무조서서의 내용을 그대로 직무기술서와 직무명세서에 옮겨 적으면 되는 것인지 아니면 내용을 수정하고 보완해야하는지 여부이다. 그리고 만약 내용을 수정하고 보완한다면 어떤 방식으로 해야 할지도 궁금하다. 과연 김대리는 직무분석을 잘 마무리할 수 있을까?

Coaching

직무분석의 마지막 단계가 바로 직무기술서(job description)와 직무명세서(job specification) 작성이다. 직무기술서와 직무명세서는 직무분석의 가장 중요한 산출물이기도 하다. 직무분석의 정의가 '직무의 내용을 명확히 하고 해당 직무를 수행하기 위한 직무수행자의 인적요건을 밝히는 활동'이라고 앞서 살펴보았다. 이 정의는 두 가지 의미를 담고 있다. 첫 번째는 '직무의 내용을 명확히 한다'는 점이다. 이와 관련한 산출물이 직무기술서이다. 두 번째는 '해당 직무를 수행하기 위한 직무수행자의 인적요건을 밝힌다'는 점이다. 이와 관련한 산출물이 직무명세서이다. 다시 말해 직무기술서와 직무명세서는 실질적인 직무분석의 정의를 의미할 정도로 직무분석의 중요한 산출물이라고 볼 수 있다.

그럼 직무기술서와 직무명세서에 명시해야할 내용은 어떤 것들이 있을까? 직무기술서란 직무수행과 관련된 과업 등 직무정보를 일정한 양식에 기술한 문서를 말한다. 그리고 직무명세서란 직무수행에 필요한 종업원의 지식, 능력, 기술, 자격사항 등 인적요건을 일정한 양식에 기술한 문서를 말한다. 즉, 직무기술서에는 직무의 내용을 명시하고 직무명세서에는 직무수행자의 인적요건을 명시하는 것으로 이해할 수 있다. 다음은 직무기술서와 직무명세서의 개념과 해당 양식에 포함될 수 있는 내용을 요약한 표이다.

[직무기술서와 직무명세서의 개념과 포함내용]

구분	직무기술서	직무명세서
개념	직무수행과 관련된 과업 등 직무정보를 일정한 양식에 기술한 문서	직무수행에 필요한 종업원의 지식, 능력, 기술, 자격사항 등 인적요건을 일정한 양식에 기술한 문서
포함내용	• 직무명칭 • 소속 직군명칭 • 직무개요 • 직무목적(mission) • 성과책임(accountability) • 과업의 내용 • 과업별 중요도 및 난이도 • 과업별 수행빈도(년, 월, 주, 일) • 업무보고대상 • 직무수행방법과 절차 • 사용되는 원재료, 장비, 도구	• 직무명칭 • 소속 직군명칭 • 요구되는 교육수준, 성별 • 요구되는 지식, 능력, 기술 • 요구되는 자격사항 • 요구되는 교육 • 요구되는 경력 • 작업조건을 고려한 육체적 능력

그럼 이제 직무기술서와 직무명세서 예시를 통해 좀 더 실무적으로 살펴보자. 먼저 직무기술서 예시이다.

[직무기술서(예시)]

1. 기본정보

직군명	경영지원직군	직무명	인사담당
직무개요	종업원의 채용, 직무, 평가, 보상, 이직 등 인사관리와 노사관계 관련 업무를 수행한다.		

2. 직무목적(Mission)

직무목적	조직의 인재상에 부합하는 적합한 인재를 확보하고 육성하여 조직성과 향상에 기여한다.

3. 직무내용

책무(Duty)	과업(Task)	수행빈도	중요도
채용	- 부서별 적정인원 산정	년	상
	- 인력운영 계획 수립	년	상
	- 대졸 공개채용(상반기/하반기)	반기	상
	- 전문대졸 공개채용	년	중
	- 직무별 수시채용	수시	중
	- 인턴사원 수시채용	수시	중
	- 배치 및 인사이동 시행	수시	중
인사평가	- 인사평가 시행 계획 수립	년	상
	- 목표합의 시행	년	상
	- 수시코칭 시행(공식/비공식)	수시	상
	- 평가자 교육 시행	반기	상
	- 인사평가 결과 적용	년	중
	- 인사평가 만족도 조사 시행	년	상
임금관리	- 동업계 임금수준 및 임금인상율 조사	년	상
	- 인건비 예산 계획 수립	년	상
	- 인사평가 결과 임금 반영	년	중
	- 개인별 연봉결정 및 연봉계약서 체결	년/수시	하
	- 보수규정 제개정	수시	중

직무기술서는 크게 기본정보, 직무목적, 직무정보로 구성된다. 1번 기본정보 관련 내용이다. 먼저 직군명, 직무명을 작성하다. 그리고 직무의 내용을 간략하게 요약하는 개념으로 직무개요를 작성한다. 2번 직무목적(Mission)관련 내용이다. 직무기술서에서 매우 중요한 내용이 바로 직무목적이다. 직무목적이란 '해당 직무가 우리 회사에 존재하는 이유'라고 볼 수 있다. 즉, '왜 나는 이 직무를 수행하는가?'이다. 예를 들어 인사담당 직무의 직무목적은 무엇일까? 바로 '조직의 인재상에 부합하는 적합한 인재를 확보하고 육성하여 조직성과 향상에 기여한다'라고 표현할 수 있다. 이와 같이 직무목적은 해당 직무에 대한 매우 본질적인 내용이기 때문에 도출하기가 쉽지 않다. 그러나 해당 직무의 존재이유이기 때문에 매우 중요한 내용이라고 할 수 있다. 많은 기업이 직무목적 도출의 의미와 중요성을 모르고 있다. 그래서 대부분의 기업들은 형식적으로 직무목적을 도출하고 있는 실정이다. 그러나 직무목적은 향후 인사관리에 아주 중요한 역할을 하기 때문에 직무수

행자의 의견을 반영하여 팀장과 SME가 함께 깊이 있게 논의하여 결정하는 것이 반드시 요구된다. 또한 직무목적은 한번의 시도로 완성되지 않는다는 점도 기억할 필요가 있다. 또한 이러한 직무목적은 성과책임(accountability) 관점에서 접근할 수 있다. 성과책임에 대해서는 인사평가 파트에서 상세하게 기술할 예정이다.

3번 직무정보이다. 직무정보는 과업을 중심으로 직무의 내용을 일목요연하게 기술한다. 업무조사서를 통하여 정리한 직무정보를 기초로 하여 누락된 과업 등을 보완하여 작성하도록 한다. 상기 예시를 살펴보자. 업무조사서의 '채용'책무에는 '적정인력산정'이라는 과업이 없지만(8번째 스토리 업무조사서 예시 양식 참고) 추후 논의를 통하여 직무기술서의 '채용' 책무에 '적정인력산정'이라는 과업을 추가한 것으로 이해할 수 있다. 여기에 더하여 수행빈도, 중요도 등의 직무정보를 직무기술서에 표기할 수 있다.

다음은 직무명세서 예시이다.

[직무명세서(예시)]

1. 기본정보

직군명	경영지원직군	직무명	인사담당

2. 인적요건

<table>
<tr><th colspan="4">기본사항</th></tr>
<tr><td>최소학력</td><td colspan="3">1. 무관 2. 고졸이상 3. 전문대졸이상 4. 대졸이상 5. 대학원 석사이상 6. 대학원 박사이상</td></tr>
<tr><td>전공</td><td colspan="3">1. 무관 2. 상경계열 3. 이공계열 4. 법정계열 5 인문.사회계열 6. 기타( )</td></tr>
<tr><td>성별</td><td colspan="3">1. 무관 2. 남성 3. 여성</td></tr>
<tr><td rowspan="3">자격증</td><td colspan="2">자격증 구분</td><td>발행기관</td></tr>
<tr><td>▣ 필수자격증</td><td>인적자원관리사</td><td>KPC 한국생산성본부</td></tr>
<tr><td>▣ 권장자격증</td><td>공인노무사</td><td>고용노동부</td></tr>
<tr><td rowspan="5">필요지식</td><td colspan="2">필요지식 세부사항</td><td>요구수준</td></tr>
<tr><td>▣ 이론지식</td><td>인사관리론, 노동법</td><td>상</td></tr>
<tr><td>▣ 실무지식</td><td>채용실무, 평가실무, 보상실무, 퇴직관리 실무, 4대보험 실무</td><td>중</td></tr>
<tr><td>▣ 전산지식</td><td>한글, MS office(엑셀,파워포인트,워드)</td><td>상</td></tr>
<tr><td>▣ 외국어</td><td>영어</td><td>상</td></tr>
<tr><td rowspan="3">필요경력</td><td colspan="2">세부사항</td><td>요구수준</td></tr>
<tr><td>▣ 사외경력</td><td>-</td><td>-</td></tr>
<tr><td>▣ 사내경력</td><td>현업부서</td><td>최소 2년 이상</td></tr>
<tr><td rowspan="5">필요교육</td><td colspan="2">세부사항</td><td>교육기관</td></tr>
<tr><td>▣ 필수교육</td><td>인사관리 기본</td><td>KPC 한국생산성본부</td></tr>
<tr><td rowspan="3">▣ 권장교육</td><td>스토리텔링 인사노무관리</td><td>중앙경제 HR교육원</td></tr>
<tr><td>평가 및 급여인세티브</td><td>KPC 한국생산성본부</td></tr>
<tr><td>인사평가 종합실무</td><td>한국인사관리협회</td></tr>
<tr><td rowspan="3">작업위험</td><td colspan="2">위험내용</td><td>위험수준</td></tr>
<tr><td>▣ 정신적 위험</td><td>-</td><td>-</td></tr>
<tr><td>▣ 육체적 위험</td><td>거의 없음</td><td>하</td></tr>
</table>

직무명세서에 명시해야 할 핵심내용은 인적요건이다. 인적요건은 최소학력, 전공, 성별, 자격증, 필요지식, 필요경력, 필요교육 등으로 세분화된다. 인적요건에 대한 결정은 업무조사서의 내용을 그대로 반영하는 것이 아니라 업무조사서의 내용을 기초로 하여 직무분석 TFT(HR, 팀장, SME)의 논의를 통하여 결정해야 한다는 것을 기억할 필요가 있다. 즉, 인적요건은 현재 회사의 인재수준과 향후 전략방향을 고려하여 결정해야 하다. 상기 예시를 살펴보자. 업무조사서의 '전공'은 '상경계열'로 작성되었지만(8번째 스토리 업무조사서 예시 양식 참고) 직무명세서의 '전공'은 '무관'으로 작성되었다. 직무명세서 작성 시 직무분석 TFT의 인적요건 논의 결과 인사담당 직무수행에는 전공이 크게 상관이 없다고 판단한 것이라고 볼 수 있다.

직무기술서와 직무명세서 작성 시 추가적으로 유의해야 할 사항에는 어떤 것들이 있을까? 첫 번째 직무기술서와 직무명세서의 작성 대상과 관련한 이슈이다. 직무기술서와 직무명세서를 작성하는 대상을 결정하는 기준은 무엇일까? 바로 직무명이다. 즉, 직무분류체계를 통하여 확정된 직무명이 바로 직무기술서와 직무명세서의 작성대상이 된다는 점이다. 가령 회사의 인원(직위)이 300명이고 직무가 70개로 확정되었다면 직무기술서와 직무명세서는 70개의 직무를 대상으로 작성된다. 간혹 직무기술서와 직무명세서는 업무수행자인 직위(position)를 기준으로 작성하는 경우가 있다. 이러한 사례는 직무분석 시 직무의 개념을 오해한 결과라고 볼 수 있다. 직무기술서와 직무명세서는 직위(position)가 아니라 직무(job)를 기준으로 작성하는 것이다. 따라서 직무분석 시 직무명을 결정하는 직무분류체계가 매우 중요한 것이다.

두 번째 복수의 직위를 하나의 직무로 확정하는 경우에 발생하는 이슈이다. 예를 들어 여러 개의 직위가 하나의 직무가 되는 경우이다. 보상담당 업무를 2명이 수행하고 있다. 한 명은 정규직 급여업무를 수행하고 한 명은 계약직 급여업무를 수행하고 있다. 이 경우 직위는 당연히 2개(정규직 급여업무, 계약직 급여업무)가 된다. 그러나 직무는 하나(보상담당)로 확정하는 것이 가능하다. 이와 같이 복수의 직위가 하나의 직무를 확정되게 되면 두 개의 업무조사서의 통합이 필요하게 된다. 먼저 직무기술서 작성과 관련된 업무내용에 대한 통합이다. 업무내용의 경우 두 개의 직위의 업무내용을 합치는 방식으로 통합을 시행하면 큰 어려움이 없이 가능하다. 다음으로 직무명세서와 관련된 인적요건에 대한 통합이다. 인적요건의 경우 두 직위가 요구하는 인적요건이 유사하게 되면 큰 어려움이 없다. 그러나 두 직위가 요구하는 인적요건이 상이하게 되면 두 직위를 모두 시행할 수 있는 인적요건의 개념을 적용하여 통합작업을 시행하여야 한다. 예를 들어 정규직 급여업무는 관련 경력 '5년 이상'을 요구하고 계약직 급여업무는 관련경력 '무관'인 경우가 있다고 가정해 보자. 두 개의 직위가 하나의 직무로 확정될 경우 관련경력을 결정하기가 매우 곤란해지게 된다. 따라서 직무분류체계 수립 시 인사관리상의 필요성에 따라서 직무를 결정하되, 유사한 직위를 기준으로 직무를 확정하는 것이 중요하다는 점을 다시 한번 기억해야 할 것이다.

HR 실무 적용 Point

1. 직무분석의 최종 산출물은 직무기술서와 직무명세서이다.
2. 직무기술서와 직무명세서는 직무명을 기준으로 작성한다.
3. 직무기술서 작성 시 반드시 직무 목적(Mission)에 대하여 고민하여 작성하도록 한다.

story

11

직무평가란 무엇인가?
직무분석과 직무평가는 어떻게 다른가?

Storytelling

김대리는 작년에 3개월에 걸쳐 직무분석을 완성하였다. 그런데 최근 HR포럼에서 직무평가가 매우 중요하다는 이야기를 듣게 되었다. 직무분석에 대해서는 어느 정도 이해했다고 생각하는데 직무평가는 개념이 잘 이해되지 않는다. 그리고 국내 기업 중에는 직무평가를 시행한 기업이 거의 없다고 알고 있다. 그렇다면 굳이 "직무평가를 할 필요가 있을까?"라는 생각도 든다. 과연 직무평가란 무엇일까?

Coaching

직무평가는 국내기업에게는 매우 낯선 개념이다. 왜냐하면 대부분의 기업들이 직무평가를 하지 않고 인사관리를 하고 있기 때문이다. 최근 직무주의 인사관리의 확대로 인하여 직무분석을 실시하는 기업은 급속히 증가하고 있다. 그러나 아직까지 직무평가까지는 나아가지 못하고 있다. 아마도 아직 직무급이 도입되지 않았기 때문이라고 생각된다. 그렇다면 직무평가란 과연 무엇일까? 먼저 직무평가의 개념을 명확히 하는 것이 중요할 것 같다.

직무평가는 직무분석과 연계해서 이해하는 것이 필요하다. 직무분석(job analysis)이란 '직무의 내용을 명확히 하고 해당 직무를 수행하기 위한 직무수행자의 인적요건을 밝히는 활동'을 의미한다. 그리고 이러한 직무분석 결과를 바탕으로 직무평가가 이루어진다. 직무평가(Job evaluation)란 '기업이나 기타의 조직에 있어서 각 직무가 가지는 상대적인 가치를 결정하는 과정'을 말한다. 직무평가가 이루어지기 위해서는 먼저 직무가 결정되어야 할 것이다. 따라서 직무평가를 하기 위해서는 사전에 직무분석을 통한 직무분류체계와 직무프로파일(직무기술서&직무명세서)이 도출되어야 하는 것이다. 그럼 이제부터 직무평가의 프로세스에 대해서 살펴보자.(본 교재에서는 직무평가 방법 중 점수법을 중심으로 설명하기로 한다)

[직무평가 정의]

> 직무평가란 기업이나 기타의 조직에 있어서 각 직무가 가지는 상대적인 가치를 결정하는 과정을 일컫는 것으로서, 직무분석 결과에 기초하여 이루어진다.

[직무평가 프로세스]

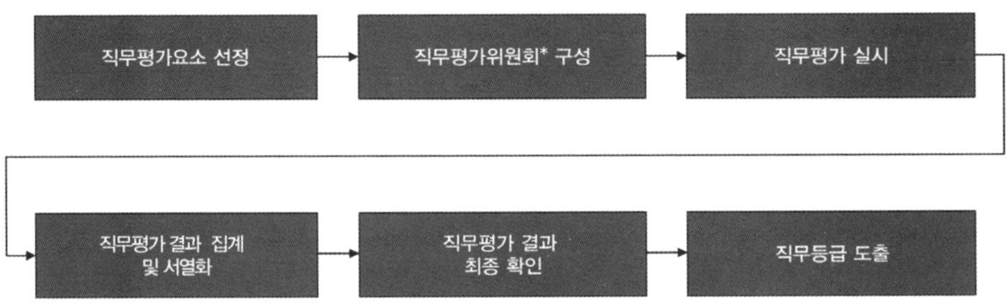

※ 직무평가위원회은 통상 CEO, 사업본부장, HR부문, 컨설턴트 등을 중심으로 구성함.

직무평가는 크게 6단계로 이루어지진다.

1단계는 직무평가요소 선정 단계이다. 직무평가요소는 직무의 투입(input), 과정(throughout), 결과(output)의 관점에서 평가요소를 선정한다. 보통 투입의 경우 기술과 지식 등으로, 과정의 경우 의사소통과 문제해결 등으로, 결과의 경우 성과에 대한 책임, 사람에 대한 책임 등으로 구성된다. 직무평가요소는 직무평가 공정성의 핵심이 되기 때문에 매우 신중하게 결정하여야 한다. 일반적으로 직무평가를 컨설팅을 통해서 수행하게 되면 컨설팅사가 직무평가 방법론을 제시한다. 그러나 중소기업의 경우 비용 등의 문제로 직무평가 컨설팅을 받기 어려운 경우가 많은 것이 현실이다. 따라서 최근 정부에서는 중소·중견기업이 사용할 수 있

는 직무평가 방법론을 개발해서 무료로 제공하고 있으니 참고하면 좋을 것 같다.[6)]

2단계는 직무평가위원회의 구성이다. 직무평가위원회 구성은 직무평가요소 선정과 함께 직무평가의 핵심적인 과정이다. 왜냐하면 향후 직무평가 공정성 이슈 발생 시 핵심사항은 누가 직무평가를 했는지에 관한 것이기 때문이다. 따라서 직무평가는 위원회 방식을 통해서 실시하는 것이 바람직하다. 직무평가위원은 평가대상 직무를 모두 이해하고 있는 사람으로 구성하는 것이 매우 중요하다. 직무평가위원이 일부 직무를 이해하고 일부 직무를 이해하지 못하고 있다면 제대로 된 직무평가 결과를 얻기 어려울 것이다. 보통 기업은 직무평가위원을 대표이사, 임원, 본부장, HR팀장 등으로 구성하는 것이 일반적이다. 또한 직무평가위원회는 최소 7명 이상으로 구성하는 것이 바람직하다. 직무평가위원회가 너무 소수로 구성되면 향후 정당성에서 문제가 발생할 수 있기 때문이다.

3단계는 직무평가의 실시이다. 직무평가요소가 선정되고 직무평가위원회가 구성되면 직무평가 실시가 가능하다. 직무평가 시행 전 가급적 직무분류체계와 직무프로파일(직무기술서와 직무명세서)에 대한 간략한 설명을 하는 것이 바람직하다. 물론 사전에 직무평가대상 직무에 대한 정보(직무분류체계, 직무기술서&직무명세서)를 제공하여 사전 학습이 이루어지도록 하는 것도 가능하다. 왜냐하면 직무평가위원은 평소에 자신이 이해하고 있는 직무관련 정보를 통해서 직무를 평가하는 경향이 높기 때문에 직무평가 시행 전 해당 직무에 대한 정확한 정보를 제공하는 것이 직무평가에 큰 도움이 될 수 있다. 직무평가 방식은 직무별 직무평가와 직무평가 요소별 직무평가로 구분할 수 있다. 직무별 직무평가란 직무평가 시트를 직무별로 제작하는 방식을 말한다. 따라서 직무의 개수만큼 직무평가 시트가 존재하게 된다(예를 들어 직무가 100개인 경우 100장의 직무평가 시트가 만들어 진다). 반면에 직무평가 요소별 직무평가란 직무평가 시트를 직무평가 요소별로 제작하는 방식을 의미한다. 이 경우 직무평가 요소의 개수만큼 직무평가 시트가 존재하게 된다(예를 들어 직무평가요소가 10개인 경우 10장의 직무평가 시트가 만들어진다). 직무의 숫자가 적은 경우(30개 미만)에는 직무별 직

6) 한국형 중소중견 기업의 직무평가 모델(KSJE) 개발에 대한 연구(2014)

무평가가 가능하다. 하지만 직무의 숫자가 많은 경우(30개 이상)인 경우에는 직무평가 요소별 직무평가 방식을 사용하는 것이 바람직하다.

4단계는 직무평가 결과 집계 및 서열화이다. 직무평가가 완료되면 직무평가 결과를 집계한다. 보통 직무평가 점수는 1,000점 만점으로 이루어진다. 직무평가 결과 집계 과정에서 최고점과 최저점 그리고 해당 직무의 상사의 점수를 제외하는 것이 바람직하다. 이러한 점수들은 오류일 가능성이 매우 높기 때문이다. 이러한 절차를 고려해 볼 때 직무평가위원을 너무 소수로 구성하게 되면 직무평가 점수 집계 시 애로가 발생할 가능성이 있다. 이러한 과정을 통해 직무평가 결과 집계가 끝나게 되면 직무평가 점수를 기준으로 직무의 순위를 서열화한다.

5단계는 직무평가 결과 최종확인이다. 직무평가 점수는 향후 직무급, 직무설계, 경력개발 등에 폭넓게 활용된다. 따라서 직무평가 점수에 오류가 있는지 여부를 최종 확인하는 절차는 매우 중요하다. 직무평가 결과 최종확인 시 직무평가자의 부여 점수 확인, 직무평가 점수 제외자 확인, 직무평가 최종 점수 확인 등을 철저하게 확인하여야 한다.

6단계는 직무등급 도출이다. 직무평가의 결과물은 바로 직무등급이다. 직무평가를 통해서 직무를 서열화 한 후 비슷한 점수의 직무를 묶어서 직무등급을 만든다. 직무등급의 개수는 인사관리의 방향성에 따라서 결정된다. 최근에는 직무등급의 개수를 줄이는 브로드밴딩(broad banding) 방식으로 직무등급을 확정하고 있는 추세이다

지금까지 직무평가의 절차에 대해서 살펴보았다. 필자가 직무평가 시 경험하였던 한 가지 사례를 공유하고 싶다. A기업의 직무평가를 시행하는 과정에서 발생한 일이다. 대표이사가 직무평가 시행과정에서 직무평가의 애로점을 이렇게 호소하였다. "저는 직무평가를 인사관리에 활용하지 못할 것 같습니다. 왜냐하면 저는 항상 모든 직무는 소중하다는 점을 직원들에게 강조하였습니다. 그런데 직무평가는 직무의 상대적 가치를 결정하는 과정이라고 들었습니다. 그렇다면 어떤 직무는 소중하고 어떤 직무는 소중하지 않다는 것인데 이러한 관점은 저의 평소의 경영철학과 맞지 않습니다." 여러분은 이 사례에 대해서 어떻게 생각하는가? 상기 사례의 대표이사는 직무평가에 대해서 큰 오해를 하고 있는 것이다. 직무평가에서 말하는 직무의 상대적 가치란 의미가 무엇일까? 직무의 상대적 가치

란 직무의 소중한 정도를 의미하는 것이 아니라 해당 직무의 기여도라고 이해하는 것이 더 정확할 것이다. 즉, 모든 직무는 소중한 것이다. 그러나 직무마다 조직에 대한 기여도가 다른 것이다.

HR 실무 적용 Point

1. 직무평가는 직무분석 결과를 바탕으로 시행된다(직무분류체계, 직무기술서&직무명세서).
2. 직무평가는 직무평가요소 선정 → 직무평가위원회 구성 → 직무평가 실시 → 직무평가 결과 집계 및 서열화 → 직무평가 결과 최종확인 → 직무등급도출로 이루어진다.
3. 직무평가의 결과는 직무등급의 도출이다.
4. 직무평가를 통하여 직무급 등 직무주의 인사관리를 구현할 수 있다.

참고자료 : 직무등급 결정

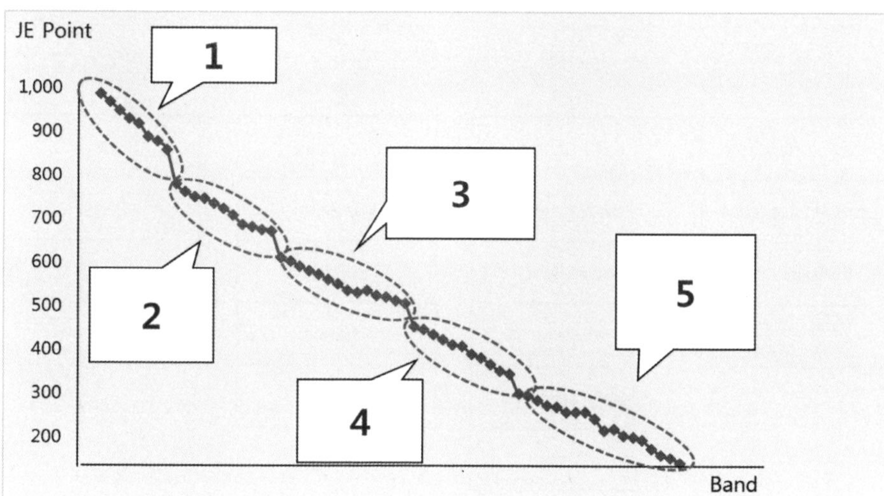

※ '직무가치 중심의 직무급 설계 전문가 과정' 교재 인용(한국공인노무사회)

참고자료 : 직무등급 체계(Job Grade System)와 직무등급 정의

직무등급 체계(Job Grade System)

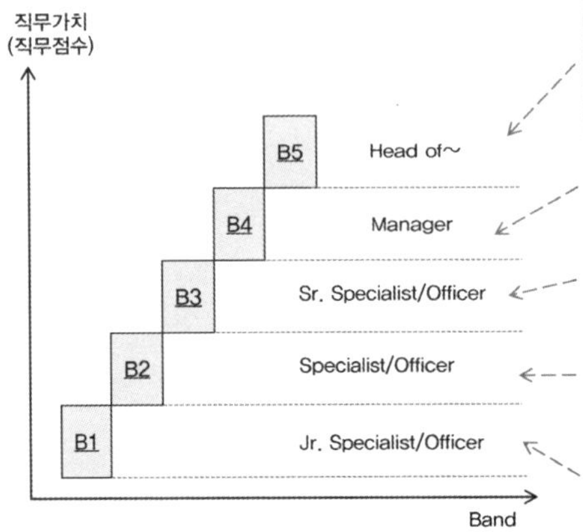

직무등급 정의

Band	Point	등급정의
Band5	801~	중간관리자를 통하여 직원을 관리함. 직원의 관리와 전사에 영향을 미치는 전략적 의사결정이 업무의 주요 내용임.
Band4	651~ 800	기능단위 내 직원을 관리하고, 기능단위에 중요한 의사결정을 담당하는 단위 기능의 책임자 또는 전략적으로 중요한 전문가 임.
Band3	501~ 650	담당 직무분야에 대한 충분한 지식을 가지고, 상당 부분에 있어 독자적인 의사결정을 수행하고, 그 결정에 대하여 책임을 짐.
Band2	351~ 500	회사의 일반적인 업무 수행 절차를 알고, 담당 분야에 대한 기본적인 업무지식을 갖추고 업무를 수행하지만, 대부분의 중요한 의사결정을 상급자에게 의지함.
Band1	~350	특별한 직무지식을 요하지 않으며, 업무를 배우면서 상급자를 도와 업무를 수행 함. 독자적인 의사결정 및 업무 수행보다는 OJT를 통한 양성이 강조됨.

※ '직무가치 중심의 직무급 설계 전문가 과정' 교재 인용(한국공인노무사회)

참고자료 : 직무등급(예시)

GE	BASF	Global Insurance	CJ
Senior Professional	BU head	Executive	Leader
Lead Professional	Division head	Manager	Senior
Professional	Team head	Professional	Junior
Associated Professional	Manager	Scientist	Assistant
	Junior Manager	Assistant	
	Staff		

※ '직무가치 중심의 직무급 설계 전문가 과정' 교재 인용(한국공인노무사회)

참고자료 : 직무등급 결정 예시

	직무등급(Job Grade)				직책	호칭
	경영지원	영업	기술연구	생산	전사공통	전사공통
보직	Leader	Sales Leader	Chief Researcher	Master	본부장/공장장 연구소장/팀장	본부장/공장장 연구소장/팀장
미보직	Sr. Manager	Sales Sr. Manager	Sr. Researcher	Sr. Technician	미보직	Manager
	Jr. Manager	Sales Jr. Manager	Jr. Researcher	Jr. Technician	미보직	Manager
	Assistant	Sales Assistant	Researcher	Operator	미보직	~님

story

12

직무평가요소는 어떻게 구성되는가?

Storytelling

김대리는 직무평가의 개념에 대해서 어느 정도 이해하였다. 이제 직무평가를 실제로 시행하려고 하니 막상 여러 가지 문제에 부딪히게 되었다. 가장 어려운 문제는 직무평가요소를 결정하는 것이었다. 직무평가요소는 직무평가 공정성의 핵심요소라고 알고 있는데 과연 직무평가요소를 어떻게 구성해야 하는 것일까?

Coaching

이번 스토리에서는 직무평가의 가장 핵심적인 내용인 직무평가요소에 대해서 살펴보기로 하자. 직무평가는 직무의 상대적 가치를 평가하는 과정이기 때문에 직무평가요소는 직무평가 공정성의 핵심이 된다. 많은 인사담당자분들이 직무평가요소를 기술, 노력, 책임, 작업조건이라고 이해하고 있다. 그러나 직무평가요소를 보다 본질적으로 이해하는 것이 필요하다. 직무는 어떻게 구성될까? 직무는 투입(input), 과정(throughout), 결과(output)로 구성된다. 즉, 다시 말해서 해당 직무를 수행하기 위한 인적요건(input), 직무내용(throughout), 직무의 영향력(output)으로 구성되는 것이다. 따라서 직무평가도 동일하게 직무의 투입, 직무의 과정, 직무의 결과를 통해서 이루어져야 한다. 따라서 직무평가요소는 크게 3가지로 구성된다. 첫 번째 해당 직무를 수행하기 위해 필요한 기술이다. 즉, 누구나 할 수 있는 직무가 있는 반면 어떠한 기술을 갖춘 사람만이 할 수 있는 업무가 있는 것이다(예 : 스마트폰 개발 업무의 경우 전자공학 또는 전기지식을 요구한다). 두 번째 직무를 수행하는 과정에서 발생하는 노력이다. 즉, 직무수행 과정에서 많은 노력을 요구하는 직무가 있고 반대로 적은 노력을 요구하는 직무가 있을 수 있다(예 : 기획직무의 경우 업무의 복잡성으로 인하여 많은 노력을 요구한다). 세 번째 직무가 가지고 있는 책임이다. 즉, 직무가 가진 책임의 차이가 있다는 것이다(예 : 팀장의 경우 리더이기 때문에 일반 팀원보다 보다 많은 업무상 책임을 진다).

[직무평가 요소(예시)]

구분	기술(Input)	노력(Throughput)	책임(Output)	작업조건
Hay	기술적 노하우 관리적 노하우 대인관계 기술	사고의 환경 사고의 도전도	행동의 자유도 성과책임에 대한 영향력의 규모 성과책임에 대한 영향력의 특성	
Towers Watson	기능적 지식 대인관계 기술 사업전문성	문제해결 능력	리더십 영향력의 범위 영향력의 특성	
Mercer	지식	의사소통 혁신	영향력	
CJ	정규교육 경력	사내 의사소통능력 사외 의사소통능력 문제분석능력 문제해결능력/창의력	부하직원관리책임 자원관리책임 재량권 의사결정권/영향력	
ILO	지식 경험 응용능력	정신적 노력 육체적 노력	설비에 대한 책임 재료 및 제품에 대한 책임 안전에 대한 책임 타인의 작업에 대한 책임	작업환경 위험
노동연구원	지식 경험	문제해결능력 타인과의 관계	자원에 대한 책임 성과에 대한 책임	유해환경 노출

※ 한국형 중소중견 기업의 직무평가 모델 (KSJE) 개발에 대한 연구(2014) 및 도서자료 참고

상기 직무평가요소 예시를 통하여 직무평가요소를 보다 구체적으로 이해해보자. 먼저 직무평가요소는 컨설팅회사마다 다른 모습을 보이고 있다. 즉, 직무평가요소는 획일적으로 규정된 것이 아니라 직무평가를 바라보는 관점에 따라서 매우 다양하게 존재하는 것이다. 나아가 제조업, 금융업, 서비스업 등 직종에 따

라서도 직무평가요소가 달라질 수 있다. 다음으로 다양한 컨설팅 기관의 기술(input), 노력(throughout), 책임(output)을 비교해 보면 공통분모를 발견하게 된다. 기술의 경우 지식과 경험이 자주 등장한다. 노력의 경우 문제해결능력, 의사소통능력 등이 자주 보이고 책임의 경우 영향력이라는 표현이 자주 발견된다. 이러한 다양한 직무평가요소를 비교 분석하는 것을 통하여 직무평가요소의 큰 틀을 구성할 수 있다. 물론 직무평가요소는 별도의 직무평가요소 도출 절차를 통하여 도출하는 것이 원칙이다. 그러나 실무적으로 살펴보면 개별 회사가 직무평가를 하기 위해서 직무평가요소 도출 과정을 거치는 것은 거의 불가능하다. 이러한 과정은 직무평가 방법론을 개발하는 개념이기 때문이다. 따라서 회사는 직무평가 시 컨설팅을 의뢰하는 방법을 선택할 수밖에 없다. 이러한 애로사항을 고려하여 정부가 기업을 위해서 직무평가방법론을 개발하였으니 많은 기업이 활용하기를 바란다.[7]

그럼 이제부터는 직무평가요소의 구체적인 정의와 척도에 대해서 살펴보자. 직무평가요소가 결정되면 해당의 요소의 가중치, 정의, 척도를 정해야 한다.

[평가요소 척도별 점수]

직무 평가 요소	하위 평가 요소	척도							
		1	2	3	4	5	6	7	8
기술(40%)	경험	50	75	100	125	150	175	200	
	지식	50	80	110	140	170	200		
노력(30%)	문제해결 능력	50	81	104	127	150			
	타인과의 관계	50	81	104	127	150			
책임(30%)	자원에 대한 책임	50	81	104	127	150			
	성과에 대한 책임	50	81	104	127	150			
작업조건(5%)	유해환경 노출	0	20	35	50				

※ 한국형 중소중견 기업의 직무평가 모델 (KSJE) 개발에 대한 연구(2014)

7) 업종별 직무평가 도구개발-공공서비스 및 사회복지서비스산업(2017), 노동연구원
업종별 직무평가 도구개발-철강산업, 호텔산업, 은행산업(2017), 노동연구원
초기업단위 직무평가 개발방안 연구(2015), 노동연구원

먼저, 직무평가요소별 가중치를 결정한다. 상기 사례는 기술-40%, 노력-30%, 책임-30%, 작업조건-5%로 구성하였다. 그리고 척도별 점수기준을 결정한다.

[직무평가 요소(기술)]

• 정의
  - 직무를 수행하기 위해 직무 담당자에게 요구되는 지식과 경험의 수준
• 기술의 하위 요소
  - 지식 : 직무담당자가 직무를 수행하는데 필수적으로 알아야 하는 직업교육이나 정규교육을 통한 지식의 수준
  - 경험 : 직무 관련 활동을 통해 체득된 지식이나 기능의 정도

다음으로 직무평가요소를 정의한다. 상기 사례에서 기술이란 '직무를 수행하기 위해 직무 담당자에게 요구되는 지식과 경험의 수준'이라고 정의하였다. 그리고 하위 개념인 지식이란 '직무담당자가 직무를 수행하는데 필수적으로 알아야 하는 직업교육이나 정규교육을 통한 지식의 수준'이라고 정의하였다.

[직무평가 요소(기술)]

• 경험
  - 수준 1 : 직무경험을 필요로 하지 않는 직무
  - 수준 2 : 1년 미만의 실무경험을 필요로 하는 직무
  - 수준 3 : 1년 이상 3년 미만의 실무경험을 필요로 하는 직무
  - 수준 4 : 3년 이상 5년 미만의 실무경험을 필요로 하는 직무
  - 수준 5 : 5년 이상 10년 미만의 실무경험을 필요로 하는 직무
  - 수준 6 : 10년 이상 20년 미만의 실무경험을 필요로 하는 직무
  - 수준 7 : 20년 이상의 실무경험을 필요로 하는 직무

마지막으로 직무평가 하위요소별 척도를 정의한다. 상기사례에서 경험을 7단계로 구분하여 구체적으로 정의하였다. 예를 들어 1수준은 '직무경험을 필요로 하지 않는 직무'이고 2수준은 '1년 미만의 직무경험을 필요로 하는 직무' 등으로 구체적으로 정의한다. 이와 같이 직무평가요소는 매우 복잡하게 구성되기

때문에 반드시 직무평가위원을 대상으로 직무평가 사전교육을 시행하는 것이 필요하다.

직무평가는 직무의 상대적 가치평가를 통하여 직무급, 인사이동, 경력개발 등에 영향을 미치기 때문에 매우 정교한 방법론을 통하여 시행하여야 한다. 또한 향후 공정성 시비를 일으킬 수 있기 때문에 가급적 공식적인 방법론을 활용하는 것이 바람직하다. 중소기업의 경우 컨설팅을 의뢰하기 어려운 경우라면 앞에서 소개한 노동연구원의 방법론을 활용하는 것도 좋은 방안이라고 생각된다.

HR 실무 적용 Point

1. 직무평가요소는 직무의 투입(input), 과정(throughout), 결과(output)를 기준으로 구성된다.
2. 직무평가 방법론은 공정성 확보를 위하여 공식화된 방법론을 사용하는 것이 바람직하다.
3. 직무평가위원에게 직무평가방법론에 대한 사전교육을 시행 후 직무평가를 실시한다.

02 심층학습

노동정책 변화에 따른 직급체계 개편 방향

최근 노동정책에 큰 변화의 바람이 불고 있다. 노동정책 변화는 크게 비정규직의 정규직화, 최저임금의 인상, 근로시간의 단축 등 3가지로 볼 수 있다. 상기 3가지 변화는 기업의 입장에서 볼 때 매우 대응하기 어려운 이슈일 뿐 아니라 인건비의 상승을 초래하기 때문에 기업의 존속을 위태하게 만드는 매우 중대한 변화라고 생각된다. 그렇다면 이러한 노동정책의 변화속에서 기업의 인사관리는 어떠한 방향으로 나아가야 할까? 기업의 인사기능은 채용관리, 직급체계, 직무관리, 평가관리, 보상관리, 육성관리, 퇴직관리 등으로 구분할 수 있다. 이 중 인사관리의 기초가 되는 제도가 바로 직급체계이다. 직급체계는 기업의 인사관리의 성패를 결정하는 매우 중요한 영역이지만 지금까지 별로 중요성을 인식하지 못하고 있는 것이 현실이다. 그럼 지금부터 노동정책과 직급체계는 과연 어떠한 관련이 있는지에 대해서 사례를 중심으로 살펴보기로 하자.

[컨설팅 사례]

필자는 2017년 상반기에 약 200명 규모(연간 매출액 약 1,000억원, 제조업)의 A사의 인사제도 설계 컨설팅을 진행하였다. 컨설팅 진행 초기 회장님의 면담 요청이 있어서 회장님과 면담을 하게 되었다. 회장님은 "인사제도에 대해서는 알아서 잘 만들어 주세요. 다만 한 가지 부탁말씀을 드리겠습니다. 우리 회사의 직급체계를 2개로 변경해 주십시오" 필자는 회장님께 다시 한번 질문을 드렸다. "회장님 왜 직급체계를 2개로 변경해 달라고 하시는지 설명을 부탁드려도 될까요" 회장님을 그 이유를 매우 간단하게 말씀해 주셨다. "네. 설명드리지요. 저희 회사가 설립된 지 25년이 되었습니다. 회사 설립초기에는 정말 모두가 열심히 일했지요. 그런데 요즘 부서를 보면 모두 과장, 차장, 부장입니다. 고직급화가 너무 심해져서 아무도 실무업무를 수행하려고 하지 않습니다. 이래서야 회사가 제대로 굴러가겠습니까? 우리회사의 직급체계는 팀장과 팀원이면 충분합니다. 그래서 직급체계를 2개로 바꾸어 달라고 요청드리는 겁니다." 이후 필자는 약 3개월 동안 직급체계를 축소하는 컨설팅을 수행하였고 A사는 내년부터 신 인사제도를 시행할 예정이다.

상기 사례를 보면 기업의 인사관리에서 직급체계가 얼마나 중요한가를 실감할 수 있다. 그러나 인사부서는 직급체계의 개념과 중요성을 인식하지 못하고 있는 경우가 많이 있다. 그러한 이유는 무엇일까? 인사관리 기본서의 목차를 살펴보면 보통 인사관리의 기초, 직무관리, 평가관리, 보상관리, 육성관리 등의 순서로 기술되어 있다. 인사관리 기본서에서 직급체계라는 장(chapter)를 찾아보기 어렵다. 왜냐하면 직급체계는 '직무등급체계'를 의미하기 때문에 직무관리의 한 영역으로 보기 때문이다. 다시 말해서 직무중심인사관리 관점에서 살펴보면 직급체계는 직무관리의 결과물이라고 볼 수 있는 것이다. 직급(織級)의 사전적 정의를 살펴보면 '직급이란 직무의 등급을 말한다. 일의 종류나 난이도, 책임도 따위가 상당히 비슷한 직위를 한데 묶은 최하위의 구분이다.(출처 : 표준국어대사전)'라고 기술하고 있다. 즉, 직급이란 '직무의 등급'을 말하는 것이다. 이와 같이 직급은 본래 직무의 등급을 의미하였으나 점차 변질되어 계급 또는 신분을 의미하는 것으로 변해버린 것이다. 상기 사례 기업의 경우도 직급이 계급을 의미하기 때문에 모두가 높은 계급이 되어버린 안타까운 경우라고 볼 수 있다. 그러나 더욱 놀라운 것은 상기 사례와 같은 경우가 우리나라 대부분의 기업에서 매우 흔하게 나타나고 있다는 사실이다.

그럼 이제부터 노동정책 변화와 직급체계를 연계하여 살펴보기로 하자.

첫 번째 비정규직의 정규직 전환 이슈이다. 최근 기업들이 비정규직의 정규직 전환 이후 다양한 문제로 인하여 몸살을 앓고 있다. 그 중 대표적인 것이 직급차별의 문제이다. 예를 들어 1급부터 6급까지의 직급체계를 가지고 있는 기업이 있다고 가정해 보자. 해당 기업은 비정규직을 정규직으로 전환 시 새로운 직급을 신설(예를 들어 M직급)하여 직급을 부여한다. 이러한 직급부여에 대하여 정규직 전환자들은 직급에 대하여 차별적 대우를 받았다고 주장하게 된다. 이러한 문제가 발생하는 이유가 무엇일까? 직급체계가 계급 또는 신분체계의 개념으로 운영되고 있기 때문이다. 직급체계가 본래의 취지대로 직무등급의 개념으로 운영된다면 이러한 문제는 발생하지 않는다. 이제 반대로 예를 들어 G1, G2, G3, G4 등 직무등급 개념의 직급체계를 가지고 있는 기업이 있다고 가정해 보자. 해당 기업은 부서장, 노무사, 전산담당, 서무 등 비정규직으로 운영하고 있는 인력을 정규직으로 전환할 때 해당 직무가치를 고려하여 직급을 부여하게 된다. 따라서 별도의 신설직급은 필요하지 않고 기존의 직급체계로 자연스럽게 이동하게 되며 당연히 직급차별의 문제도 발생하지 않게 되는 것이다. 즉, 비정규직의 정규직 전환 시 직무등급 개념의 직급체계를 가지고 있는 기업의 경우 큰 문제없이 직급체계 운영이 가능하게 된다.

[신분주의 직급체계 vs 직무주의 직급체계]

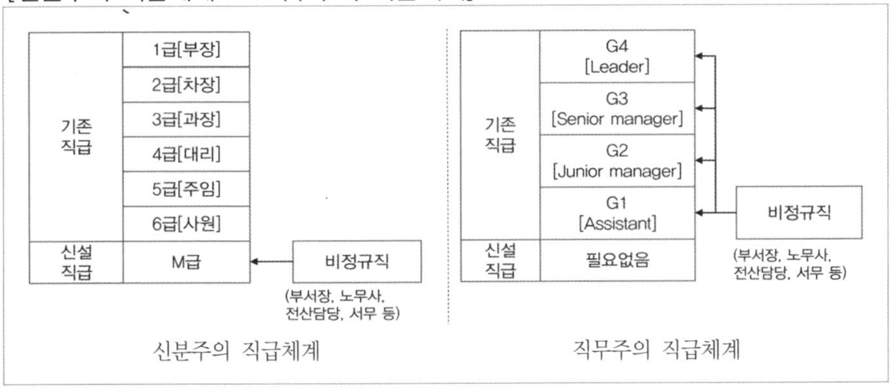

두 번째 최저임금 인상의 문제이다. 2018년도 최저임금은 시간당 7,530원으로 2017년도에 비하여 16.4% 인상된다. 이러한 상황에서 대부분의 중소기업은 직급체계 운영의 문제에 직면하고 있다. 사원, 주임, 대리, 과장, 차장, 부장 등 6직급 체계의 기업에서 발생하는 직급별 초임 문제를 예를 들어 보기로 한다. A기업의 경우 직급별 초임기준으로 살펴보면 2017년 사원의 월급여는 1,373,130원, 주임의 월급여는 1,500,000원이다. 월급기준 약 10만원 이상의 급여차이가 있다. 그러나 2018년 급여를 살펴보면 최저임금의 인상에 의해서 사원은 1,573,770으로 16.4%인상된다. 그러나 주임의 급여는 회사의 재정 상황 때문에 인상을 최대한 억제할 수밖에 없는 것이 현실이다. 사례의 경우 주임은 4.9%만 인상되어 사원과 동일한 1,573,770원이 된다. 사원과 주임의 월급여가 동일하게 되는 상황이 발생하는 것이다. 이러한 사례는 최근 중소기업에서 매우 흔하게 발생하는 문제이다. 즉, 사원과 주임 등 다단계의 직급체계를 유지하기 어렵게 된 것이다. 그렇다면 기업은 어떠한 선택을 해야 할까? 직급체계의 목적을 다시 한번 생각해 보아야 한다. 사원, 주임, 대리, 과장, 차장, 부장 등 직급에 따른 역할과 책임이 다르다면 직급의 존재 이유가 있다. 반대로 직급의 역할과 책임이 동일하다면 직급을 나누어 운영할 필요가 없을 것이다. 이러한 이유로 최근 많은 기업이 역할과 책임을 중심으로 직급체계를 3단계 또는 4단계로 축소하는 직급체계 개편을 시행하는 것이다.

구분	직급별 초임[월급여]		최저임금	
	사원	주임	시급기준	월급기준
2017년	1,373,130	1,500,000	6,570	1,373,130
2018년	1,573,770	1,573,770	7,530	1,573,770
인상률	14.6%	4.9%	14.6%	14.6%

세 번째 근로시간 단축의 문제이다. 2018년 7월 1일부터 300인 이상 사업장은 주52시간제가 시행된다. 그리고 주52시간제는 규모에 따라서 단계적으로 확대될 예정이다. 이러한 상황에서 현재의 인사제도가 유효한지에 대해서 고민할 필요가 있다. 먼저 근로시간, 생산량, 생산성 등의 관계에 대해서 살펴보자. 근로시간이 단축되면 생산량도 당연히 감소하게 된다. 그렇다면 근로시간이 단축되게 될 때 동일한 생산량을 유지하기 위해서는 어떻게 해야 할까? 생산성을 높이면 된다. 그렇다면 이제 기업들은 어떻게 생산성을 높일 수 있는가에 집중해야 한다. 생산성을 향상시키기 위해서는 인사관리 패러다임을 근로시간중심 패러다임에서 직무중심 패러다임으로 변경시키는 것이 필요하다. 우리에게 필요한 것은 오래 일하는 것이 아니라 자신의 역할(role)과 책임(responsibility)를 명확히 인식하고 일하는 것이라는 점이다. 그렇다면 인사관리가 이제는 반드시 직무중심으로 바뀌어야 한다는 결론에 이르게 된다. 또한 우리가 한 가지 기억해야 할 중요한 사항이 있다. 임금체계 개편과 직급체계의 관계이다. 최근 임금체계 개편이 인사관리의 매우 중요한 화두이다. 그러나 임금체계 개편은 사실상 직급체계 개편을 의미하는 것으로 보아야 한다. 다시 말해서 최근 많은 기업이 도입하고 있는 역할급의 도입은 직급체계를 역할등급제로 변경하는 것을 통하여 이루어지고 있다는 것이다. 이러한 직무중심의 직급체계 개편은 매우 난이도가 높고 많은 시간이 소요되는 변화관리이다. 따라서 기업은 먼저 인사관리 변화방향을 고민하고 이후 장기적 관점에서 우리 회사에 적합한 직무중심의 직급체계를 설계하는 것이 필요하다.

구분	사람중심 인사관리		직무중심 인사관리	
직급체계	직위등급제	직능자격제	직무등급제	역할등급제
직급명칭 (예시)	사원, 주임, 대리, 과장, 차장, 부장	직능등급 1 ~ 직능등급 9	G1, G2, G3, G4	사원, 선임, 책임
임금체계	연공급	직능급	직무급	역할급

지금까지 노동정책 변화에 따른 직급체계 개편 방향에 대하여 살펴보았다. 비정규직의 정규직 전환, 최저임금의 인상, 근로시간의 단축 등에 대하여 기업이 나아가야할 방향은 결국 직무중심 인사관리이다. 그리고 기업이 직무중심 인사관리로 변화하기 위해서는 역할등급제과 직무등급제 등 직무중심의 직급체계로 변화가 필요하다는 것이다. 이제 노동정책의 변화가 시작되었다. 우리가 가야할 방향이 명확하다면 이제 첫걸음을 내딛을 시점이 왔다. 직무중심 인사관리로 나아가자.

〈노동법률 2017년 12월호의 기고문을 일부 수정하여 작성함〉

03 심층학습

기간제 근로자의 정규직 전환기대권 인정에 따른 계약직[8] 인사노무관리 방안

2016년 11월 10일 계약직 근로자에 대한 매우 의미 있는 대법원 판결이 있었다. 대법원이 계약직 근로자의 정규직 전환 기대권을 최초로 인정한 것이다(대법 2016.11.10. 선고, 2014두45765 판결). 필자는 상기 판결 이후 인사담당자로부터 "계약직의 정규직 전환 기대권이 인정된다면 계약직이 없어진 것 입니까?"라는 질문을 받게 되었다. 그렇다면 이제 기업은 계약직 근로자의 정규직 전환기대권 인정의 의미를 명확히 이해하고 나아가 계약직 근로자의 인사노무관리의 변화 방안을 수립해야 할 것이다.

[기간제 근로자의 갱신기대권]

> 기간제 근로계약은 기간이 만료됨으로써 근로관계가 종료되는 것이 원칙이다. 그런데 그동안 대법원은 기간제 근로자를 보호하기 위해 기간제 근로계약의 경우에도 근로관계를 둘러싼 제반 사정에 비추어 근로자에게 근로계약이 갱신될 수 있으리라는 정당한 기대권이 인정되는 경우에는 사용자가 합리적 이유 없이 근로계약의 갱신을 거절하더라도 부당해고와 마찬가지로 효력이 없다고 판단하였다(대법 2011.4.14. 선고, 2007두1729 판결 등).

대법원은 보도 자료를 통해 상기 판결의 의의를 다음과 같이 정리하였다.

- '정규직 전환에 대한 기대권'을 명시적으로 인정한 최초의 대법원 판결임.
- 기간제법 시행 후 신규로 기간제 근로계약을 체결한 경우에도 갱신기대권 법리가 적용될 수 있음

그렇다면 먼저 상기 판결의 의의를 좀 더 자세히 정리해 보자.

첫 번째, 종전 판례의 갱신기대권 법리는 기간제 근로자의 근로계약이 한번 더 '갱신'되는 것으로 보는 이론이므로, 기간제 근로자의 지위가 정규직으로 전환된다는 것은 아니었다고 볼 수 있다. 실무적으로 1년간 기간제 근로계약을 체결한 근로자의 경우 1년이 도래하는 시점에서는 다양한 사유에 의하여 갱신기대권이 인정될 수 있다.

8) 본 교재에서는 HR관점과 노동법관점을 동시에 언급해야 하는 특성상 '계약직'과 '기간제 근로자'라는 표현이 함께 사용되었으며 두 표현은 동일한 의미임.

그러나 계약갱신 등 사유로 총 2년을 근무한 기간제 근로자의 갱신기대권에 대해서는 법원이 명확한 판단을 내리지 않았었다. 2년을 근무한 기간제 근로자에게 갱신기대권이 인정된다면 이는 기간제 근로자에게 정규직의 지위를 부여하는 것이 되기 때문에 매우 중요한 법적 쟁점이 되어 왔다. 그러나 상기 판례로 기간제 근로자의 정규직 전환기대권이 인정된다는 점을 명확히 하게 되었다.

두 번째, 기간제 근로자의 갱신기대권 법리는 기간제법 시행 이전(2007년 7월 1일)에 기간제 근로자를 보호하기 위한 이론이기 때문에 기간제법 시행 이후에도 갱신기대권 법리가 여전히 유효한 것인가에 대한 논란이 있었다. 그러나 상기 판결을 통해 기간제법 시행 전은 물론 시행 후에 신규로 기간제 근로계약을 체결한 경우에도 갱신기대권이 인정된다는 점이 명확해 졌다고 볼 수 있다.

[기간제 근로자 갱신기대권의 이해]

[기간제 근로계약 판단순서 흐름도]

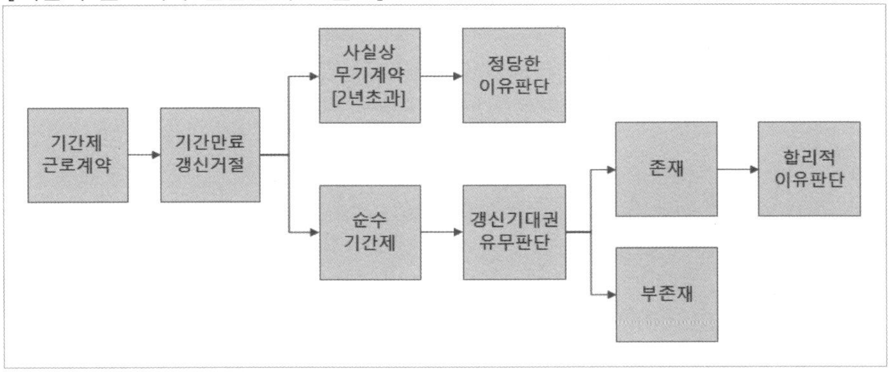

[기간제 근로자의 갱신기대권 판단과 합리적 이유]

갱신기대권이 인정되는 경우	합리적 이유로 인정되는 경우
• 재계약 절차 및 요건의 존재 여부 • 계약서 내용 및 업무의 특성 • 근로계약이 이루어지게 된 동기 및 경위, 기간을 정한 목적과 당사자의 진정한 의사 • 동종의 근로계약 체결방식에 관한 관행 • 근로자 보호법규, 단체협약이나 취업규칙의 근거조항 존재 여부	• 근로기준법상 해고의 정당한 이유 • 고용유지의 불가능성 여부 • 평가기준의 객관성과 평가의 공정성 여부

※ '기간제 근로자 판례분석' 중앙노동위원회 자료 인용(2008.1)

'기간제 근로자 판례분석 - 기간제 근로계약 해지의 정당성'

회사가 근로자와 기간제 근로계약을 체결한 경우 기간만료로 기간제 근로계약이 종료되게 되면 먼저 갱신기대권 유무에 대한 판단을 하여야 한다. 갱신기대권은 재계약 절차 및 요건의 존재 여부, 계약서 내용 및 업무의 특성 등을 종합적으로 고려하여 결정되게 된다. 상시적인 직무의 경우 또는 인사평가에 의해 갱신여부를 결정하는 경우는 대부분 갱신기대권이 인정 된다고 보아야 할 것이다. 갱신기대권이 인정되는 경우 합리적 이유 없는 갱신 거절은 해고에 해당하게 된다. 합리적 이유로 인정되는 것은 근로기준법상 해고의 정당한 이유, 고용유지의 불가능성 여부, 평가기준의 객관성과 평가의 공정성 여부 등이다. 그러나 실무적으로 살펴보면 근로기준법상의 해고사유 또는 고용유지의 불가능성은 거의 발생하지 않기 때문에 사실상 기간제 근로자에 대한 인사평가가 가장 중요한 합리적 요소로 인정되고 있는 상황이다.

계약직 인사노무관리 방안

첫 번째, 직무별 인력운영계획의 수립이다. 보통 기업은 전사차원의 인력운영계획을 수립하여 운영하지만 구체적인 직무별 인력운영계획을 수립하여 운영하는 기업은 많지 않다. 직무별 인력운영계획 속에는 직무별 인력운영전략(내부육성/외부충원), 고용형태(정규직/비정규직), 보상수준 등의 내용이 포함되어야 한다. 직무별 인력운영계획은 직무의 전문성과 대체가능성을 기준으로 직무를 구분한 후 인력운영의 방향성을 결하는 것이 핵심이다. 대체가능성이 낮은 핵심직군과 유지직군은 내부에서 육성하는 것이 필요하다. 이 경우 정규직으로 운영하는 것이 바람직할 것이다. 반면에 대체가능성이 높은 계약직군과 전문직군은 외부충원을 통하여 인력을 운영할 수 있다. 이 경우에는 정규직 또는 비정규직을 유연하게 적용할 수 있을 것이다. 이와 같이 업무의 성격에 따른 직무별 인력운영계획을 통하여 장기적 방향의 인력포트폴리오 전략을 수립하는 것이 필요하다.

두 번째, 상시적 직무의 정규직 운영이다. 인력포트폴리오 전략에 따르면 대체가능성이 높은 직무는 외부충원의 방식으로 인력운영이 가능하며 정규직 또는 비정규직을 유연하게 적용할 수 있다. 그러나 이러한 대체가능성이 높은 직무일지라도 상시적 직무의 경우에는 정규직으로 운영하는 것이 바람직하다. 상시적 직무에 대하여 비정규직(계약직 등)으로 운영하게 되면 계속근로 2년의 문제로 인하여 인력을 교체하는 등의 많은 문제를 야기하게 된다. 오히려 이러한 상시적 직무의 경우에는 직무의 가치에 맞는 보상을 지급하고 정규직으로 안정적으로 운영하는 것이 바람직할 것이다.

[인재포트폴리오 전략(업무의 성격에 따른 구분)]

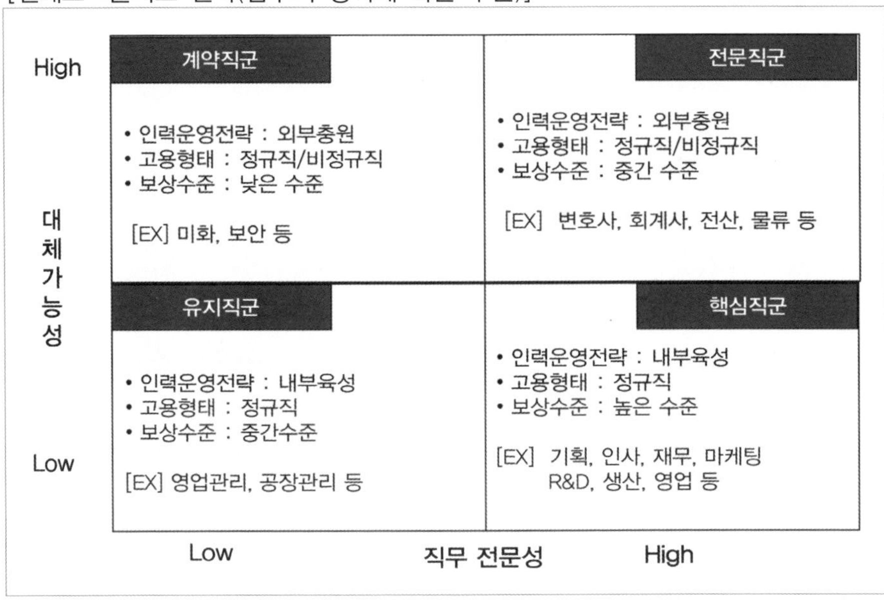

세 번째, 계약갱신 기대권에 대한 사전 검토이다. 대부분의 회사들은 계약직 근로자의 계약 갱신 거절 등 근로계약이 종료되는 시점에서 갱신기대권에 대한 검토를 시작한다. 그러나 계약직 근로자의 갱신기대권은 다양한 이유에 의해서 발생하기 때문에 계약종료시점에서 관리할 수 있는 요소가 아니라고 생각된다. 따라서 회사는 계약직 근로자에 대한 인력운영계획을 수립하는 시점에서 계약서의 내용, 인사평가를 통한 재계약 절차의 시행 등 갱신기대권 인정 여부와 관련된 면밀한 사전검토를 시행하는 것이 필요하다.

네 번째, 계약직 평가제도의 개선이다. 최근 저성과자 관리, 성과관리 강화 등 다양한 이유로 정규직 근로자에 대한 인사평가의 중요성이 매우 높아지고 있다. 그러나 대부분의 기업에서는 계약직 근로자의 인사평가에 대해서는 많은 관심을 기울이지 않는 것이 현실이다. 그러나 계약직 근로자에게 갱신기대권이 인정될 경우 회사가 합리적 이유로서 주장할 수 있는 것은 공정한 인사평가의 결과라고 생각한다. 따라서 이제 계약직 근로자의 평가구조, 평가절차, 평가운영에 대한 깊이 있는 검토와 개선이 필요한 시점이다.

마지막으로 직무중심 인사관리의 구현이다. 회사는 이제 직무관리를 통하여 직무중심 인사관리로 나아가야 한다. 우리나라의 대부분의 기업은 아직도 사람중심 인사관리를 시행하고 있다. 사람중심 인사관리는 채용, 배치, 보상 등의 합리성이 낮으며 직무별 특성을 고려한 인력운영이 곤란하다. 이제 기업은 직무분석을 통하여 회사의 업무를 명확히 하고 나아가 직무평가를 통하여 직무가치에 따른 인력운영을 검토하여야 한다. 이와 같은 직무중심인사관리의 기반에서 계약직 근로자에 대한 합리적 인력운영이 가능할 것이다.

〈노동법률 2017년 6월호 기고문을 일부 수정하여 작성함〉

제1장

제2장

제3장 인사평가

제4장

제5장

story
13
왜(why) 인사평가를 하는가?

Storytelling

김대리는 인사평가 제도의 개선을 준비하고 있다. 매년 인사평가를 마치고 나면 공정성 문제로 조직이 몸살을 겪고 있기 때문이다. 고민에 고민을 계속하고 있지만 인사평가의 공정성을 높일 수 있는 뾰족한 방안이 떠오르지 않고 있다. 김대리는 이렇게 문제가 많은 인사평가를 우리는 왜 계속하고 있는 것인지에 대한 의문이 들기 시작했다. 이참에 인사평가 제도를 폐지하면 어떨까? 하는 생각까지 든다. 과연 기업은 왜(why) 인사평가를 하는 것일까?

Coaching

인사담당자에게 "인사관리 중 가장 어려운 영역이 무엇인가요?"라고 질문을 한다면 대부분은 "인사평가입니다"라고 대답할 것이다. 인사평가가 가장 어렵다고 생각하는 이유는 무엇일까? 대부분의 인사담당은 인사평가의 애로사항으로 '조직 구성원이 인사평가 결과를 수용하지 않는다', '피평가자와 평가자 모두가 인사평가를 싫어한다' 등 다양한 문제를 말한다. 그렇다면 이렇게 문제가 많은 인사평가를 기업은 왜 유지하고 있는 것일까? 간단하게 대답하자면 인사평가가 기업에게 도움이 되기 때문일 것이다. 인사평가가 기업에게 도움이 되지 않았다면 인사평가는 벌써 폐지되었을 것이다. 그럼 이 시점에서 우리는 인사평가가 기업에게 어떠한 도움이 되는지에 대해서 정확히 이해할 필요가 있다고 생각한다.

세계적인 리더십 전문가인 사이먼 사이넥(Simon Sinek)은 TED에서 골든써클(golden circle)의 개념을 소개하였다(How great leaders inspire action?). 이 골든써클을 통해서 인사평가에 대한 인사이트를 얻고자 한다.

[Golden Circle]

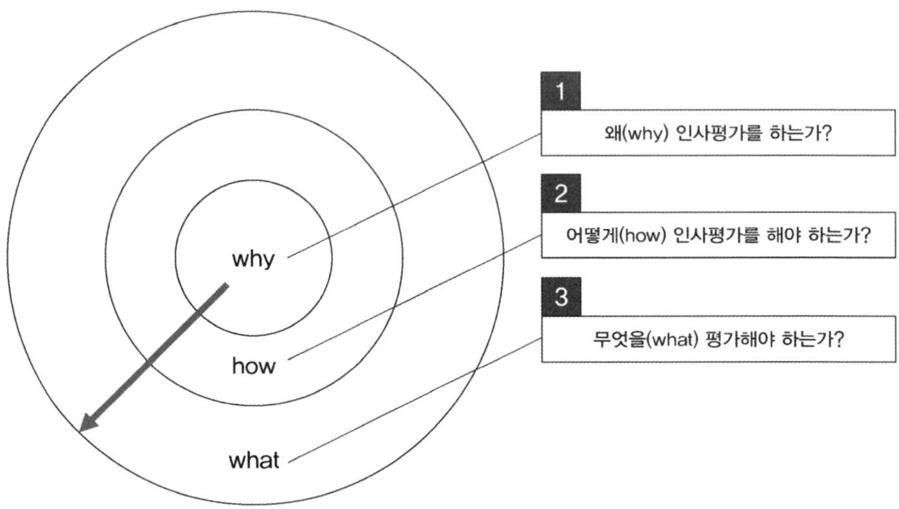

※ Simon Sinek TED 강연, 'How great leaders inspire action?' 인용

사이먼 사이넥의 강연 내용을 간략하게 요약해 보자. 다음과 같이 세 개의 원이 있다. 가운데 원이 'why', 중간 원이 'how', 그리고 가장 가장자리의 원이 'what'이다. 이것을 골든써클이라고 부르기로 하자. 대부분은 사람들은 'what'과 'how'에 집중한다. 그래서 보통의 리더는 이렇게 말한다는 것이다. '이것(what)을 이 방식(how)으로 해 보면 어떨까?' 그러나 위대한 리더는 반대로 말한다는 것이다. '우리는 왜(why) 이 일을 하는 걸까?' 즉, 어떠한 사안을 바라볼 때 'why'에서 출발한다는 것이다. 필자는 사이먼 사이넥의 골든서클을 접하면서 이 방식이 많은 문제해결의 매우 본질적 접근이 될 수 있다는 생각을 하게 되었다. 그리고 인사평가에 골든서클을 적용해 보기로 하였다.

지금까지 우리는 "성과와 역량(what)을 이렇게(how) 평가하세요"라고 이야기 하였다. 'what'과 'why'에 집중하여 이야기하고 있는 것이다. 그러나 골든서

클의 관점에서는 먼저 'why'에 대하여 이야기를 할 필요가 있다. 즉, "우리는 왜(why) 인사평가를 하는가?"에 대하여 고민해야 한다는 것이다. 그럼 우리 스스로에게 질문을 해 보자 "우리는 왜(why) 인사평가를 하는가?" 독자들도 함께 답해보면 좋을 것 같다. 필자는 실제로 인사평가와 관련된 강의의 경우에 청중에게 "우리는 왜 인사평가를 하나요?"라고 질문을 한다. 질문에 대하여 매우 다양한 답변이 등장한다. '연봉결정을 위해서', '조직의 성장을 위해서', '승진자를 결정하기 위해서', '저성과자 관리를 위해서', '동기부여를 위해서' 등이다. 모두 맞는 말이다. 인사평가는 매우 다양한 목적을 가지고 시행되고 있다. 따라서 우리는 인사평가의 목적을 명확히 하는 것이 반드시 필요하다.

이제 인사평가의 목적에 대해서 좀 더 깊이 있게 살펴보자.[9] 인사평가의 목적을 정리하다보면 크게 두 가지 카테고리로 구분되어진다는 것을 발견하게 된다. 첫 번째 '성과 향상'을 위한 목적이다. 예를 들면 '조직의 성장을 위해서', '동기부여를 위해서', '업무개선을 위해서' 등이 이에 해당한다. 두 번째는 '차등보상'을 위한 목적이다. 예를 들면 '연봉결정을 위해서', '승진자를 결정하기 위해서', '저성과자 관리를 위해서'등이 이에 해당한다. 결론적으로 인사평가는 '성과향상'과 '차등보상'이라는 두 가지 목적으로 시행되고 있는 것이다. 그런데 여기서 아주 중요한 포인트가 있다. 성과향상과 차등보상이라는 인사평가의 목적 중 어떤 것이 더 중요한 것은 무엇일까? 바로 '성과향상'이라는 목적이다. 즉, 성과향상이 주 목적이 되고 차등보상은 보조 목적이 되어야 한다. 인텔의 CEO 앤드 그로브(Andrew S. Grove)는 인사평가의 목적을 다음과 같이 설명하고 있다.[10] "성과평가의 근본적인 목적은 무엇인가? (중략) 바로 '직원의 성과를 향상시키기 위해서'라는 점이다." 그러나 안타깝게도 대부분의 기업은 인사평가를 '차등보상'의 목적으로 시행하고 있는 것이 현실이다. 즉, 연봉 인상과 승진자 결정을 위한 인사정보의 획득을 위해서 인사평가를 하고 있는 것이다. 물론 기업의 효율적인 운영을 위하여 연봉 인상과 승진자 결정은 매우 중요한 의사결정 사항이다. 그러나 인사평가의 주 목적이 차등보상이 되어서는 곤란하다. 인사평가의 주 목적은 성

---

9) 인사평가의 목적에 관한 내용은 '인사평가와 코칭 기술(도널드 L. 커크패트릭 저)'을 인용함.
10) 하이 아웃풋 매니지먼트, 앤디S 그로브 저 인용, 청림출판.

과향상이기 때문이다.

[인사평가의 목적]

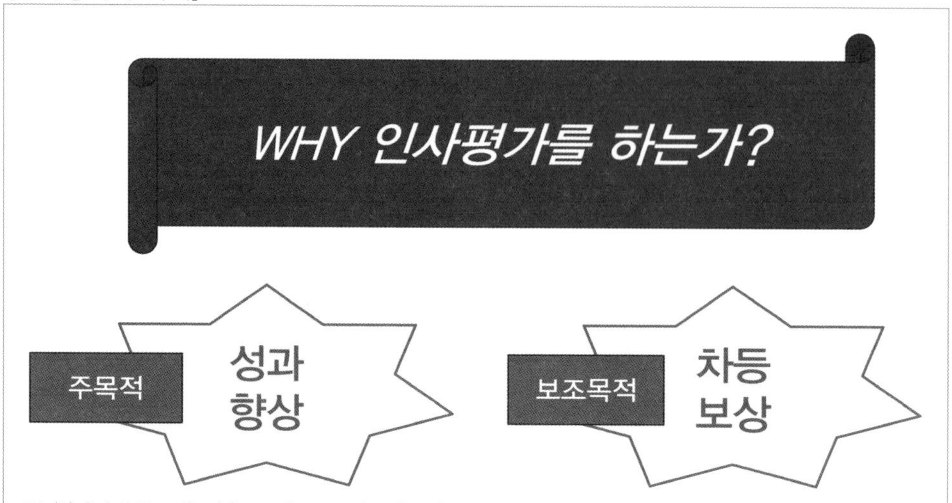

※ (인사평가와 코칭 기술, 도널드 L. 커크패트릭 저 인용)

이러한 인사평가의 목적을 명확히 한 후 이제부터 큰 틀의 인사평가에 대해서 살펴보기로 하자. 인사평가를 그림으로 표현하면 다음과 같다.

[인사평가(성과관리 vs 근무평정)]

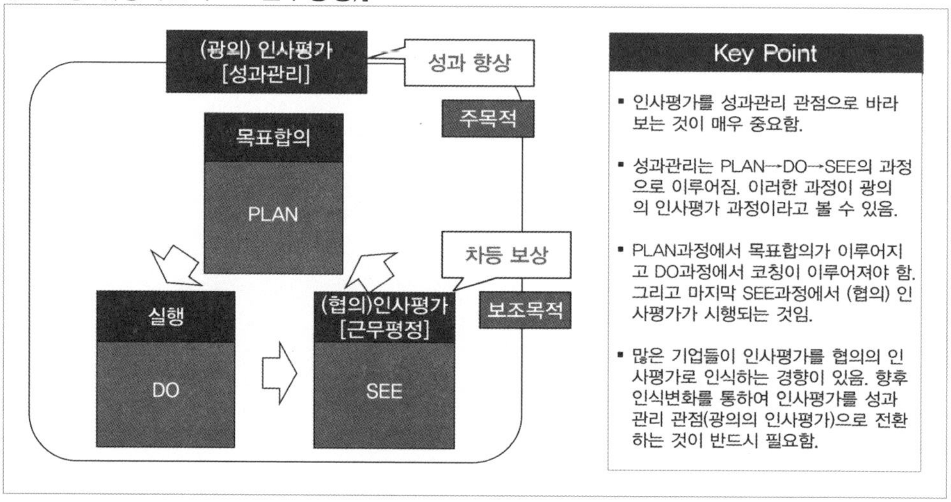

인사평가는 크게 두 가지 개념으로 구분된다. 광의의 인사평가와 협의의 인사평가이다. '성과관리'를 광의의 인사평가라고 볼 수 있고 '근무평정'을 협의의 인사평가라고 볼 수 있다. 먼저 협의의 인사평가에 대해서 살펴보자. 우리가 일하는 모습은 목표를 수립하고 실행하고 확인하는 과정으로 표현될 수 있다. 이러한 과정 중 확인하는 절차를 바로 협의의 인사평가라고 말할 수 있다. 이를 우리는 보통 '근무평정 또는 인사고과'라고 부른다. 근무평정을 통하여 회사는 연봉인상과 승진자결정에 필요한 인사정보를 얻을 수 있다. 다음으로 광의의 인사평가에 대해서 살펴보자. 광의의 인사평가란 목표를 수립하고 실행하고 확인하는 전 과정을 관리하는 것을 의미한다. 즉, '성과관리'를 말하는 것이다. 이러한 성과관리를 통하여 실질적인 성과향상을 이룰 수 있다. 다시 말해 인사평가의 주 목적인 성과향상은 성과관리를 통해서 가능하다는 점을 반드시 기억해야 한다. 따라서 우리의 궁극적인 인사평가의 방향은 광의의 인사평가인 '성과관리'가 되는 것이다.

그럼 이제 정리해 보자. 인사평가는 '광의의 인사평가'와 '협의의 인사평가'로 구분된다. '협의의 인사평가'인 '근무평정'를 통해서 차등보상이라는 인사평가의 보조적 목적을 달성하며 '광의의 인사평가'인 '성과관리'를 통해서 성과향상이라는 인사평가의 주된 목적을 달성할 수 있다. 따라서 성과관리와 근무평정은 어느 한 가지만 중요하다고 말할 수 없고 두 가지 모두 중요하다고 보아야 한다. 혹자는 협의의 인사평가인 '근무평정'을 폐지해야한다고 주장하는 경우가 있지만 인사정보의 창출이라는 '근무평정' 자체의 목적이 존재하기 때문에 이는 매우 신중히 결정해야 할 문제이다. 그럼 이 시점에서 한 가지 궁금증이 생길 수 있다. "광의의 인사평가(성과관리)와 협의의 인사평가(근무평정)은 별도로 관리해야 하는 것인가?" 이에 대한 대답은 "아니다"이다. 좀 더 구체적으로 표현하자면 "성과관리를 제대로 하게 되면 근무평정은 자동적으로 공정해진다"라는 사실이다. 즉, 우리가 집중해야 할 대상은 성과관리이지 근무평정이 아니다. 근무평정의 공정성을 높이기 위해서 많은 노력을 하더라도 근무평정은 쉽게 공정해지지 않는 것을 경험하게 된다. 근무평정의 공정성은 성공적인 성과관리를 통하여 자연스럽게 얻어진다는 것을 이해하는 것이 매우 중요하다.

HR 실무 적용 Point

1. 인사평가의 목적(why)에 대하여 깊이 있게 고민해 보자. 인사평가의 목적은 크게 '성과향상'과 '차등보상'으로 볼 수 있다.
2. 인사평가의 주된 목적은 '성과향상'임을 기억하자.
3. 인사평가는 광의의 인사평가(성과관리)와 협의의 인사평가(근무평정)로 구분된다. '성과관리'는 성과향상과 '근무평정'은 차등보상과 연계성을 갖는다. 따라서 우리는 '근무평정'보다 '성과관리'에 집중해야 한다.
4. '성과관리'와 '근무평정'은 분리하지 않는 것이 바람직하다. 즉, '성과관리'를 제대로 수행하는 것이 '근무평정'의 공정성을 높이는 방안이 된다.

story

14

인사평가는 어떤 구조와 절차로 이루어질까?

Storytelling

지금까지 인사담당 김대리는 채용위주로 업무를 수행하였다. 채용업무만 벌써 3년째 하다보니 점점 매너리즘에 빠지는 것 같았다. 그런데 최근 팀장님이 "김대리 앞으로 인사평가 업무를 하게 될 거야. 시간 괜찮을 때 인사평가 교육을 다녀오도록 해"라고 말씀하는 것이다. 드디어 인사업무의 꽃인 인사평가를 하게 된다고 생각하니 의욕이 샘솟는 것이 느껴진다. 그런데 막상 인사평가 업무를 하려고 하니 가장 기본적인 인사평가의 큰 틀의 모습조차 모르고 있다는 것을 알게 되었다. 과연 인사평가는 어떤 구조와 절차로 이루어지는 것일까?

Coaching

인사평가를 시행하기 위해서는 먼저 인사평가의 구조와 절차에 대한 이해가 선행되어야 한다. 먼저 인사평가의 구조이다. 인사평가의 구조는 크게 성과평가와 역량평가로 구분할 수 있다. 인사평가의 구조를 그림으로 설명하면 다음과 같다.

그럼 먼저 성과평가부터 살펴보자. 성과평가란 '직무를 얼마나 잘 수행하였는지를 평가하는 것'을 말한다. 성과평가는 보통 목표에 의한 관리제도(MBO : Management By Objectives)를 통하여 이루어지게 된다. 이러한 성과평가의 목적은 성과관리 관점의 성과평가를 통하여 조직성과를 달성하도록 하는 것이라고 볼 수 있다. 다음으로 역량평가이다. 역량평가란 '직무의 탁월한 수행의 원인이 되는 지식(Knowledge), 기술(skill), 태도(attitude) 등을 평가하는 것'을 말한다.

역량평가는 보통 역량모델링(Competency Modeling)방식인 행동중심 평가로 이루어진다. 역량평가는 역량개발을 통한 조직역량 강화를 지향해야 한다.

[인사평가 구조]

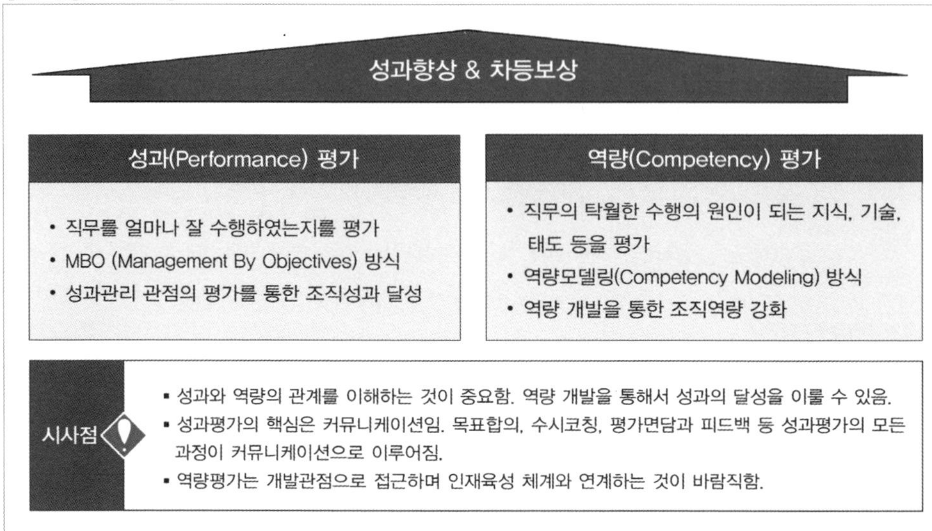

인사평가의 구조와 관련하여 몇 가지 생각해 볼 문제가 있다. 첫 번째 성과와 역량에 대한 인식이다. 필자는 강의 시 가끔 “여러분은 성과와 역량 중에서 무엇이 더 중요하다고 생각하세요?”라는 질문을 한다. 이 경우 대부분의 청중은 “성과이죠”라고 대답한다. 물론 맞는 말이다. 성과를 역량보다 중요하게 생각하는 것은 성과주의 인사관리하에서 매우 당연한 대답이다. 그러나 한 가지 집고 넘어갈 사항이 있다. 성과는 역량 발휘를 통해서 달성된다는 점이다. 즉, 역량이 성과향상의 기반이 된다는 점이다. 간혹 역량평가의 불공정성 등 다양한 이유로 역량평가를 폐지하고 성과평가만으로 인사평가를 하는 회사를 만나게 된다. 이러한 접근은 향후 매우 위험한 접근이다. 장기적으로 조직의 역량은 점차 약해질 것이고 조직성과의 달성도 어렵게 될 가능성이 높다.

두 번째 성과평가의 성공요인과 관련된 내용이다. 대부분의 인사담당은 성과평가의 성공요인으로서 ‘목표합의를 잘하는 것, 진실한 코칭, 평가면담 시 경청’ 등을 이야기한다. 이 또한 맞는 이야기이다. 그러나 필자에게 성과평가의 성공요소를 한 가지만 선택하라고 한다면 주저 없이 커뮤니케이션 즉, 소통이라고 대답할 것이다. 왜 성과평가의 가장 중요한 성공요인이 커뮤니케이션일까? 생각해 보면 간단히 이해가 된다. 성과평가는 크게 목표합의, 코칭, 평가면담 등으로 이루어진다. 이 모든 것이 커뮤니케이션을 전제로 하기 때문이다. 즉, 아무리 좋은 목표합의 방법론, 코칭기법, 평가요령을 도입하더라도 커뮤니케이션이 이루어지지 않는다면 사실상 무용지물이라고 볼 수 있다. 평가제도 설계 후 평가제도가 정착하지 못하는 회사의 경우 커뮤니케이션의 문제를 가지고 있는 경우가 대부분이다. 성과평가를 성공적으로 정착시키기 위해서는 먼저 우리 조직의 커뮤니케이션의 문제를 진단할 필요가 있다. 물론 성과평가를 통한 변화관리를 시행하면서 자연스럽게 커뮤니케이션이 좋아지는 모습도 기대할 수 있다.

세 번째 역량평가를 바라보는 시각이다. 보통 평가자와 피평가자 모두 역량평가에 대해서 부정적인 인식을 가지고 있는 경우가 많다. 그리고 매년 비슷한 결과가 나오는 역량평가를 해마다 할 필요가 있는지에 대해서도 의문을 제기하기도 한다. 이는 역량평가가 주관적이고 모호하기 때문에 당연히 불공정할 것이라고 생각하기 때문이다. 나아가 이러한 역량평가 결과를 보상관점으로 접근하여 연봉과 연계하게 되면 더욱 큰 저항이 발생하기도 한다. 우리는 이러한 문제점을 어떠한 시선으로 바라보아야 할까? 역량평가는 개발관점으로 바라보아야 한다. 역량을 매년 평가한다는 관점보다는 어떤 역량을 어떤 방식을 개발할 것인가에 집중해야 한다는 것이다. 예를 들어 목표합의 시에 역량개발계획을 수립하고 역량평가 시 계획한 역량개발계획을 어떻게 실천했는가를 평가하는 것이 바람직한 방향일 것이다.

지금까지 인사평가의 구조에 대해서 간략하게 살펴보았다. 다음으로 인사평가의 절차이다. 인사평가의 절차를 연단위로 표현하면 다음 그림과 같다.

인사평가 절차는 크게 목표합의 → 수시코칭 → 인사고과 및 피드백으로 설명할 수 있다. 그리고 이러한 인사평가의 관점이 바로 성과관리를 의미한다. 매우 쉽고 당연한 인사평가의 절차라고 생각된다. 그러나 실무적으로 접근하면 상황은 조금 달라진다. 필자는 강의 시 "여러분 회사의 인사평가 절차를 간략하게 적어보세요"라고 요청한다. 이후 내용을 확인해 보면 크게 두 가지 패턴으로 나누어진다. 첫 번째 패턴은 '인사평가 업무연락 게시, 자기평가, 1차평가, 2차평가,

평가등급 결정'이라고 작성하는 경우이다. 두 번째 패턴은 '목표합의, 중간평가, 인사평가'라고 작성하는 경우이다. 인사평가의 절차에 대한 매우 큰 인식차이가 한눈에 드러난다. 전자의 경우는 인사평가를 근무평정(협의의 인사평가)으로 보고 있다는 것이다. 따라서 인사평가를 전혀 성과관리 관점으로 고민하지 않는다. 후자는 인사평가를 성과관리(광의의 인사평가)라고 보고 있는 것이다. 회사 내부에서 표현은 인사평가라고 하고 있지만 사실상 성과관리 관점에서 접근하고 있는 것이다. 안타까운 것은 아직 일부기업만이 인사평가를 성과관리 관점으로 바라보고 있다는 사실이다. 정말 인사평가를 성과관리 관점으로 바라보는 시각의 변화가 모든 기업에서 일어나기를 간절히 소망한다.

[인사평가 절차]

구분	1월	2월	3월	4월	5월	6월
주요 내용	목표계획 수립 ↓ 목표 논의 ↓ 목표 합의	수시 코칭	수시 코칭	수시 코칭	수시 코칭	수시 코칭
산출물	목표합의서		수시코칭 보고서 (1/4분기)			수시코칭 보고서 (2/4분기)

구분	7월	8월	9월	10월	11월	12월
주요 내용	수시 코칭	수시 코칭	수시 코칭	수시 코칭	수시 코칭	자기평가 ↓ 평가면담 ↓ 평가실시 및 평가결과 확정 ↓ 평가피드백 ↓ 평가결과 적용
산출물			수시코칭 보고서 (3/4분기)			인사평가 결과보고서

HR 실무 적용 Point

1. 인사평가의 구조는 성과평가와 역량평가로 구분되며, 절차는 목표합의, 수시코칭, 인사고과로 이루어진다.
2. 성과평가의 본질은 커뮤니케이션이라는 것을 기억하자.
3. 역량을 통해서 성과가 창출된다. 따라서 역량평가는 개발관점에서 바라보아야 한다. 올해 어떤 역량을 개발했는지를 평가에 반영해 보자.

story

15

왜 기업은 평가권을 단순하게 변경하는가?

Storytelling

김대리는 최근 HR포럼에서 평가권에 변화에 대한 최신트렌드를 듣게 되었다. 대기업을 비롯한 대부분의 기업들이 평가권을 1차평가자 중심으로 단순하게 변화시키고 있다는 것이다. 현재 김대리 회사의 팀원에 대한 평가권은 1차평가자(팀장) 60%, 2차평가자(본부장) 40% 나누어져 있다. 최신 트렌드를 반영한다면 이제 팀장인 1차 평가자에게 평가점수에 대한 모든 권한을 부여해야 한다. 김대리는 고민이 시작되었다. 현재는 1차 평가자와 2차 평가자가 함께 평가를 하는 상황에서도 공정성 문제가 계속되고 있다. 그런데 1차 평가자 혼자서 평가를 한다면 공정성이 더 낮아지지 않을까 염려된다. 과연 평가권을 어떻게 바꾸는 것이 좋을까?

Coaching

최근 인사평가 변화의 핵심포인트는 평가권의 변화라고 말할 수 있다. 과거 우리나라 기업들은 평가권을 복수(複數)로 운영하는 것이 일반적이었다. 팀원 평가의 경우 1차평가는 보통 팀장이 하고 2차평가는 임원이 하게 된다. 1차 평가자와 2차 평가자는 일정비율로 평가권을 나누어 행사한다(예 : 1차평가 60%, 2차평가 40%) 필자 역시 기업에서 근무시절 이러한 평가권하에서 인사평가를 받았던 기억이 난다. 우리는 이와 같이 평가권을 복수(複數) 운영하는 것을 매우 당연한 것으로 받아들이고 있다. 아마도 대부분의 기업이 선택하고 있는 제도이므로 문제가 없을 것이라고 생각하기 때문이 아닐까 추측된다. 물론 한 명이 아니라 여러명의 평가자가 피평가자를 평가하기 때문에 공정성이 높아진다는 주장이 가능할 수 있다. 그러나 이와 같이 평가권을 일정비율로 나누어 평가하는 방식은 결정적인 문제점을 가지고 있다.

과연 평가권을 복수(複數)로 운영하면 어떠한 문제가 발생하는 것일까? 가장 큰 문제는 피드백이 사실상 불가능하다는 점이다. 예를 들어보자. 마케팅팀의 박대리가 있다. 박대리의 평가권은 마케팅팀장 60%, 마케팅본부장 40%로 나누어져 있다. 연말 인사평가 결과 박대리의 평가등급이 B등급으로 결정되었다.(B등급은 우수한 평가등급이 아니라고 전제하자). 이 경우 마케팅팀장은 박대리에게 어떠한 방식으로 피드백을 하게 될까? 아마 이러한 상황이 예상된다. “박대리 올해 평가등급이 결정됐네. 그런데 평가등급이 B가 나왔네” “예?, 제가 B가 나왔다고요. 이해가 안됩니다. 팀장님” “글세, 나는 점수를 잘 줬는데……, 아마도 본부장님이 점수를 낮게 주신 것 같아.(박대리 나를 원망하지 마)”

이러한 대화를 통해서 과연 피드백이 가능할까? 아마도 불가능할 것이라고 생각된다. 여기서 인사평가의 목적을 다시 한번 생각해 보자. 인사평가의 첫 번째 목적은 ‘성과향상’이라고 했다. 성과향상을 위해서 반드시 필요한 것이 무엇일까? 경영의 기본적인 활동은 계획(plan)하고 실행(do)하고 확인(see)하는 과정이다. 이 과정 중 마지막을 보통 피드백이라고 부른다. 피드백은 업무수행이 제대로 이루어졌는지에 대해서 서로 의견을 교환하는 단계라고 이해할 수 있다. 이러한 피드백을 통해서 업무의 개선 즉, 성과의 향상을 이룰 수 있는 것이다. 그러나 위와 같은 상황에서는 평가자는 책임을 면하려고 할 뿐 진정한 피드백이 사실상 불가능하다. 그렇다면 당연히 성과향상은 기대할 수 없을 것이다. 그렇다면 조직은 평가권을 어떻게 변화시켜야 할까? 가장 중요한 방향성은 1차 평가자에게 실질적인 평가권을 부여하는 것이다. 다시 말해서 1차 평가자가 성과관리자로서의 역할을 수행할 수 있도록 해야 한다는 것이다. 서구 외국계 기업의 경우 팀원의 평가권이 팀장에게 사실상 100% 부여된 모습을 쉽게 볼 수 있다. 이는 1차 평가자인 팀장이 실질적인 성과관리자로서 역할을 수행하기 위해서는 평가권의 온전한 행사가 필요하다는 것을 인식한 결과이다. 인사평가의 목적을 달성하기 위해서는 평가권을 아래 그림의 모습과 같이 변화시키는 것이 반드시 필요하다.

[평가권]

기존

구분	평가권
1차 평가자	50% ~ 70%
2차 평가자	30% ~ 50%
평가 확정자	최종 확정

변경

구분	평가권
1차 평가자	점수 부여
2차 평가자	등급 부여
평가 확정자	최종 확정

Implication	▪ 1차 평가자는 점수를 부여하고 2차 평가자는 등급을 부여하는 방식으로 변경함 ▪ 1차 평가자에게 실질적인 평가권 부여하고 2차 평가자는 1차평가자의 평가권 남용을 견제하는 역할을 수행함. ▪ 평가결과에 대한 피드백을 통하여 성과관리의 관점의 인사평가를 가능하게 함.

평가권 변화를 요약하자면 1차평가자의 점수부여와 2차평가자의 등급부여로 표현할 수 있다. 쉽게 말해서 평가점수는 100점 모두 1차 평가자가 부여하고 평가등급은 2차평가자가 의견을 개진하는 방식이다. 1차평가자가 주(主)평가가자 되고 2차 평가자가 보조(補助) 평가가가 되는 모습을 의미한다. 이를 통하여 1차 평가자는 실질적인 성과관리자로서 역할을 할 수 있게 되고 2차 평가자는 1차 평가자의 평가권 남용을 견제할 수 있게 되는 것이다. 즉, 1차 평가자는 "내가 이러한 이유로 이렇게 당신을 평가 했다"라고 피평가자에게 명확히 이야기 할 수 있어야 한다. 그리고 "앞으로 이런 부분을 개선하고 함께 잘 해보자"라고 이야기 해야 하는 것이다. 이것이 피드백의 실질적인 모습이 아닐까 생각한다.(평가등급 결정에 관해서는 다음 story에서 자세히 살펴볼 예정이다.)

그렇다면 왜 이와 같은 복수(複數)의 평가권 운영이 기업에서 계속 이루어졌을까? 첫 번째는 표면적인 이유로서 여러명이 평가를 하는 것이 한 명이 평가를 하는 것보다 공정할 것이라는 생각 때문이다. 이러한 접근은 철저히 근무평정(협의의 인사평가) 관점에서 출발한다. 다시 말해 성과관리(광의의 인사평가)관점에서는 필요치 않은 접근이다. 두 번째 실질적인 이유로서 평가 결과에 대한 책임 문제 때문이다. 생각해 보니 금방 이해가 된다. 여러분이 1차 평가자라면 평가

시 가장 부담되는 것이 무엇일까? 아마도 평가결과에 대한 피평가자의 이의제기일 것이다. 그런데 1차평가와 2차평가의 비율에 의한 평가는 평가 결과가 누구에 의해서 결정되었는지를 매우 모호하게 만든다. 즉, 평가 결과에 대해서 아무도 책임지지 않아도 된다는 것이다. 이러한 이유로 복수(複數)의 평가권 제도는 피드백이 사실상 불가능하다라는 결정적인 문제에도 불구하고 기업에서 계속적으로 운영되고 있는 것이다. 참 씁쓸한 일이 아닐 수 없다. 이제 반드시 평가권을 변화시켜야 한다. 평가권의 변화를 통해 모든 기업에서 성과관리가 성공적으로 정착되기를 기원한다.

HR 실무 적용 Point

1. 1차평가자에게 실질적인 평가권을 부여한다.(점수부여권) 이를 통하여 1차 평가자가 성과관리자로서의 역할을 수행할 수 있도록 한다.
2. 2차평가자는 보조적 역할을 수행하도록 한다.(등급부여권)
3. 복수(複數)의 평가권(예 1차평가 60%, 2차평가 40%) 운영은 성과관리 관점의 평가를 불가능하게 만든다. 뿐만 아니라 평가의 공정성도 저하시키는 결과를 초래한다.

story

16

평가등급을 상대평가와 절대평가 중 어떤 방식으로 확정하는 것이 좋을까?

Storytelling

김대리는 최근 평가제도 개선을 준비하고 있다. 평가제도 중 평가등급 확정방식에 문제가 많다고 보고 있다. 김대리는 "왜 평가등급을 5등급으로 구분하는 것일까?" "부서는 다르지만 동일한 직급끼리 비교하는 것이 타당한가?" 등 평가등급과 관련하여 많은 의구심을 가지고 있었다. 이번 평가제도 개선을 통해 이런 문제를 해결하고 싶다. 그렇다면 과연 평가등급을 어떤 방식으로 확정해야 할까?

Coaching

평가등급 확정은 인사평가의 가장 민감한 이슈이다. 평가등급에 의해서 연봉인상, 승진자 결정 등이 이루어지기 때문일 것이다. 필자는 기업에서 근무 시 평가등급 확정과 관련하여 여러 가지 궁금증을 가지고 있었다. 첫 번째 궁금증은 '왜 평가등급을 5등급으로 구분하는가?'이다. 대부분의 기업들이 평가등급을 S(10%), A(20%), B(40%), C(20%), D(10%) 등 5등급으로 운영하고 있다. 간혹 평가등급에 의미를 담아서 EX(Excellent), VG(Very Good), GD(Good), NI(Need Improvement), UN(Unsatisfactory) 또는 O(Outstanding), E(Exceed Expectation), M(Meet Expectation), B(Blow Expectation), N(Need Improvement) 등으로 운영하고 있으나 본질은 강제할당제도로서 사실상 큰 차이가 없다고 볼 수 있다.

기업들이 평가등급 확정 시 S, A, B, C, D 등 강제할당제도를 사용하는 이유는 상대평가 관점의 인사정보가 필요하기 때문이다. 이러한 인사정보는 보통 임금인상과 승진 등에 활용된다. 일반적으로 인사평가 시 평가자는 관대화 경향을 보이기 때문에 평가등급이 높은 평가등급으로 몰리는 현상이 발생한다. 이를 막기 위해서 상대평가 방식을 사용하고 있으며 대표적 사례가 5단계 강제할당제도라고 볼 수 있다. 그러나 이러한 강제할당제도는 구성원의 수용성을 얻기 어렵다. 예를 들어보자. 우리 팀원이 10명으로 구성되어 있다. S(10%), A(20%), B(40%), C(20%), D(10%) 5등급 강제할당제도를 적용하면 S-1명, A-2명, B-4명, C-2명, D-1명이 된다. 여기서 스스로에게 질문을 해 보자. "과연 우리 팀원이 이렇게 정규분포로 일하고 있는가?" 당연히 "그렇지 않다"라고 답변할 것이다. 평가등급은 팀원의 구성 또는 외부환경 등의 영향을 받게 되고 정규분포와는 상당히 다른 모습을 보이게 된다. 또한 "모두 일을 잘하면 누구에게 D를 주지?"라는 질문을 던져보자. 당연히 "누구에게도 D를 주기 어렵다"이다. 이와 같이 매우 상식적인 선에서 생각을 해 보더라도 강제할당제도는 구성원에게 수용성을 얻기 어려운 제도인 것이다.

두 번째 궁금증은 "부서는 다르지만 동일한 직급끼리 비교하는 것이 타당한가?"이다. 아직도 많은 기업들이 최종등급 확정 시 평가집단을 직급별로 구성하고 있다. 예를 들어보자. 경영지원본부에 기획팀 3명, 인사팀 3명, 경리팀 4명의 팀원이 근무하고 있다. 이 경우 최종등급 평가집단을 경영지원본부 내 사원은 사원끼리, 대리는 대리끼리, 과장은 과장끼리 등으로 구성한다. 이렇게 되면 기획팀 황대리, 인사팀 김대리, 경리팀 최대리가 서로 비교평가를 받게 된다. 얼핏 보면 상당히 합리적인 평가집단 구성이라고 생각된다. 다른 직급과 비교하지 않고 같은 직급끼리 비교하기 때문에 타당하다고 생각하는 것이다. 그런데 좀 더 차분히 생각해 보면 이상한 점이 발견된다. 서로 업무가 다른데 어떻게 비교 평가를 할 수 있는가이다. 혹시 여러분은 "축구선수 손흥민과 야구선수 류현진 중 누구 운동을 잘 합니까?"라는 질문을 받는다면 뭐라고 대답하겠는가? 아마도 "그런 질문이 어디 있어요?"라고 대답할 것이다. 그렇다면 기획팀 황대리, 인사팀 김대리, 경리팀 최대리를 비교평가 하는 것은 가능할까? 운동 종목이 다르기 때문에 축구선수 손흥민과 야구선수 류현진을 비교할 수 없듯이 직무가 다르기 때문에 기획팀 황대리, 인사팀 김대리, 경리팀 최대리를 비교할 수 없는 것이다. 이와 같이 지금까지 우리는 상식적으로 이해하기 어려운 평가등급 결정방식을 사용하고 있었던 것이다. 참으로 안타까운 일이다.

그렇다면 어떻게 평가등급 결정방식이 변화되어야 할까? 이제부터 평가등급 결정방식의 변화방향에 대하여 이야기해 보기로 하자. 바람직한 평가등급 결정방식을 그림으로 표현하면 다음과 같다.

[평가등급 결정(팀원)]

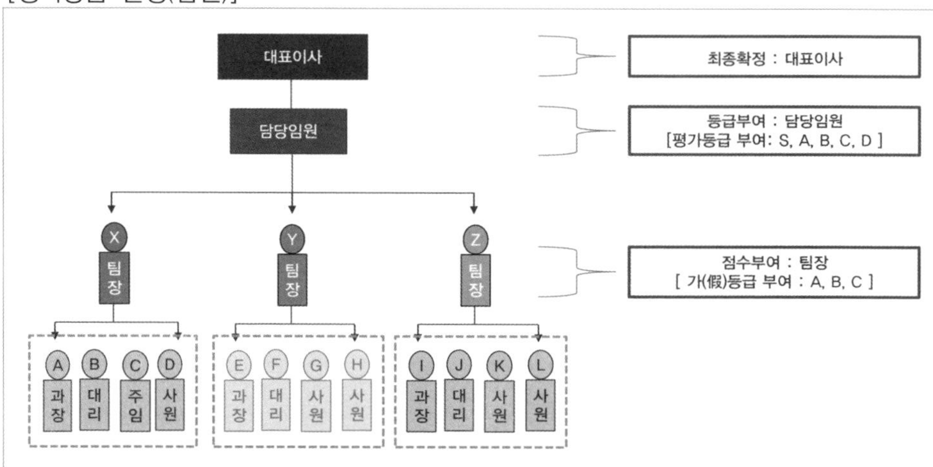

그림을 보면서 이해해 보자. 먼저 1차평가자인 팀장은 팀원에게 점수를 부여한다. 그리고 가(假)등급을 A(우수), B(보통), C(미흡) 3단계로 부여한다. 그리고 2차평가자인 임원은 1차평가자의 평가를 참고하여 평가등급을 S, A, B, C, D로 부여한다. 이때 2차 평가자는 해당부서의 성과기여도, 개인성과의 탁월성, 환경변수 등을 고려하여 1차평가자와 협의하여 평가등급을 부여하게 된다. 그렇다면 변경 평가등급 결정방식의 핵심사항은 무엇일까?

첫 번째 먼저 절대평가가 이루어진다는 점이다. 기존의 평가등급 결정방식은 상대평가만을 고려하기 때문에 절대평가의 필요성을 크게 느끼지 못한다. 그러나 변경 평가등급 결정방식은 1차평가 시 성과목표에 대한 절대평가가 이루어진다는 점이 가장 중요한 핵심포인트가 된다. 1차평가자인 팀장은 성과목표를 기준으로 평가점수를 부여한다. 그리고 나서 성과목표를 초과달성한 사람에게는 우수(A), 성과목표를 달성한 사람에게는 보통(B), 성과목표를 달성하지 못한 사람에게는 미흡(C)를 부여한다. 즉, 절대평가 후 가(假)등급을 부여하는 방식이다.

두 번째 평가등급 결정 시 평가집단이 소속 팀단위로 이루어진다는 점이다. 이것은 다른 팀원과 서로 비교하지 않는다는 것을 의미한다. 이를 통하여 다른 팀원과의 비교에서 발생하는 평가의 불공정성을 해소할 수 있다. 팀장은 팀원에 대한 성과평가를 기준으로 점수를 부여하고 가(假)등급을 부여하기 때문에 다른 팀원과의 비교가 전혀 필요치 않게 되는 것이다.

세 번째 1차평가자가 실질적인 성과관리자로서 역할을 수행할 수 있다는 점이다. 변경 평가등급 결정방식은 평가점수 부여 시 1차평가 60%, 2차평가 40% 등 평가권을 비율로 구분하지 않고 1차평가자가 100점 모두에 대한 점수부여권을 가진다. 이를 통하여 1차 평가자는 팀원에게 성과향상을 위한 피드백을 제공할 수 있게 된다. 궁극적으로 인사평가가 성과관리 관점으로 변화되고 성과향상이라는 본연의 목표를 달성할 수 있게 되는 것이다.

지금부터 변경 평가등급 결정방식을 그림을 통해서 좀 더 실무적으로 살펴보자.

[평가등급 결정 시뮬레이션(팀원)]

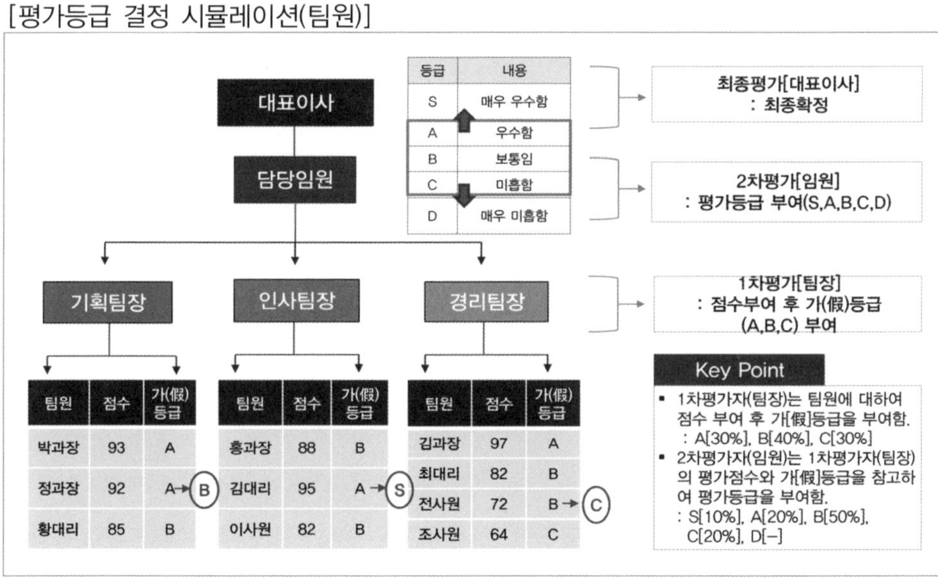

첫 번째 단계는 팀장의 1차평가이다. 실제 조직에서 발생하는 모습을 상상해

보면서 이야기를 풀어나가 보기로 하자. 먼저 1차 평가자가 성과목표를 기준으로 평가점수를 부여한다. 이를 통하여 절대평가가 이루어진다. 이후 1차 평가자는 평가점수를 참고하여 3등급의 범위내에서 가(假)등급을 부여한다. 가(假)등급 부여 시 A, B, C 비율은 보통 A(30%), B(40%), C(30%)정도를 유지한다. 실제는 소수점이 나오는 경우가 많기 때문에 유연하게 적용하는 것이 필요하다. 상기 비율은 절대적인 기준이 아니라 가이드라인 성격으로 보면 될 것이다. 가이드라인이 없는 경우 모든 구성원에게 A등급을 주는 관대화 현상이 발생하기 때문에 어느 정도 가이드라인의 필요성이 있다. 가(假)등급 부여에 대해서 세부적으로 살펴보자. 조직에서 대부분의 팀원은 본인의 성과목표를 어느 정도 달성하는 모습을 보인다. 이 경우 보통(B)을 부여한다. 그러나 일부 팀원의 경우 "와 어떻게 이렇게 잘 할까?"라는 기대이상의 탁월한 모습을 보이기도 한다. 이 경우 우수(A)를 부여한다. 또한 일부 팀원의 경우 "어떻게 일을 이렇게까지 밖에 못할까?"라는 기대이하의 부족한 모습을 보이기도 한다. 이 경우 미흡(C)를 부여한다. 이와 같이 팀장이 팀원을 3단계 정도로 구분하는 것은 현실적으로 가능하며 크게 어려움이 없다.

다음 단계는 임원의 2차평가이다. 임원은 1차평가 결과를 참고하여 평가등급을 부여하게 된다. 2차평가자는 평가등급 부여권을 가지기 때문에 1차평가자의 평가권 남용을 억제하는 역할을 할 수 있다. 2차평가자는 평가등급을 3단계가 아닌 5단계로 부여하게 된다. 5단계평가등급 부여 시 S, A, B, C, D 비율은 보통 S(10%), A(20%), B(50%), C(20%), D(-)정도를 유지한다. 2차평가 평가등급 비율도 절대적인 기준이 아니라 가이드라인 성격으로 보면 된다. 평가등급 D등급은 강제분포가 아니라 임의분포로 운영하는 것이 바람직하다. 즉, 올해 문제직원 수준의 구성원이 없다면 D등급이 나오지 않을 수 있다는 것이다. 특히 D등급의 경우 향후 인사조치에 따른 법률분쟁이 발생할 수 있기 때문에 매우 신중한 접근이 필요하다. 이제 2차평가가 실무적으로 이루어지는 모습을 이해해보자. 상기 그림에서 1차평가자인 기획팀장은 기획팀원인 박과장과 정과장에게 A등급을 황대리에는 B등급을 가(假)등급으로 부여했다. 그러나 2차평가자인 임원은 박과장과 황대리에 대해서는 1차평가자의 의견을 존중했지만 정과장에 대해서는 다른 의견을 제기한 것이다. 정과장의 인사평가 등급을 B등급으로 조정하여 부여하였다. 이와 같이 2차평가자는 1차평가자의 평가에 대해서 일정부분 조정권을 행사할 수 있다. 그러나 2차평가자가 1차평가자의 가(假)등급을 모두 바꿔 버린다면 사실상 1차평가자의 평가권이 무력화되는 결과를 초래할 수 있다. 따라서 일정한 사유(예 : 부서 평가 우수, 매우 탁월한 성과와 역량을 발휘, 외부환경 요인, 조직운영에 심각한 애로를 발생시킴 등)에 해당하는 경우에 한하여 2차평가자가 1차평가자의 평가등급을 조정할 수 있도록 제한하는 것이 필요하다.

[인사평가 등급부여 가이드라인(예시)]

1. 2차평가자는 1차평가자와 평가등급 협의 면담을 반드시 시행한다.(1차 평가자는 평가등급 협의 면담 전에 가(假)등급을 인사팀으로 송부한다)
2. 2차평가자는 1차 평가자의 가(假)등급 기준으로 상하 1등급을 초과하여 등급을 변경하지 못한다.
3. 2차평가자는 조직성과와 개인의 특수성을 고려하여 평가등급을 조정한다.
   - 평가등급 조정을 고려할 수 있는 경우
     - 평가등급(+) 요인 : 부서 평가 우수, 조직성과에 탁월한 기여 등
     - 평가등급(-) 요인 : 외부환경에 의한 목표 달성, 조직운영 애로 발생 등
4. 2차평가자는 평가등급 조정 시 평가등급 협의일지를 작성한다. 평가등급 협의일지에 평가등급 변경 사유를 구체적으로 명시하도록 한다.
5. 평가등급 부여 시 등급비율은 유연하게 적용할 수 있다. 또한 S등급과 D등급 비율은 강제할당비율이 아니라 임의분포로 운영한다. 즉, S등급과 D등급이 없을 수 있다. (S : 매우우수[10%], A : 우수[20%], B : 보통[50], C : 미흡[20%], D : 매우 미흡[-]
6. 최하위등급(D : 매우 미흡)은 인사위원회를 통하여 최종 결정한다. D등급의 경우 인사조치로 이어질 가능성이 있으며 향후 법률적 판단의 대상이 될 수 있다.

지금까지 평가등급 결정방식의 변화에 대하여 살펴보았다. 평가등급 결정방식은 1차평가자가 점수를 부여하고 2차평가자가 등급을 부여하는 방식으로 운영되어야 한다. 이를 통하여 성과관리 관점의 인사평가가 조직에 정착할 수 있을 것이다.

HR 실무 적용 Point

1. 1차평가자는 점수를 부여하고 2차평가자는 평가등급을 부여한다.
2. 절대평가를 원칙으로 한다. 그러나 차등보상에 활용할 인사정보를 위하여 제한적으로 상대평가를 병행한다.
3. 평가등급 부여 시 1차평가자와 2차평가자가 충분히 소통하는 것이 중요하다. 2차평가자의 일방적인 의견으로 1차평가자의 가(假)등급을 조정하는 것은 매우 바람직하지 못하다.

story

17

왜 MBO(Management by objectives)가 작동하지 않는 것일까?

Storytelling

K사는 5년 전 컨설팅을 통해서 MBO를 도입하였다. MBO가 도입될 당시 경영진과 직원 모두 인사평가의 공정성이 획기적으로 높아질 것이라고 기대하였다. 그러나 3년이 지난 현재 K사의 인사평가의 공정성은 전혀 개선되지 않고 있다. 오히려 과거에 비해 목표합의서 작성, 수시면담기록 등 많은 서류작업으로 인하여 평가자와 피평가자 모두 업무과중을 호소하고 있는 실정이다. 과연 K사는 왜 MBO를 정착시키지 못하고 있는 것일까?

Coaching

대부분의 기업들이 MBO(Management by objectives)를 도입하여 운영하고 있다. 그러나 MBO를 운영 중인 기업의 인사담당자에게 "MBO 잘 되세요?"라고 물어보면 거의 모든 분들이 "아니오"라고 대답한다. 그렇다면 왜 MBO가 작동하지 않는 것일까? 이번 스토리에서 그 이유를 명확히 밝히고자 한다.

MBO(Management by objectives)는 보통 목표관리제도라고 표현한다. 대부분의 인사관리 교과서에도 MBO를 목표관리제 또는 목표관리 평가기법이라고 기술하고 있다. 그러나 MBO를 정확히 해석해 보면 '목표관리제도'가 아니라 '목표에 의한 관리'라고 표현하는 것이 맞을 것이다. 갑자기 영어시간도 아닌데 왜 MBO의 영어 해석에 대하여 이야기 할까? 이 점이 매우 중요한 포인트가 될 수 있기 때문이다. MBO를 '목표관리제도'라고 해석하면 '목표를 관리한다'라는 뉘앙스가 강하게 느껴진다. 즉, 직원에게 목표를 주고 목표를 달성했는지 아니면 달성하지 못했는지를 관리한다는 의미로 받아들여진다. 그리고 그 목표는 매출액, 영업이익, 불량률 등 정량적 목표가 자연스럽게 연상된다. 그러나 MBO를 정확하게 '목표에 의한 관리제도'라고 해석하면 '목표에 의해서 무엇인가를 관리한다'라는 뉘앙스가 느껴진다. 즉, 목표자체를 관리하는 것이 아니라 목표에 의해서 무엇인가 더 중요한 것을 관리한다는 것을 의미한다는 것이다. 그리고 목표의 개념도 정량적 목표 뿐 아니라 정성적 목표를 포함하여 좀 더 폭넓게 다가온다. 여기서 우리가 추가적으로 알고 넘어가야 할 한 가지 중요한 내용이 있다. MBO는 사실 'Management (of performance) by objectives'라는 의미를 가지고 있다는 것이다. 즉 MBO에는 'of performance'라는 단어가 생략되어 있다는 사실이다. 그렇다면 MBO는 '목표에 의한 성과관리제도'라고 표현되어야 한다. 즉, MBO는 성과관리제도인 것이다. 그러나 우리나라의 대부분의 기업에서는 MBO를 성과관리제도가 아니라 인사고과(근무평정)제도로 인식하였다. 많은 기업들이 "우리회사는 MBO로 인사고과를 합니다."라고 이야기하곤 한다. 바로 이점이 우리나라에서 MBO가 실패한 가장 큰 원인이라고 볼 수 있다. MBO를 인사고과제도로 바라보게 되면 연말에 평가등급을 만드는 도구로만 활용하게 된다. 반면 MBO를 성과관리제도로 인식하게 되면 목표합의, 수시코칭, 평가시행 및 피드백 등 성과관리 전 과정을 관리해야 한다는 생각을 갖게 되는 것이다. 이러한 MBO에 대한 인식의 차이가 정말 어마어마한 시행착오를 만들었던 것이다. 정말 안타깝기 그지 없는 마음이다. 이제부터 MBO는 인사고과제도가 아니라 성과관리제도라는 점을 반드시 기억하자. 그럼 아래 그림을 통하여 MBO의 주요내용에 대해서 살펴보기로 하자.

MBO(Management by objectives and self-control)는 1954년 피터드러커(Peter F. Drucker)의 「경영의 실제(practice of management)」를 통하여 이 세상에 소개되었다. MBO는 목표합의 → 목표수행 → 평가시행 → 평가확정 및 피드백 단계로 이루어진다.

[MBO(Management by objectives)]

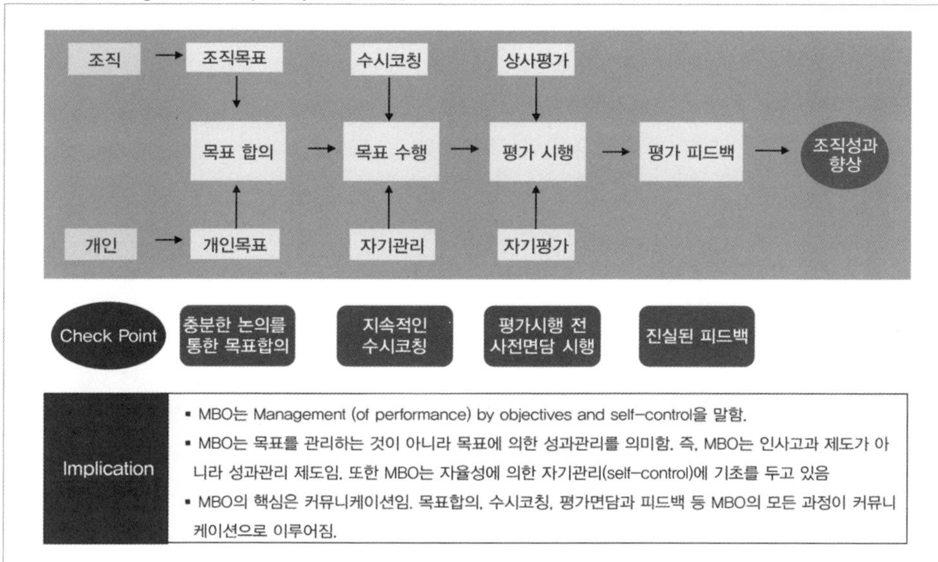

첫 번째 단계는 목표합의이다. 목표합의는 MBO의 출발점이 되기 때문에 매우 중요하다. 목표합의가 제대로 이루어지지 않았다면 MBO가 시작조차 할 수 없다고 보아야 한다. 또한 목표합의는 상사의 일방적인 통보가 아니라 상사와 직원의 충분한 논의를 통하여 이루어져야 한다. 이 과정에서 조직과 개인의 목표가 정렬(alignment)되는 것이 매우 중요하다. 두 번째 단계는 목표수행이다. 목표의 수행과정에서 상사의 지속적인 수시코칭이 이루어져야 한다. 수시코칭을 통하여 성과향상이 이루어질 수 있기 때문에 수시코칭이 사실상 MBO의 핵심과정이라고 볼 수 있다. 그리고 목표의 수행과정에서 직원의 자기관리(self-control)가 매우 중요하다.

MBO는 지식근로자의 성과관리를 위해서 고안된 제도이다. 지식근로자에게 통제관점의 성과관리를 적용하는 것은 효과적이지 않다. 지식근로자는 스스로의 자기통제(self-control)를 통하여 성과를 향상시킬 수 있는 것이다. 세 번째 단계는 평가시행이다. 전체 성과관리(performance management) 중 성과를 측정(performance appraisal)하는 단계라고 볼 수 있다. 평가시행은 인사고과 또는 근무평정 등으로 불리는 단계이다. 평가시행을 통하여 임금인상, 승진결정 등 인사관리에 필요한 인사정보를 얻기도 한다. 평가시행 시 사전 면담을 통하여 직원이 본인의 성과에 대하여 충분히 설명할 수 있는 기회를 주는 것이 매우 중요하다. 네 번째 단계는 평가 피드백이다. 평가 피드백(performance feedback)은 MBO의 마지막 단계이다. MBO가 성과관리를 통한 성과의 향상이라는 본래의 목적을 달성하기 위해서는 평가 피드백이 실질적으로 이루어져야 한다. 즉 평가 피드백을 평가등급 통보 정도로 인식할 것이 아니라 향후 변화의 방향성을 수립하는 기회로 삼아야 한다. 이를 위해서는 상사의 진실된 피드백이 필요하다. 이번 스토리에서는 MBO의 전체적인 내용을 살펴보았으며 MBO의 세부내용에 대해서는 추후 별도의 스토리를 통하여 깊이 있게 설명할 예정이다.

MB0의 본질적인 내용에 대해서 다시 한번 정리해 보기로 하자.

첫 번째 MBO는 인사고과(근무평정)제도가 아니라 성과관리제도라는 점이다. MBO를 인사고과제도로 인식한다면 MBO는 결코 성공적으로 운영될 수 없다. 반면 MBO를 성과관리제도로 인식하고 활용한다면 성과향상이라는 MBO의 궁극적 목적을 달성할 수 있을 것이다.

두 번째 MBO는 자기관리(self-control)가 기초가 된다. MBO는 타인에 의한 관리가 아니라 철저히 자율성에 의한 자기관리(self-control)을 기반으로 한다. 따라서 MBO의 성공을 위해서는 동기부여를 통하여 자기관리가 이루어질 수 있도록 하여야 한다.

세 번째 MBO에서 가장 중요한 요소는 커뮤니케이션이다. MBO의 절차는 목표합의, 수시코칭, 평가시행, 평가피드백으로 이루어진다. 이 과정을 자세히 살펴보면 모두 커뮤니케이션으로 이루어진다는 것을 알 수 있다. 따라서 MBO의 성공을 위해서는 먼저 조직의 커뮤니케이션 역량을 어떻게 향상시킬 것인가에 대한 방안을 구축하는 것이 반드시 필요하다.

HR 실무 적용 Point

1. MBO는 인사고과(근무평정)제도가 아니라 성과관리제도이다.
   : MBO[Management (of performance) by objectives and self-control]
2. MBO는 자율성에 의한 자기관리(self control)를 기반으로 한다.
3. MBO의 핵심은 커뮤니케이션이다. MBO의 전과정(목표합의-수시코칭-평가시행-평가피드백)은 모두 커뮤니케이션으로 이루어진다.

story

18

정량적 평가는 공정한 평가일까?

Storytelling

A사는 글로벌 컨설팅 기관에게 성과평가 컨설팅을 받았다. 새로운 성과평가 제도는 정량적 평가지표 중심으로 설계되었다. 회사와 직원 모두 정량적 평가지표가 성과평가의 공정성을 높일 것으로 기대했다. 그러나 결과는 기대와는 다르게 나타났다. 정량적 평가지표를 통하여 평가를 받게 된 직원은 어떻게 하면 좋은 평가를 받게 될 것인가에 대하여 고민하기 시작했다. 그리고 직원들은 정량적 평가지표 중 쉬운 지표만을 선택하기 시작했다. 나아가 목표합의 시 선택된 정량적 평가지표의 목표수준을 낮게 설정하였다. A사는 새로운 성과평가 도입 5년 만에 결국 성과평가 제도를 폐지하게 되었다. 왜냐하면 모든 직원이 목표를 100% 달성하게 되어 S 등급을 주장하였으나 회사의 조직성과는 계속 하락하였기 때문이다. 과연 인사평가의 공정성은 어떻게 높일 수 있는 것일까?

Coaching

정량적 평가지표는 인사평가의 가장 큰 이슈 중의 하나이다. 많은 기업들이 정량적 평가지표를 통하여 인사평가의 공정성을 높일 수 있다고 생각했다. 그러나 그러한 시도는 대부분 실패하고 말았다. 그렇다면 왜 정량적 평가지표 중심의 인사평가 제도는 성공하지 못한 것일까? 이번 스토리에서는 정량적 평가지표에 대해서 집중적으로 살펴보고자 한다.

정량(定量)적 평가지표는 보통 계량(計量)적 평가지표와 동의어로 사용된다.

그리고 정성(定性)적 평가지표의 반의어이기도 하다. 정량적 평가지표란 측정가능한 평가지표의 의미로 이해할 수 있을 것이다. 매출액, 영업이익액, 불량률 등이 정량적 평가지표의 대표적인 예시가 될 것이다. 이러한 정량적 평가지표는 객관적이라는 특징을 가지게 된다. 여기서 우리의 오해가 시작된다. '정량적 평가지표 → 객관적 평가 → 공정한 평가'라는 공식이 자연스럽게 만들어지게 된다. 또한 '정성적 평가지표 → 주관적 평가 → 불공정한 평가'라고 공식도 만들어 진다. 그러나 우리는 이러한 공식이 맞는지에 대해서 반드시 생각해 보아야 한다. 먼저 '정량적 평가지표'가 '객관적 평가'라는 것은 인정 할 수 있다. 그러나 '객관적 평가'가 '공정한 평가'가 되는지에 대해서는 다시 한번 깊게 생각해 보아야 한다.

예를 들어 설명해 보기로 한다. G백화점이 2개(압구정점, 타임월드점)의 점포를 운영하고 있다고 가정해 보자. 각 점포에는 숙녀팀장이 근무하고 있다. 올해 숙녀팀장의 매출실적은 다음과 같다.

구분	매출신장률(전년대비)	비고
압구정점 숙녀팀장	10%	
타임월드점 숙녀팀장	0	

압구정점 숙녀팀장은 전년대비 10%의 매출신장을 이루어냈으나 타임월드점 숙녀팀장은 전년과 동일한 실적을 달성했다. 누가 더 잘 했는가? 당연히 압구정점 숙녀팀장이라고 생각할 것이다. 더 높은 매출 달성률을 달성했기 때문이다. 공정한 평가라는 생각이 든다. 다음과 같은 논리적 흐름이 만들어 진다. 매출신장률은 정량적 지표이다. 정량적 지표를 통한 평가는 객관적 평가이다. 그리고 객관적 평가이므로 공정하다.

그러나 여기서 한 가지 변수를 추가해 보자. 예를 들어 점포전체 매출신장률이다. 다음의 표를 통해서 설명해 보기로 하자.

구분	매출신장률(전년대비)	점포전체 매출신장률(전년대비)
압구정점 숙녀팀장	10%	20%
타임월드점 숙녀팀장	0	-10%

압구정점은 점포 전체가 전년대비 20% 신장하였다. 그러나 숙녀팀은 10%밖에 신장하지 못하였다. 즉, 점포 전체의 매출 신장률을 떨어뜨린 것이다. 그렇다

면 과연 압구정점 숙녀팀장은 업무를 잘 했다고 볼 수 있을까? 이번에는 타임월드점을 살펴보자. 타임월드점은 점포 전체가 전년대비 10% 역신장하였다. 인근에 경쟁점이 출점한 결과이다. 그러나 숙녀팀은 전년대비 동일한 매출을 달성하였다. 점포의 매출 하락에도 불구하고 자신의 팀의 매출을 지켜낸 것이다. 그렇다면 과연 타임월드점 숙녀팀장은 업무를 못 했다고 볼 수 있을까? 이전과 상당히 다른 결론에 이르게 된다. 오히려 타임월드점 숙녀팀장이 압구정점 숙녀팀장보다 잘 했다는 생각이 들 수 있다. 이와 같이 우리가 객관적 평가라고 생각했던 많은 경우가 오히려 공정하지 않은 결과를 가져오기도 한다. 즉, '정량적 평가지표 → 객관적 평가 → 공정한 평가'라는 공식은 다시 한번 재고해 보아야 한다.

그렇다면 정량적 평가와 객관적 평가를 어떻게 바라보아야 할까? 객관적 평가는 객관적 평가일 뿐이라는 것이다. 즉, '객관적 평가는 무조건 공정하다'라는 생각을 갖지 않는 것이 필요하다. 이 말을 바꾸어 이야기하면 "주관적 평가도 공정할 수 있다"라는 생각을 갖는 것이다. 많은 사람들이 "주관적 평가는 불공정하다"라는 편견을 가지고 있다. 그러나 주관적 평가는 불공정한 평가가 아니다. 잘못된 주관이 반영되었을 때 불공정한 평가가 되는 것이다. 주관적 평가는 충분히 공정한 평가로 이어질 수 있다. 예를 들어 보자. 인사담당이 면접제도의 개선이라는 업무를 수행하였다. 어떠한 평가지표가 면접제도의 개선을 공정하게 평가할 수 있을까? 적절한 정량적 평가지표는 존재하지 않는 것으로 보인다. 오히려 면접제도의 개선 업무수행 과정을 정성적 평가지표인 업무완성도의 측면에서 평가하는 것이 훨씬 더 적절한 평가방식일 것이다. 따라서 정성적 평가지표도 공정한 평가가 가능한 것이다. 또한 우리가 한 가지 기억해 할 것이 있다. 인사평가의 본질이 '주관'이라는 점이다. 만약 인사평가의 본질이 객관이라면 기업은 모든 것을 지표화하여 컴퓨터로 평가할 것이다. 그러나 구글, 페이스북, 아마존, GE 등 세계적인 기업에서 컴퓨터가 인사평가를 대체하였다는 이야기를 들어본 적이 없다. 인사평가는 함께 일한 상사 또는 동료가 자신의 의견을 개진하는 행위이기 때문에 본질적으로 주관적 성격을 갖는 것이다.

그럼 평가지표에 대해서 다시 한번 정리해 보자. 스토리에 소개된 A기업의 경우 정량적 평가지표가 공정한 평가를 만들어 줄 것이라는 환상을 가졌다. 그러나 정량적 평가지표의 적용은 쉬운 평가지표의 선택과 낮은 목표수준으로 이어져 누구나 목표를 달성하게 되는 황당한 상황에 이르게 된다. 결국 정량적 평가가 불공정한 평가로 귀결된 것이다. 필자는 우리나라의 평가의 실패의 가장 큰 원인으로 정량적 평가지표 중심의 평가제도라고 말하고 싶다. 1997년 IMF이후 많은 기업들이 성과주의 인사제도를 도입하면서 동시에 정량적 평가지표 중심으로 인사평가제도를 설계하였다. 그러나 이러한 접근은 인사평가의 공정성을 심각하게 훼손하였고 인사제도의 실패로 귀결되었다. 참으로 가슴 아픈 기억이 아닐 수 없다. 우리는 언제나 공정한 평가를 지향한다. 객관적 평가는 객관적 평가일 뿐 공정한 평가는 아닐 수 있다. 따라서 우리는 정량적 평가지표 중심의 객관적 평가에 매몰되어서는 안된다. 오히려 인사평가의 본질이 '주관'이라는 점을 기억하고 정성적 평가를 통한 인사평가의 공정성 제고 노력에 집중하는 것이 반드시 필요하다.

마지막으로 인사평가의 공정성에 대해서 다시 한번 생각해 보자. 공정한 인사평가란 어떤 인사평가일까? 필자는 인사평가의 공정성은 인사평가의 수용성 관점에서 바라보아야 한다고 생각한다. 직원들이 인사평가 결과를 수용할 때 인사평가를 공정하다고 인식하는 것이다. 즉, 공정한 인사평가를 설계하기보다는 수용성 높은 인사평가를 설계하는 것이 중요하다. 그렇다면 인사평가 수용성의 핵심은 무엇일까? 바로 예측가능성이다. 직원들은 예측가능한 인사평가를 수용하게 된다. 예를 들어 A를 예상했는데 C를 받았다면 결코 받아 들일 수 없을 것이다. 그러나 C를 예상했는데 C가 나왔다면 어느 정도 받아 들일 수 있을 것이라고 생각한다. 따라서 인사평가 결과를 예측할 수 있도록 수시로 메시지를 전달하는 것이 매우 중요한 인사관리 활동이 되는 것이다. 다시 한번 정리해 보자. 인사평가의 공정성은 '리더의 수시코칭 메시지 → 평가의 예측가능성 향상 → 평가의 수용성 향상 → 공정한 인사평가'라는 프로세스를 갖는다는 점을 기억하자.

HR 실무 적용 Point

1. 정량적 평가는 객관적 평가일 뿐이며 반드시 공정한 평가로 이어지는 것은 아니다.
2. 인사평가의 본질은 '주관'이다. 즉, 정성적 평가가 인사평가의 핵심이다.
3. 우리가 지향해야 하는 것은 정량적 평가(객관적 평가)가 아니라 공정한 평가이다.

story

19

평가지표를 어떻게 도출해야 하나?

Storytelling

김대리의 올해 성과목표는 인사평가제도 개선방안 도출이다. 김대리는 인사평가제도 중 평가지표에 문제가 많다고 생각하고 있다. 그러나 새로운 평가지표를 어떤 방식으로 도출하는 것이 좋을지 판단이 서지 않는다. 본인이 평가지표를 스스로 선택하게 하는 방법, 팀장이 평가지표를 정해주는 방법, 회사전체의 공통지표를 부여하는 방법 등 여러 방법을 고민해 보았지만 자신이 없다. 또한 최근 HR포럼에서 정량적 평가지표 중심으로 평가지표를 운영하면 바람직하지 않다라는 이야기도 듣게 되어 더욱 혼란스럽다. 과연 평가지표를 어떤 방식으로 도출하는 것이 좋을지 김대리의 고민이 더욱 깊어진다.

Coaching

평가지표는 인사평가의 공정성에 매우 큰 영향을 미치는 요소이다. 피평가자들에게 인사평가가 불공정한 이유에 대하여 질문하게 되면 반드시 평가지표의 문제를 이야기하고 한다. 그렇다면 대부분의 조직이 가지고 있는 평가지표의 문제를 어떻게 해결해야 할까? 이번 스토리에서는 평가지표의 도출과 운영에 대하여 살펴보고자 한다.

[평가지표 구분]

구분	정량적 평가지표	정성적 평가지표
개념	양적 측정을 위한 평가지표	질적 측정을 위한 평가지표
평가지표 도출 방법	직무별 특성을 반영하여 도출함.	공통기준 적용 원칙
평가지표 예시	영업 – 매출 신장률, 이익 신장률 생산 – 불량률, 생산량 증가율 인사 – 노동분배율, 이직률 등	업무완성도, 기한준수도, 개선노력도 등

Implication	▪ 성과목표의 성격을 고려하여 정량적 평가지표와 정성적 평가지표의 적용여부를 결정함. ▪ **정성적 평가지표가 적정한 성과목표에 대하여 정량적 평가지표를 적용하는 것은 매우 바람직하지 않음.**

평가지표는 크게 정량적 평가지표와 정성적 평가지표로 구분할 수 있다. 정량적 평가지표는 양적 측정을 위한 평가지표이고 정성적 평가지표는 질적 측정을 위한 평가지표이다. 정량적 평가지표의 경우 직무별 다양한 성과를 측정해야 하기 때문에 직무특성을 고려하여 평가지표를 도출하는 것이 필요하다. 예를 들어 영업의 경우 매출 신장률, 생산의 경우 불량률, 인사의 경우 노동분배율 등 직무의 특성을 고려하여 직무에 적합한 정량적 평가지표를 도출하게 된다. 반면 정성적 평가지표는 직무별로 도출할 필요는 없으며 업무완성도, 기한준수도, 개선노력도 등을 전사 공통으로 활용하게 된다.

평가지표와 관련하여 사실상 가장 큰 실무적인 쟁점은 정량적 평가지표 도출에 관한 문제이다. 앞서 스토리에서 정량적 평가지표의 한계점에 대하여 충분히 언급하였다. 그러나 그러한 한계점에도 불구하고 정량적 평가지표는 인사평가 시 매우 중요한 위치를 차지하고 있다라는 사실을 부인하기 어렵다. 그럼 이하에서는 정량적 평가지표를 도출하는 방법에 대하여 설명하고자 한다. 해당 방법은 절대적이지 않으며 정량적 평가지표 도출과 관련한 한 가지 예시적인 방법에 불과하다라는 것을 미리 밝혀둔다.

[정량적 평가지표 조사서(팀기준)]

1. 기본사항

부서명	업무개요	성과책임
경영지원본부 인사팀	종업원의 채용, 직무, 평가, 보상, 육성, 이직관리 등 인사활동을 수행한다.	자발적 동기부여 매카니즘을 구축한다.

2. 팀의 주요업무

주요업무(Duty)	과업(Task)	성과책임
채용관리	1. 공개채용 계획의 수립 2. 공개채용 모집 및 면접의 진행 3. 공개채용 확정 후 배치안 수립 4. 수시채용 시행	조직의 인재상에 부합하는 우수인재를 적시에 확보한다.
평가관리	1. 인사고과 시행계획 수립(평가자/피평가자 확정) 2. 인사평가 평가자 교육시행 3. 인사고과표 배부 및 인사고과 시행 4. 인사고과 결과 집계 및 고과결과 확정 5. 인사고과 결과의 임금 및 승진 반영	인사평가의 공정성을 제고한다.
보상관리	1. 인건비 예산안 수립 2. 개인별 연봉계약 실시 3. 매월 급여 지급 4. 4대 보험 관리 5. 복리후생제도 관리(학자금, 경조금)	임금지급의 정확성을 높이다. 임금의 노동법적 안정성을 제고한다. 인건비지급의 효율성을 높인다.
육성관리	1. 연간 전사 교육일정 수립 2. 일정 및 교육대상자별 교육시행 3. 성희롱예방 교육등 법정필수교육 시행	조직의 전략목표를 달성할 수 있는 인재를 육성한다.
이직관리	1. 퇴직자 사직서 징구 및 면담일지 관리 2. 퇴직자 잔여 급여 지급 등 관리	퇴직자의 퇴직업무처리 만족도를 높인다.

3. 정량적 평가지표

정량적 평가지표명	계산식	관련 주요업무	활용
노동분배율	인건비/부가가치*100	전체	팀장, 팀원
핵심인재비율	핵심인재 수/총 인원수*100	전체, 채용관리	팀장, 팀원
급여오류율	급여오류건수/급여지급인원	보상관리	팀장, 팀원
직무교육건수	1인당 직무교육실행 건수	육성관리	팀장, 팀원
퇴직업무지연율	퇴직업무지연건수/퇴직업무처리건수 * 100	이직관리	팀장, 팀원

정량적 평가지표는 다양한 방법으로 도출할 수 있으나 필자는 팀기준으로 도출하는 방법을 추천하고 싶다. 상기 정량적 평가지표 조사서 양식은 정량적 평가지표 도출의 구조와 절차를 이해하는데 많은 도움이 될 것이다. 정량적 평가지표의 도출은 '팀 업무 내용 정리(팀 직무기술서 작성) → 성과책임 명시 → 팀 전체 정량적 평가지표 도출 → 책무(duty)별 정량적 평가지표 도출(약 5~7개 정도)'의 순서로 진행된다. 먼저 팀장이 팀의 업무내용을 정리한다. 팀의 업무내용을 정리한다는 의미는 팀 직무기술서를 작성하는 것으로 이해해도 괜찮다. 팀의 업무내용을 정리할 때 반드시 성과책임(accountabiliy)를 명시한다. 성과책임이란 '해당 업무가 조직의 성과창출에 기여하기 위해 책임져야만 하는 성과'를 의미한다. 좀 더 쉽게 표현하면 "나는 이 업무를 왜 하는가?"에 대한 대답이다.(성과책임에 대해서는 별도의 스토리로 설명할 예정이다.) 이후 팀 전체에 대한 정량적 평가지

표를 도출한다. 예를 들어 인사팀 전체의 업무내용은 '종업원의 채용, 직무, 평가, 보상, 육성, 이직관리 등 인사활동을 수행한다'이고 성과책임은 '조직의 전략목표를 달성할 수 있는 자발적 동기부여 매카니즘을 구축한다.'이다 그렇다면 인사팀 전체에 적용할 수 있는 정량적 평가지표는 무엇이 있을까? 고민을 통해 '노동분배율[(인건비/부가가치)*100]'이라는 정량적 평가지표를 도출하였다. 노동분배율이 인사팀 전체의 정량적 평가지표로 적절한가에 대해서 생각해 보자. 노동분배율은 부가가치 중에 인건비가 차지하는 비중을 의미한다. 업무내용 측면에서 살펴보면 채용, 직무, 평가, 보상, 육성, 이직관리 등을 잘 수행하면 더 큰 부가가치를 창출할 수 있을 것이다. 또한 성과책임 측면에서 살펴보면 자발적 동기부여가 이루어진다면 당연히 높은 부가가치를 만들어 낼 것이다. 따라서 노동분배율이 인사팀에 대한 정량적 평가지표로서 적절하다고 판단할 수 있다. 이후 책무(duty)별로 업무의 내용과 성과책임을 고려하여 정량적 평가지표를 도출한다. 예를 들어 보자. 책무(duty) 중 보상관리의 주된 업무내용은 '매월 급여지급'이고 성과책임은 '임금지급의 정확성과 노동법적 안정성을 제고한다.'이다. 그렇다면 해당 책무의 정량적 평가지표로서 적절한 것은 무엇일까? 고민을 통해 '급여오류율(급여오류건수/급여지급인원)'이라는 정량적 평가지표를 도출할 수 있다. 이와 같이 조직의 각 팀이 업무의 내용과 성과책임을 고려하며 정량적 평가지표를 도출하는 것이 가능하다.

이제 성량적 평가지표 도출과 관련하여 몇 가지 유의사항에 대해서 언급하고자 한다. 첫 번째 정량적 평가지표는 확정된 평가지표가 아니라 평가지표 풀(pool)의 관점으로 활용하는 것이 바람직하다. 즉, 정량적 평가지표로 도출된 평가지표를 반드시 활용하는 것이 아니라 매년 목표합의 시 해당 성과목표를 고려하며 사전에 도출된 정량적 평가지표 후보군에서 평가지표를 결정하는 방식이 바람직하다는 것이다. 과거에 많은 기업들이 정량적 평가지표를 사전에 확정한 후 평가제도를 운영했던 적이 있다. 이러한 방식은 사전에 확정된 정량적 평가지표와 실제 성과목표가 불일치하는 현상이 발생하기 때문에 피하는 것이 좋다. 물론 팀 전체의 성과를 판단할 수 있는 공통지표를 사전에 부여하는 것은 가능하다.(예 : 영업부서의 경우 매출 신장률)

두 번째 정량적 평가지표는 양적 측정이 가능한 업무에만 활용해야 한다는 점이다. 양적 측정이 곤란한 정성적인 업무는 업무완성도 등 정성적 평가지표로 평가해야 한다. 예를 들어, 인사담당이 면접제도 개편이라는 성과목표를 설정한 경우 정량적 평가지표보다는 당연히 업무완성도 등 정성적 평가지표로 평가하는 것이 타당할 것이다. 과거 많은 기업들이 정량적 평가지표에 매몰되어 인사평가제도의 실패를 경험했던 것을 반드시 기억해야 한다.

세 번째 목표합의 시 정량적 평가지표보다는 실행과제 중심으로 목표를 합의하는 훈련을 하는 것이 필요하다. 많은 기업들이 인사평가제도 시행 초기단계에 정량적 평가지표에 너무 지나칠 정도로 집중하는 모습을 보인다. 이러한 모습 속에서 정말 해야 할 중요한 실행과제를 놓치는 경우가 많이 있다. 따라서 목표합의 시 먼저 실행과제를 고민한 후 해당 과제에 대한 적정한 평가지표를 고민하는 습관을 갖는 것이 필요하다.

HR 실무 적용 Point

1. 정량적 평가지표는 성과책임(accountability)을 기반으로 도출한다.
2. 정량적 평가지표는 양적 평가가 가능한 성과목표에 한하여 활용한다.
3. 목표합의 시 평가지표보다는 실행과제 중심으로 성과목표를 설정하는 것이 필요하다.

story

20

성과책임(accountability)[11]이란 무엇일까?

Storytelling

필자가 최근 A사 방문에서 경험한 사례이다. 회사로비에 들어서니 안내데스크에 남자직원이 앉아 있었다. 필자가 방문절차를 밟기 위해 직원에게 다가가자 그 직원은 환하게 웃으며 "어떻게 오셨죠? 혹시 누구를 찾아오셨나요?"라고 질문하였다. 방문목적을 설명하자 "아 그러시군요. 잠깐만 기다려 주십시오. 제가 대신 연락을 드리겠습니다."라고 매우 친절하게 말하는 것이었다. 필자는 약간 당황하였다. 보통 안내데스크 직원은 매우 건조한 표정으로 "무슨 일로 오셨죠? 방문록 작성해 주세요"라고 말하는 것이 일반적이었기 때문이다. 그렇다면 왜 A사 안내데스크 직원은 환하게 웃으며 "어떻게 오셨죠? 누구를 찾아오셨나요?"라고 이야기한 것일까? 이번 스토리에서는 그 이유에 대해서 알아보기로 하자.

Coaching

성과책임(accountability)이라는 용어를 들어본 적이 있는가? 필자도 거의 인사업무 20년차에 성과책임이라는 개념을 명확히 알게 되었다. 좋은 책을 여러번 읽은 경험이 있을 것이다. 첫 번째 읽을 때는 보이지 않았던 내용이 두 번째 또는 세 번째 읽을 때 보이기도 한다. 그럴 때 '이런 내용이 있었나?'라고 스스로에게 묻기도 한다. 바로 '성과책임'이 필자에게 그런 내용이었다. HR관련 책에는 성과

11) 성과책임 관련 내용은 '인사관리시스템 3.0, 이용석 저'를 참고하였음

책임이라는 단어가 종종 등장한다. 그런데 과거에는 성과책임은 큰 의미로 다가오지 않았다. 아마도 성과책임의 진정한 의미를 이해하지 못했기 때문이라고 생각된다. 그러나 어느 순간 성과책임이라는 의미가 마음속에 강하게 전달되었고 성과책임이 HR의 핵심이라는 것을 알게 되었다. 오늘은 성과책임의 개념을 살펴보고 계속해서 성과책임 도출방법 그리고 성과책임의 구체적인 HR적용 방법을 소개하고자 한다.

성과책임에 대해서 예를 들어서 설명해 보자. 우리는 평소 화장실을 이용한다. 그리고 그 화장실을 청소하는 미화직원이 있을 것이다. 미화직원에게 첫 번째 질문을 해 보자. "안녕하세요. 무슨 일을 하시나요?" 너무나 쉬운 질문이다. 당연히 화장실 청소라고 대답할 것이다. 그런데 우리는 깨끗한 화장실을 만나기도 하고 상대적으로 덜 깨끗한 화장실을 만나기도 한다. 과연 이러한 차이는 어디에서 발생하는 것일까? 이제 미화직원에게 두 번째 질문을 해 보자. "화장실 청소는 왜 하시는 거죠?" 이 질문에는 약간의 생각할 시간이 필요할 듯하다. 미화직원은 잠깐 생각한 후 아마도 "화장실을 깨끗하게 하기 위해서죠"라고 대답할 것이다. 이것이 바로 성과책임이다. 성과책임이란 업무를 하는 이유라고 볼 수 있다. 그렇다면 성과책임을 인식한 미화직원과 그렇지 않은 미화직원의 차이를 생각해보자. 성과책임을 인식한 직원은 화장실 청소를 하는 것이 중요한 것이 아니라 화장실을 깨끗하게 하는 것이 중요하다는 것을 안다. 따라서 대충 화장실 청소를 마칠 수 없다. 왜냐하면 내가 해야 할 일이 화장실을 깨끗하게 하는 것이기 때문이다. 그러나 성과책임을 인식하지 못한 직원은 본인의 일을 화장실 청소를 하는 것이라고 생각한다. 따라서 화장실 청소를 마쳤는데 만약 화장실이 깨끗하지 못한 상태일지라도 본인은 크게 고민하지 않을 수도 있다. 왜냐하면 본인은 화장실 청소를 마쳤기 때문에 "나의 할 일을 다했다"라고 생각하는 것이다. 이제 성과책임의 개념을 이해하였을 것이라고 생각한다. 업무가 '화장실 청소를 한다'라면 성과책임은 '화장실을 깨끗하게 한다'(좀더 세련되게 표현하면 '화장실의 청결도를 유지한다')"라고 이해하면 좋을 듯하다.

[성과책임]

성과책임 (accountability)

해당 업무가 조직의 성과창출에 기여하기 위해 책임져야만 하는 성과

- 성과책임을 도출하기 위해서는 "무슨 일을 하세요?"라고 질문하기 보다 "그 일을 왜 하세요?"라고 질문하는 것이 필요함.

성과책임의 사전적 의미를 살펴보면 '해당 업무가 조직의 성과창출에 기여하기 위해 책임져야만 하는 성과'라고 정의할 수 있다. 성과책임에 대한 정의를 살펴보니 더욱 성과책임이 어렵게 느껴지는 것 같다. 따라서 성과책임을 학문적으로 접근하기 보다는 좀 더 쉽게 실무적으로 접근하는 것을 권하고 싶다. 성과책임을 이렇게 접근해 보자. 성과책임이란 '해당 업무를 수행하는 이유'라고 생각하는 것이다. 지금까지 기업은 인사제도를 설계하면서 성과책임을 크게 고민하지 않았던 것이 사실이다. 그러나 이제 성과책임을 인사제도의 근간으로 삼는 것이 반드시 필요하다고 생각한다.

이제 스토리의 내용으로 다시 돌아가 보자. 왜 A사의 안내데스크 직원은 환하게 웃으며 "어떻게 오셨죠? 혹시 누구를 찾아오셨나요?"라고 필자를 맞이한 것일까? 이유는 바로 그 직원이 성과책임을 인식하였기 때문이다. 보통 안내데스크 직원에게 "무슨 일을 하세요?"라고 질문하면 "저는 안내업무를 합니다"라고 대답할 것이다. 그런데 질문을 하나 더 해 보자. "안내업무는 왜 하시는 거죠?" 이 질문에는 생각할 시간이 필요하다. 잠시 뒤 직원은 이렇게 대답할 것이다. "방문객을 맞이하기 위해서죠" 바로 그렇다. 필자가 방문한 회사의 안내데스크 직원은 방문객을 맞이하는 것이 안내업무를 하는 이유라는 것을 인식한 것이다. 따라서 그 직원은 저를 환하게 웃으며 맞이한 것이다. 이와 같이 성과책임을 인식한 직원의 행동은 반드시 달라지게 된다. 필자는 인사업무 20년차에 성과책임을 이해한 순간 정말 뛸 듯이 기뻤다. 왜냐하면 성과책임이 일의 본질이기 때문이고 나아가 진정한 일의 의미를 찾게 해 줄 것이라는 강한 확신이 들었기 때문이다.

HR 실무 적용 Point

1. 성과책임(accountability)이란 '해당 업무를 수행하는 이유'를 의미한다.
2. 업무의 내용과 성과책임은 다른 개념이다. 예를 들어 업무의 내용은 '화장실 청소를 한다'이지만 성과책임은 '화장실의 청결도를 유지한다'이다.
3. 성과책임을 통하여 진정한 일의 의미를 찾을 수 있다.

story

21

성과책임(accountability)은 어떻게 도출할 수 있을까?

Storytelling

인사담당 김과장은 최근 성과책임(accountability)의 개념을 알게 되었다. 김과장은 성과책임을 통해서 회사의 근본적인 변화가 가능하다는 생각을 가지게 되었다. 김과장은 설명회를 통하여 팀장들에게 성과책임의 개념을 설명하고 성과책임 도출을 진행하고 있다. 그러나 대부분의 팀장들은 성과책임의 개념이 너무 어렵다고 애로를 호소하고 있다. 과연 실무적으로 성과책임을 어떤 방식으로 도출할 수 있을까?

Coaching

성과책임(accountability)의 개념을 다시 한번 정리해 보자. 성과책임이란 '해당 업무가 조직의 성과창출에 기여하기 위해 책임져야만 하는 성과'를 말한다. 성과책임을 쉽게 표현하자면 '해당 업무를 수행하는 이유'라고 볼 수 있다. 즉, "이 업무를 왜 하는냐?"에 대한 답이다. 따라서 청소를 하시는 분의 성과책임은 "청소를 한다"가 아니라 "청결도를 유지한다"가 되는 것이다. 그러나 이러한 성과책임은 개념도 어려울 뿐 아니라 실제 도출하기는 더욱 어렵다. 그렇다면 성과책임을 어떻게 도출하는 것이 좋을까? 이제부터 성과책임의 구체적인 도출방법에 대해서 살펴보기로 하자.

[성과책임 도출]

책무	과업	성과책임
• 강의실 청소	• 강의실을 진공청소기로 청소한다. • 책상 및 거울을 청소한다. • 바닥을 마대 걸레로 닦는다.	• 강의실 청결도(성과영역)를 유지한다.(방향성)

예를 들어보자. '강의실 청소'라는 책무(duty)가 있다. 구체적인 과업(task)은 '강의실 전체를 진공청소기로 청소한다, 책상 및 거울을 청소한다, 강의실 바닥을 대걸레로 닦는다' 등으로 구성된다. 그렇다면 성과책임은 무엇일까? 성과책임은 '해당 업무를 수행하는 이유'이다. 강의실 청소 업무를 하는 이유는 "강의실 청결도를 유지한다"라고 표현될 수 있다. 성과책임 도출 시 가장 어려운 것은 직무내용과 성과책임의 구분이다. 즉, 내가 도출한 것이 직무내용인지 아니면 성과책임인지 혼돈스러운 경우가 많이 있다. 이 경우 직무내용과 성과책임을 구분할 수 있는 실무적 방법이 한 가지 있다. 먼저 "나는 (　　　　)위해 일한다"라는 문장을 만든다. 그리고 여러분이 도출한 성과책임을 (　　　　)에 넣어 보는 것이다. 청소를 예를 들어보자. 먼저 "나는 (강의실 청결도를 유지하기)위해 일한다" 이 문장은 매우 자연스러우며 문장의 의미가 성립한다. 성과책임이 맞는 것이다. 그런데 다음으로 "나는 (강의실 청소)를 위해 일한다" 이 문장은 매우 어색하며 문장의 의미가 성립하지 않는다. 성과책임이 아니라는 것이다.

[성과책임 도출의 5가지 원칙]

- 성과책임의 표현은 성과영역과 방향성으로 구성된다.(가급적 단문으로 작성 요망)
- 성과책임은 직무수행자의 책임 한계내에서 설정되어야 한다.
- 하위직무의 성과책임은 상위직무의 성과책임과 연계되어야 한다.
- 성과책임은 직무의 한 요소로서 인식되어야 한다.(Input - 인적요건 : 직무명세서, Throughout - 업무내용 : 직무기술서, Output-성과책임)
- 성과책임은 업무수행자가 고민을 통하여 도출하도록 하는 것이 바람직하다.(팀장이 팀원에게 성과책임을 알려주는 것은 지양해야 함)

성과책임 도출은 5가지 원칙으로 구성된다. 첫 번째 원칙은 성과책임의 표현은 성과영역과 방향성으로 구성된다는 것이다. 앞의 사례에서 강의실 청소를 하시는 분의 성과책임은 "강의실 청결도(성과영역)를 유지한다(방향성)"라는 간결한 문장으로 표현된다. 가급적 성과책임은 긴 문장으로 표현하기 보다는 짧은 단문으로 표현하는 것이 바람직하다. 간혹 "○○과 ○○을 통해 ○○○과 ○○○을 달성한다" 등으로 표현하는 경우가 있는데 오히려 성과책임이 모호해지는 경우가 발생할 수 있다. 두 번째 원칙은 성과책임은 직무수행자의 한계내에서 설정되어야 한다는 것이다. 예를 들어, 레스토랑에서 서빙 업무를 하는 직원이 "맛있는 음식을 제공한다"라는 성과책임을 도출했다고 가정해 보자. 맛있는 음식은 서빙 업무를 하는 직원의 성과책임이라기 보다는 요리사의 성과책임이라고 보아야 할 것이다. 서빙 업무를 하는 직원은 "편안한 식사 서비스를 제공한다"가 더 적절한 것이다. 세 번째 원칙은 하위직무의 성과책임은 상위직무의 성과책임과 연계되어야 한다는 것이다. 인사팀장의 성과책임과 인사담당의 성과책임은 당연히 연계되어야 한다. 만약 인사팀장의 성과책임이 "자율적 조직문화를 구축한다"인데 인사담당의 성과책임이 "통제형 인사제도를 설계한다"가 될 수는 없을 것이다. 네 번째 원칙은 성과책임은 직무의 한 요소로서 인식되어야 한다는 것이다. 성과책임이 직무의 한 요소라는 것이 무슨 의미일까? 직무는 3가지 요소로 구성된다. 투입요소(input), 과정요소(throughout), 결과요소(output)이다. 즉 성과책임은 직무의 구성요소 중 결과(output)에 해당하는 것이다. 인사담당직무를 예를 들어 보자. 인사담당직무는 직무를 수행하기 위한 투입요소(학력, 경력, 교육 등) 즉, 인적요건이 정해져 있다(이는 보통 '직무명세서'에 나타나 있다). 그리고 직무의 과정요소(채용업무, 평가업무, 보상업무 등) 즉, 업무의 구체적 내용이 존재한다(이는 보통 '직무기술서'에 정리되어있다). 마지막으로 직무의 결과요소(우수한 인재의 확보, 협력적 조직문화 구축 등) 즉, 성과책임이 있다는 것이다. 정리하자면 직무는 투입(직무명세서), 과정(직무기술서), 결과(성과책임)로 구성된다는 것을 이해하여야 한다. 다섯 번째 원칙은 성과책임은 업무수행자가 고민을 통하여 도출하는 것이 바람직하다는 것이다. 대부분의 경우 리더가 부하직원에게 성과책임을 알려주려고 하는 것이 일반적이다. 왜냐하면 성과책임이 어려운 개념이기 때문에 부하직원 스스로에게 고민을 시키기보다 리더가 직접 알려주는 손쉬운 방법을 택하는 것이다. 그러나 이는 바람직하지 않은 방식이다. 조금 어렵고 시간이 오래 걸리더라도 업무수행자 스스로가 성과책임을 도출하도록 하여야 한다. 만약 다른 사람이 성과책임을 정해 준다면 이는 또 다른 업무로서 밖에 느껴지지 않은 것이기 때문이다.

지금까지 성과책임의 도출방법에 대해서 살펴보았다. 분명히 성과책임의 도출은 어려운 일이다. 하지만 성과책임을 도출하게 되면 근본적인 성과관리의 변화를 이끌어 내는 것이 가능하다. 따라서 성과책임의 도출은 정말 의미 있는 일이라고 생각된다. 이제 성과책임의 도출을 통해서 성과관리의 진정한 변화에 도전해 보자.

HR 실무 적용 Point

1. 성과책임은 성과영역과 방향성이라는 간결한 문장으로 표현되어야 한다.
   (예 : 강의실 청결도(성과영역)를 유지한다(방향성)
2. 성과책임은 직무의 한 요소라는 것을 이해하자. 즉, 직무의 결과(output)를 의미한다.
3. 성과책임은 직무수행자 스스로가 고민하여 도출하도록 하는 것이 바람직하다. 리더의 역할은 업무수행자에게 “이 일은 왜 하는 것일까?”라는 질문을 계속 던지는 것이다.

story

22

성과책임(accountability)을 인사관리에 어떻게 적용해야 하는가?

Storytelling

A사는 성과관리 워크숍을 통해서 성과책임 도출 방법에 대해서 깊이 있게 접근하였고 향후 1개월간 직무별 성과책임을 도출하기로 하였다. 이러한 과정에서 인사팀의 또 다른 고민이 시작되었다. 이제 성과책임을 인사관리 제도와 어떻게 연계할 것인가에 대한 것이다. 성과책임 도출만으로 끝나고 인사제도와 연계되지 않는다면 큰 의미가 없을 것으로 생각되었기 때문이다. 과연 성과책임과 인사제도는 어떻게 연계하여야 할까?

Coaching

이번 스토리에서는 성과책임과 인사관리와의 연계를 살펴보기로 하자. 먼저 성과책임과 성과목표와의 연계에 대해서 알아보자.

그림은 직무-성과책임-성과목표의 연계를 보여주고 있다. 인사담당 직무를 직무명, 개요, 책무, 과업으로 설명하고 있다. 그리고 해당 직무내용을 기반으로 성과책임이 도출되고 성과책임과 연계한 성과목표가 수립되는 모습이다. 채용을 예를 들어보자. 채용의 과업은 '대졸공개 채용계획의 수립(상반기/하반기), 대졸 모집 및 면접진행, 직무별 수시채용, 인턴사원 수시채용 등'으로 구성되어 있다. 그렇다면 채용의 성과책임은 무엇일까? 채용이라는 업무를 수행하는 이유에 대해서 고민해 보면 채용의 성과책임을 도출할 수 있다. 채용의 성과책임을 '조직의 인재상에 부합하는 우수인재를 확보한다'라고 도출하였다. 그렇다면 현재 채용의 모습을 진지하게 살펴보자, 과연 조직의 인재상에 부합하는 우수인재를 확보하고 있는가를 고민하는 것이다. 만약 그렇지 못하다면 성과책임을 달성하기 위해서 올해 어떠한 일을 해야 할지를 고민하는 것이다. 이러한 과정을 '면접제도의 개선'이 필요하다는 결론에 이르게 되었다. 즉, '면접제도 개선'이라는 성과목표를 수립한 것이다. 다시 한번 정리해보자. '직무내용' → '성과책임의 도출' → '성과목표의 수립'이라는 과정이 진행되는 것이다.

[직무-성과책임-성과목표 연계(예시)]

직무명	개요	성과책임[직무전체]	성과목표
인사담당	▪ 종업원의 채용, 직무, 평가, 보상, 육성, 이직관리 등 인사활동을 수행한다.	▪ 자발적 동기부여 매카니즘을 구축한다.	▪ 합리적 인사제도 설계
		▪ 인사관리의 수용성을 높인다.	▪ 조직관리의 신뢰도 제고 ▪ 진성 리더십(authentic leadership) 구현
직무내용			
책무(Duty)	**과업(Task)**	**성과책임[책무별]**	**성과목표**
채용	- 대졸 채용계획의 수립 (상반기/하반기) - 대졸 모집 및 면접 진행 - 직무별 수시채용 - 인턴사원 수시채용	▪ 조직의 인재상에 부합하는 우수인재를 확보한다.	▪ 면접제도의 개선
인사평가	- 인사평가 시행계획 수립 - 인사평가 관련 평가자 교육 시행 - 인사평가표 배부 및 인사평가 시행 - 인사평가 결과 집계 및 확정 - 인사평가 결과의 임금 및 승진에의 반영	▪ 인사평가의 공정성을 제고한다.	▪ 성과관리 관점의 인사평가제도 도입
		▪ 평가자의 리더십을 향상시킨다.	▪ 성과관리 리더십 교육 시행
임금관리	- 인건비 예산 확정 및 예산 내 관리 - 개인별 연봉계약 실시 - 매월 급여 지급 - 4대보험 관리 - 인사평가 결과의 임금 반영	▪ 임금지급의 노동법적 안정성을 확보한다	▪ 노무관리진단을 통한 노동법 리스크 해소 ▪ 임금지급 매뉴얼 수립
		▪ 임금지급의 정확성을 제고한다.	▪ 임금관리 통합 전산시스템 구축
		▪ 인건비 효율성을 높인다.	▪ 노동분배율 기준 설정
유지관리	- 배치이동 및 보직관리 - 복리후생관리 - 퇴직자 면담 - 퇴직금 지급 - 근로시간 관리	▪ 우수인재를 육성한다.	▪ 인재육성 체계 구축
		▪ 퇴직관리의 적법성을 높인다.	▪ 퇴직관리 매뉴얼 수립

책무	과업	성과책임	성과목표
채용	• 대졸 채용계획의 수립(상반기/하반기) • 대졸 모집 및 면접 진행 • 직무별 수시채용 • 인턴사원 수시채용	• 조직의 인재상에 부합하는 우수인재를 확보한다.	• 면접제도의 개선

많은 직원이 성과목표 수립 시 어려움을 호소하고 있다. 대표적인 애로사항이 올해는 과연 무엇을 성과목표로 수립할 것인지에 대한 고민이다. 매년 비슷한 성과목표를 수립하다 보니 올해 마땅히 새로운 성과목표를 수립하기가 어려운 것이다. 이러한 경우 성과책임을 통해서 성과목표를 수립한다면 어떻게 될까? 먼저 해당 업무의 성과책임을 도출하고 해당 성과책임을 달성하기 위해서 올해 무엇을 할 것인가를 고민하는 것이다. 이러한 과정을 통해 정말 의미 있는 성과목표 도출이 이루어 질 수 있을 것으로 확신한다.

그럼 성과책임과 전체 인사관리의 관계를 살펴보도록 하자. 성과책임은 인사관리의 핵심이라고 볼 수 있다. 그렇다면 성과책임과 인사관리는 어떻게 연계되어 있을까?

[예담 인재경영 시스템]

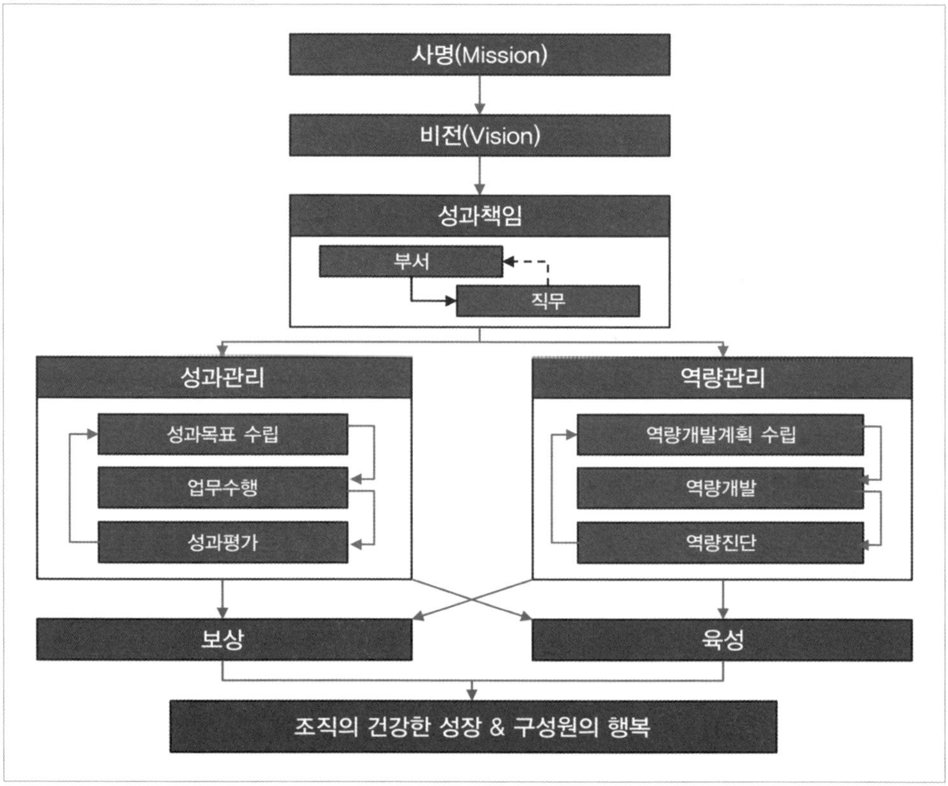

먼저 인사관리의 출발점은 조직의 사명이다. 사명(mission)은 조직의 존재이유이다. 다음이 비전이다. 비전(vision)은 조직이 꿈꾸는 미래의 모습이다. 비전은 사명과 연계되어 있어야 하며 사명을 달성하기 위한 중간 기착점을 의미한다. 그리고 성과책임이 도출되는 것이다. 먼저 부서의 성과책임이 도출되고 직무의 성과책임이 도출된다. 그리고 이러한 성과책임을 기반으로 성과관리와 역량관리가 이루어지게 된다. 성과관리는 성과목표의 수립, 업무수행, 성과평가의 과정으로 진행되고 역량관리는 역량개발계획의 수립, 역량개발, 역량진단의 과정으로 진행된다. 다음으로 성과관리와 역량관리의 결과가 보상과 육성에 영향을 미치게 되는 것이다. 이러한 인사관리를 성과책임 중심의 인사관리라고 부를 수 있을 것이다. 성과책임 중심의 인사관리를 통해서 조직은 건강하게 성장하고 구성원은 행복해 질 수 있다.

필자는 성과책임과 인사관리의 연계성에 대해서 고민하면서 많은 생각을 하게 되었다. 정말 우리나라의 기업들이 성과책임을 기반으로 인사관리를 하게 된다면 어떤 변화가 일어나게 될까? 대부분의 직장인들은 직장생활의 의미(일의 의미)를 찾지 못하고 방황하고 있다. 과연 이유가 무엇일까? 여러 가지 이유가 있겠지만 가장 중요한 이유는 일을 하는 이유 즉, 일의 의미를 찾지 못하고 있기 때문이라고 생각한다. 그렇다면 성과책임의 개념을 도입하면 어떠한 변화가 일어날까? 필자는 성과책임을 기반으로 하는 인사관리는 기존의 인사관리에서는 제공하지 못했던 일의 의미를 찾을 수 있도록 도울 것이라고 감히 말하고 싶다. 물론 성과책임의 도출은 생각보다 쉽지 않으며 단기간에 이루기도 어려운 일이다. 따라서 성과책임은 리더십의 관점으로 바라보아야 하며 동시에 장기적 변화관리 관점으로 접근하는 것이 필요하다. 성과책임의 도출은 매우 어려운 과정이지만 그 어려움 이상의 가치가 있을 것이라고 확신한다. 한번 성과책임에 도전해 보자.

HR 실무 적용 Point

1. 성과목표는 성과책임을 통해서 도출되어야 한다.(직무내용 → 성과책임의 도출 → 성과목표의 수립)
2. 성과책임은 인사관리와 연계되어야 한다.
3. 성과책임을 통하여 인사관리의 혁신적인 변화를 이룰 수 있다.

story

23

역량이란 무엇일까? 역량은 능력과 어떻게 다른가?

Storytelling

김대리는 요즘 역량(competency)에 대해 고민중이다. 역량이 중요하다는 것은 알고 있지만 역량의 개념은 모호하게 느껴지기 때문이다. 또한 능력과 역량이 같은 것인지 아니면 다른 것인지에 대해서도 의문이 든다. 내년부터 성과와 역량평가를 해야 하는데 역량의 개념조차 정립하지 못하고 있으니 이것 참 큰일이다. 과연 역량이란 무엇일까?

Coaching

역량은 인사담당자에게 참 익숙한 단어이다. 그러나 역량(competency)을 명확히 설명하는 것은 쉽지 않은 것 같다. 나아가 "역량(competency)과 능력(ability)은 어떻게 다른가?" 등으로 이어지면 더욱 역량의 개념은 모호해지게 된다. 이러한 상황이 되면 역량을 명확히 정의하기보다는 역량은 능력과 비슷한 것이라고 결론내고 고민을 끝내는 경우가 많다.

그렇다면 과연 역량(competency)이란 무엇인가? 역량은 1973년 심리학자이자 하버드대 교수인 맥클랜드(David C. McCleland)에 의해서 이 세상에 최초로 소개되었다.[12] 맥클랜드는 전통적인 학업성적검사 등이 인생의 성공여부 또는 업

12) McCleland.D.C(1973). Testing for competence rather than for intelligence.

무성과를 예측하지 못한다고 주장하였다. 즉, 인생의 성공과 성과창출이 지능(Intelligence)에 의해서 결정되지 않는다는 것이다. 이러한 주장과 함께 맥클랜드는 역량(competency)이라는 것이 존재한다고 주장하였다. 그럼 이제부터 다음의 사례를 통해서 역량의 개념을 이해해 보자. 맥버(McBer and Company)사는 미국 국무성의 의뢰로 해외공보요원(Foreign Service Information Officers)선발에 대한 연구를 진행하였다. 당시 해외공보요원은 미국사, 서양사, 영어, 정치 및 경제 등의 시험을 통해서 선발하였다. 그러나 이러한 시험성적은 해외공보요원의 업무성과를 전혀 예측하지 못하였다. 계속된 연구를 통하여 해외공보요원의 업무성과는 시험성적이 아니라 다른 요소에 의해서 결정된다는 것을 발견하게 되였다. 바로 그 대표적인 요소는 이문화 대인 감수성(Cross-cultural interpersonal sensitivity) 이었다. 다시 말해서 시험성적이 낮더라도 이문화 대인 감수성이 높은 경우 해외공보요원의 업무성과가 높았던 것이다. 반대로 시험성적이 높더라도 이문화 대인 감수성이 낮은 경우 업무성과가 낮았던 것이다. 바로 이문화 대인 감수성이 역량(competency)의 개념이라고 볼 수 있다. 즉, 우수한 성과를 달성하는 원인이 되는 인적속성이 역량인 것이다.[13] 이후 역량을 다양하게 정의되었고 필자는 역량을 다음과 같이 정의하고 싶다. "역량이란 탁월한 성과(performance)의 원인이 되는 기술, 지식, 능력, 태도의 집합을 말한다."

[역량 Iceberg Model]

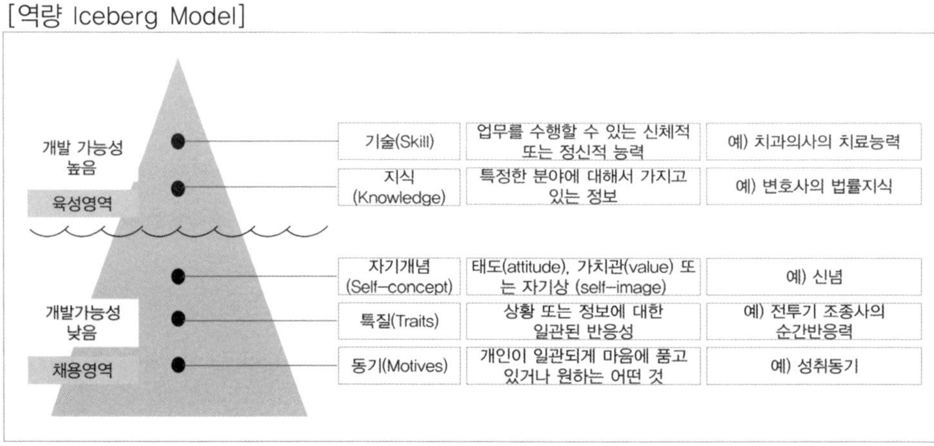

13) '핵심역량모델의 개발과 활용'. Lyle M, Spencer.Jr, Signe M. Spencer 공저 인용

역량 Iceberg Model(빙산모델)을 통하여 역량에 대해서 좀 더 살펴보자. 상기 그림과 같이 역량은 크게 기술(skill), 지식(knowledge), 자기개념(self-concept), 특질(traits), 동기(motives)로 구분된다. 예시를 통해 좀 더 명확히 개념을 이해해 보자. '기술'은 치과의사의 치료능력, '지식'은 변호사의 법률지식, '자기개념'은 신념, '특질'은 전투기 조종사의 순간반응력, '동기'는 성취동기를 의미한다고 이해하면 좋을 것 같다. 그리고 역량은 개발가능성의 측면에서 크게 두 가지로 나누어 볼 수 있다. 먼저 빙산의 위쪽에 해당하는 지식과 기술이다. 기술과 지식은 개발 가능성이 높으며 따라서 기술과 지식은 육성영역으로 본다. 즉, 이 영역은 입사 후 다양한 교육훈련 등을 통해 향상시킬 수 있다는 것이다. 다음으로 빙산의 아래쪽에 해당하는 자기개념, 특질, 동기이다. 이 영역은 개발 가능성이 낮으며 따라서 자기개념, 특질, 동기는 채용영역으로 본다. 즉, 이러한 인적속성은 쉽게 바뀌지 않기 때문에 채용 시 조직에 적합한 인재를 뽑는 것이 매우 중요하다는 것이다.

그리고 역량은 다음과 같은 특성을 가지고 있다.

첫 번째 역량은 성과와 연계된 능력이다(performance related). 아무리 많은 능력을 가지고 있다고 하더라도 성과와 연계되어 있지 않은 능력이라면 큰 의미를 갖기 어려울 것이다. 우리는 가끔 TV에서 자격증을 1,000개 가지고 있는 사람을 보게 된다. 그러나 그가 회사에서 업무를 잘 할 것인가에 대해서는 의구심을 가질 수밖에 없다. 물론 그는 업무를 잘 할 가능성이 높다. 그러나 업무를 잘 할 것이라고 단정지을 수는 없다. 왜냐하면 1,000장의 자격증이 현재 업무와 무관하다면 업무성과가 낮을 수도 있기 때문이다.

두 번째 역량은 행동으로 표현될 수 있다(behavior). 모든 역량은 구체적인 행동을 통해서 발현되게 된다. 즉, 본인이 가지고 있는 지식, 기술, 능력, 태도 등이 업무현장에서 행동으로 나타나게 되는 것이다.

세 번째 역량은 개발이 가능하다(trainable). 역량은 구체적인 행동으로 나타나기 때문에 개발이 가능하다고 볼 수 있다. 즉, 조직내에서 탁월한 성과를 나타내는 직원의 행동을 다른 직원들에게 권하는 방식으로 개발이 이루어질 수 있다.

네 번째 역량은 객관적으로 측정이 가능하다(measurable). 역량은 평소 직장생활에서 행동으로 나타나기 때문에 해당 직원의 역량을 객관적으로 측정할 수 있다. 많은 분들이 역량이 주관적이라고 말하지만 역량은 행동이기 때문에 오히려 매우 객관적이라고 보는 것이 타당할 것이다. 즉, 역량은 업무수행 시 보이는 행동을 말하기 때문에 매우 명확하게 나타나게 된다. 이러한 점을 통해 역량이 객관적으로 측정가능하다는 것을 이해할 수 있다.

다섯 번째 역량이 보통성과자(average performer)와 고성과자(high performer)의 차이를 만든다. 앞서 역량의 개념이 일 잘하는 사람의 특징을 분석하는 것을 통해서 등장했다는 점을 확인하였다. 역량이란 일반적인 성과자에게서 나타나는 것이 아니라 고성과자에게서 나타나는 것이다. 따라서 역량을 통해서 보통성과자와 고성과자의 차이가 발생한다는 점을 알 수 있다.

이와 같은 역량의 특성을 종합적으로 고려할 때 역량이란 '고성과자로부터 공통적이고 일관되게 관찰되는 행동특성'이라는 새로운 정의를 만들 수 있을 것이다.

참조 [역량의 정의]

학자	역량정의
McClleland (1973)	개인성과를 예측하거나 설명할 수 있는 다양한 심리적, 행동적 특성
Boyatzis (1982)	직무에서 효율적이거나 탁월한 성과를 보이는 개인의 잠재적인 특성
Spencer&Spencer (1993)	특정한 상황이나 직무에서 준거에 따른 효과적이고 우수한 수행의 원인이 되는 개인의 내적인 특성(underlying characteristics causally related criterion-referenced effective and/or superior performance)

HR 실무 적용 Point

1. 역량이란 탁월한 성과(performance)의 원인이 되는 기술, 지식, 능력, 태도의 집합을 말한다.
2. 이러한 역량은 행동(behavior)을 통해서 관찰될 수 있다.
3. 따라서 역량은 '고성과자로부터 공통적이고 일관되게 관찰되는 행동특성'이라고 볼 수 있다.
4. 역량의 개발을 통하여 탁월한 성과를 창출 할 수 있다.

참고자료 : 역량평가-BARS(behavior Anchor Rating Scales)

조직헌신	조직 구성원으로서 자신의 이해관계보다는 소속부서 나아가 회사의 이해관계를 우선적으로 고려하는 역량.

역량명	Level						
	1수준	2수준	3수준	4수준	5수준	6수준	7수준
조직 헌신도	2수준보다 부족함	• 소속부서와 자신의 이해관계가 충돌했을 경우 조직에서 정한 범위 내에서 최소한의 희생만 감수한다.	2수준과 4수준의 중간	• 소속부서와 상위조직의 이해와 상충할 경우 평균적으로 타 부서가 희생하는 수준에서 소속부서 및 개인의 이익을 포기한다.	4수준과 6수준의 중간	• 조직전체의 이해관계를 고려하여 자기가 소속한 부서와 자신의 이익을 희생하고 타 부서의 동참을 위해 노력한다.	6수준보다 초과함

직급	사원~대리	과장~차장	부장
요구수준	3	4	5

구분	요구수준 −2	요구수준 −1	요구수준	요구수준 +1	요구수준 +2
점수	6	7	8	9	10

참고자료 : 역량평가-BOS(Behavioral observation scales)

조직헌신	조직 구성원으로서 자신의 이해관계보다는 소속부서 나아가 회사의 이해관계를 우선적으로 고려하는 역량.

역량명	행동지표	평가시행
조직 헌신도	1. 조직의 비전, 발전방향, 정책 등을 수용하고 지지를 보냄 2. 조직의 정책방향을 적극적으로 이해하고 타인의 참여와 이해를 독려함. 3. 업무수행이 조직에 미칠 중장기적 파급효과를 충분히 고려함. 4. 조직 전체적인 입장에서 업무를 처리하고 관심과 참여도가 높음. 5. 조직의 비전과 정책을 전략적 차원에서 고려함.	▪ 5점 척도로 발생빈도를 평가함 1. 매우 자주 발생함 2. 자주 발생함 3. 보통임 4. 가끔 발생함 5. 거의 발생하지 않음.

story

24
역량평가의 올바른 방법은?

Storytelling

김대리는 이제 역량(competency)의 개념에 대해서 명확히 이해하였다. 그런데 막상 역량평가를 시행하려고 하니 또 다시 고민이 시작되었다. 대부분의 직원들이 "역량평가는 불공정하다"라는 인식을 가지고 있기 때문이다. 즉, 역량평가는 매우 주관적이기 때문에 공정하지 않다고 생각하는 것이다. 그렇다면 역량평가를 공정하게 할 수 있는 방법은 과연 무엇일까?

Coaching

지난 스토리에서 역량(competency)의 개념에 대해서 살펴보았고 이번 스토리에서는 역량평가를 깊이 있게 학습해 보자. 역량(competency)이란 '탁월한 성과(performance)의 원인이 되는 기술, 지식, 능력, 태도의 집합'을 말한다. 그리고 이러한 역량은 행동(behavior)으로 표현된다는 것을 확인하였다. 여기서 역량과 관련하여 가장 중요한 포인트가 등장한다. 바로 역량은 행동으로 표현된다는 점이다. 다시 말해서 역량은 행동으로 표현될 수 있기 때문에 평가가 가능하다고 볼 수 있다. 행동은 관찰되기 때문에 측정가능하다. 따라서 역량평가는 주관적이지 않고 오히려 객관적인 것이다.

이러한 역량에 대한 기본적인 내용을 바탕으로 역량평가에 대해서 좀더 구체적으로 살펴보자. 역량은 크게 핵심공통역량(core competency), 리더십역량(leadership competency), 직무역량(job competency)으로 구분된다. 먼저 핵심공통역량이란 조직의 전체 구성원 모두가 가지고 있어야 하는 역량을 의미한다. 핵심공통역량에는 회사의 사명과 핵심가치가 반영되어야 한다. 다음으로 리더십 역량이란 조직 내 리더가 해당 역할과 책임을 원활하게 수행하기 위해서 갖추어야 할 역량을 말한다. 보통 기업은 팀장이상의 직책자 또는 과장이상의 직급자를 대상으로 리더십 역량을 평가한다. 마지막으로 직무역량이란 직무를 성공적으로 수행하기 위해서 직무수행자가 보유하고 발휘하여야 할 역량을 말한다. 직무역량은 보통 직군별 또는 직무별로 도출한다. 핵심공통역량, 리더십역량, 직무역량은 각각 3~4개 정도를 도출하기 때문에 개인별로는 약 10개의 역량을 부여 받게 된다. 역량이 너무 많게 되면 오히려 역량은 제 기능을 발휘하지 못하게 된다. 필자는 역량이 20개인 회사를 본 적이 있다. 이러한 경우 직원은 본인이 부여받은 역량이 무엇인지 조차 기억하지 못한다. 나아가 이러한 회사는 직원에게 슈퍼맨이 되라고 요구하는 것과 다를 바 없다. 지금 현재, 본인 스스로에게 "내가 부여 받은 역량은 무엇이지?"라고 질문해 보자. 해당 질문에 내가 즉시 답변하지 못했다면 역량은 업무현장에서 작동하지 않을 가능성이 높다.

[역량의 구분]

역량카테고리	적용 대상자	개 념
핵심공통역량 [3~4개]	임직원 전체	▪ 조직의 모든 구성원이 공통적으로 가져야 할 역량을 말하며, 회사의 핵심가치와 미션을 반영하고 있어야 한다. (예시 : 조직헌신, 열정, 윤리의식, 협력, 도전정신 등)
리더십 역량 [3~4개]	팀장이상	▪ 조직 내 리더가 해당 역할과 책임을 원활하게 수행하기 위해서 갖추어야 할 역량을 말한다. (예시 : 목표 및 방향제시, 지도 및 육성, 의사결정 등)
직무 역량 [3~4개]	직무별/직군별	▪ 직무를 성공적으로 수행하기 위해서 직무 수행자가 보유하고 발휘하여야 할 역량을 말한다. (전문가의식, 의사소통, 관계형성, 분석적 사고 등)

역량은 철저하게 개발 관점으로 접근하여야 한다. 조직차원에서 역량이 결정되면 직원들은 역량계발계획을 수립한다. 그리고 해당 역량을 개발한다. 마지막으로 본인의 역량을 평가받는 것이다. 이것이 바로 역량평가의 프로세스이다. 다시 정리하면 "역량개발계획 수립 → 역량계발 → 역량평가"이 역량평가의 실제적인 모습이다. 역량평가는 크게 BARS(behaviorally Anchored Rating Scales ; 행위기준고과법)와 BOS(Behavioral Observation Scales ; 행위관찰고과법)방식으로 구분된다. BARS는 행위척도를 수준별로 정의내리는 방식을 의미하고 BOS는 해당 행위가 얼마나 자주 발생하는가를 측정하는 방식이다. BARS방식은 구체적인 행위척도를 통한 정교한 평가가 가능하지만 세부역량별로 다양한 척도를 구성하는 것이 현실적으로 쉽지 않다. 반면에 BOS방식은 구체적인 척도를 제시하지는 못하지만 역량의 모습을 다양한 행동으로 쉽게 이해할 수 있는 장점이 있다.

그럼 이제부터 역량평가 시 주의해야 할 사항에 대해서 몇 가지 살펴보자. 첫 번째 역량의 전체적인 모습이 아니라 각각의 역량을 평가해야 한다. 대부분의 리더가 범하는 오류는 피평가자의 전체적인 모습을 평가하는 것이다. 우리는 종종 이런 이야기를 듣는다. "김대리는 역량이 뛰어난 것 같아"이러한 접근은 역량평가를 오류에 빠지게 한다. 역량평가는 각각의 역량을 평가하는 것이다. 예를 들어 피평가자의 직무역량이 전문가의식, 의사소통, 관계형성이라고 가정해 보자. 이러한 경우 직무역량이 '높다' 또는 '낮다'라고 평가하는 것이 아니라 전문가의식, 의사소통, 관계형성 각각의 역량 수준을 평가하는 것이다.

두 번째 역량평가는 피평가자의 평소 행동을 평가하는 것이다. 대부분의 리더들이 역량평가 시 피평가자의 이미지를 평가하는 경향이 매우 높다. 역량평가는 피평가자의 이미지를 평가하는 것이 아니라 명확한 평소 행동을 평가하는 것이다. 행동을 평가하기 때문에 역량평가는 매우 객관적이고 공정하게 이루어질 수 있다.

세 번째 역량평가는 행위 척도를 기준으로 평가하는 것이다. 보통 기업은 역량평가 시 역량척도를 제공한다. 그러나 대부분의 평가자들은 평가척도를 읽지 않고 본인의 기준으로 평가하는 경우가 많다. 그러나 역량척도는 해당 역량의 구체적인 수준을 나타내기 때문에 평가자는 역량평가 시 반드시 역량척도를 확인한 후 평가하여야 한다.

지금까지 역량평가에 대해서 살펴보았다. 역량평가는 매우 모호하고 주관적이라는 부정적인 이미지가 강한 것이 사실이다. 그러나 역량평가는 행동평가이기 때문에 매우 명확하고 객관적인 평가이다. 따라서 매우 공정한 평가가 가능하다. 역량평가는 평가자의 인식과 자세가 매우 중요하기 때문에 지속적인 역량평가 교육을 반드시 실행하여야 한다. 마지막으로 한 가지 더 강조하고 싶은 점이 있다. "역량(competency)이 성과(performance)의 출발점이다"

HR 실무 적용 Point

1. 역량은 핵심공통역량, 리더십역량, 직무역량으로 구성된다.
2. 역량평가란 피평가자의 평소 행동(behavior)을 평가하는 것이다.
3. '역량이 성과의 출발점이 된다'는 점을 반드시 기억하자.

story

25

목표합의[14]를 어떻게 해야 할까?

Storytelling

A사는 매년 목표합의를 진행하고 있다. 모든 직원이 목표합의서를 작성하고 있지만 대부분의 직원은 형식적인 서류업무로 생각하고 있다. 그렇다 보니 목표합의서를 근거로 인사평가를 시행하는 것이 사실상 어려운 상황이다. A사는 목표합의 시 무엇을 놓치고 있는 것일까?

Coaching

사실 대부분의 기업에서 목표합의가 형식적으로 이루어지고 있다. 목표합의가 형식적으로 이루어지다 보니 실제 업무에서 목표합의가 제대로 작동하지 않는다. 나아가 목표합의 내용과 실제 업무가 다르기 때문에 목표합의를 근거로 인사평가를 하는 것도 불가능하다. 과연 이러한 문제를 어떻게 해결해야 할까?

먼저 "왜 우리는 목표합의를 하는가?"에 대해서 생각해 보아야 한다. 앞서 스토리에서 살펴보았지만 우리는 인사평가를 성과관리 관점으로 바라보는 것이 중요하다. 성과관리 관점이란 인사평가를 '목표합의-업무수행-(협의)인사평가'로 인식하는 것을 의미한다. 그렇다면 성과관리가 성공하기 위해서는 당연히 성과관리의 출발점인 목표합의가 제대로 이루어져야 한다는 결론에 이르게 된다.

14) 성과관리(목표합의, 수시코칭, 평가시행) 관련 내용은 '진짜 성과관리, 송계전 저'를 참고하였음

그럼 성과목표란 무엇일까? 업무와 다른가? 같은가? 쉽지 않은 질문이다. 성과목표란 '성과책임을 달성하기 위해서 올해 반드시 해야 하는 중요한 일'을 말한다. 앞 문장에서 키워드를 뽑아보자. 첫 번째 '성과책임'이다. 목표란 성과책임에서 출발하는 것이다. 대부분의 사람들은 막연히 목표를 고민한다. 즉, "올해 뭐하지?", "팀장님은 작년과 다른 성과목표를 수립하라고 하는데……."이러한 상황이 발생하는 이유는 무엇일까? 성과목표를 성과책임이 아니라 업무에서 도출하려고 했기 때문이다. 직무기술서상의 업무는 매년 거의 동일하기 때문에 업무를 기준으로 매년 새로운 성과목표를 수립하는 것은 쉽지 않다. 그러나 성과책임을 도출하고 현재 성과책임을 달성하고 있는가를 살펴보면 자연스럽게 매년 의미있는 성과목표를 수립하는 것이 가능한 것이다.(성과목표를 업무에서 도출하는 것과 성과책임에서 도출하는 것은 앞서 스토리에서 살펴보았다) 두 번째 '올 해'이다. 성과목표는 일정한 기간 동안에 달성해야 하는 목표를 의미한다. 업종과 직무에 따라서 1년 또는 6개월 등 다양한 기간을 설정하는 것이 가능하다. 또한 성과목표별로 기한이 다를 수도 있을 것이다. 세 번째 '중요한 일'이다. 필자는 성과관리 코칭 시 성과목표를 모든 과업마다 설정하는 경우를 종종 보게 된다. 그러나 이것은 성과목표의 개념을 오해한 결과이다. 성과목표는 업무(보통 과업이라고 부름)와 구분되어야 한다. 따라서 많은 일 중에서 중요한 일을 중심으로 성과목표를 설정하는 것이 필요하다.

그럼 이제 목표에 대해서 좀 더 구체적으로 살펴보자.

목표는 크게 3가지 요소로 구성된다. 첫 번째 '무엇(What)'이다. 조직이 무엇을 기대하는가에 대한 문제이다. 무엇은 사명-비전-전략과 같은 방향으로 정렬되어야 한다. 두 번째 '언제까지(When)'이다. 언제까지 해당 목표를 달성해야 하는 가에 대한 문제이다. 기한이 없는 목표는 목표라고 볼 수 없을 것이다. 세 번째 '어느정도(Level)'이다. 목표에는 달성수준이 있어야 한다. 달성수준은 정량적 수준만을 의미하지 않는다. 당연히 정성적 수준도 존재한다. 이와 같이 무엇(What), 언제까지(When), 어느정도(Level)를 목표의 3요소라고 부른다. 이것을 좀 더 쉽게 기억하기 위해서 WWL로 기억해도 좋을 것 같다. 목표의 3요소는 WWL이다.

[목표의 3요소]

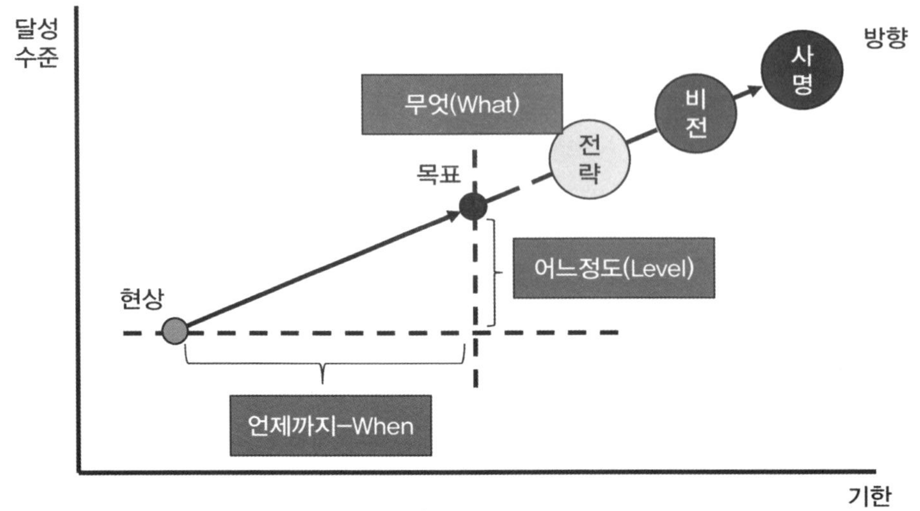

요소	개념	세부내용
무엇	목표항목(W)	조직이 기대하는 결과의 내용을 설명한다.
언제까지	달성기한(W)	달성수준을 완성시킬 기한을 정한다.
어느정도	달성수준(L)	결과의 달성수준을 명확히 한다.

※ 'IT시대의 과제달성형 목표관리' 수정 인용

그럼 이제 목표수립의 5가지 원칙에 대해서 살펴보자.

[목표합의 5가지 원칙]

- 성과책임을 도출한 후 성과목표를 수립한다.
- 부서장의 목표와 부서원의 목표를 일치시킨다.(성과목표의 상하연계성)
- 성과목표는 실행과제중심으로 수립한다.(평가지표를 먼저 고민하지 않는다)
- 성과목표의 수는 팀장의 경우 10개 정도(팀원의 경우 5개 정도)가 적절하다.
- 목표합의 후 팀 내 목표의 공유시간을 반드시 갖는다.

[목표합의(예시)]

NO	중점추진과제 [성과목표]	세부추진계획	평가 비중	평가지표	목표 수준	기한	조직목표 해당
2	신입사원 면접제도 개선	신입사원 채용 면접시프리젠테이션 면접, 집단토론 면접 등을 도입하여 당사에 적합한 핵심인재를 확보함	20%	업무완성도 기한준수도 개선노력도 [**정성** · 정량]	프리젠테이션 면접과 집단토론 면접 제도를 도입하고 인재의 수준을 향상시킴	6월 말	○

상기의 인사담당의 성과목표를 예를 들어 설명해 보기로 한다.

첫 번째 성과책임을 도출한 후 성과목표를 수립한다. '신입사원 면접제도 개선'이라는 성과목표를 수립하였다. 이러한 성과목표는 '조직의 인재상에 부합하는 우수인재를 확보한다'라는 채용업무의 성과책임에서 출발한 것이다. 현재, 채용업무가 성과책임을 달성하고 있는가를 고민해 본 결과 면접제도가 개선되어야 한다는 생각을 가지게 된 것이다.

두 번째 부서장의 목표와 부서원의 목표를 일치시킨다. 성과목표는 조직의 전략목표를 달성하기 위한 것이다. 따라서 당연히 부서장의 목표와 부서원의 목표는 일치되어야 한다. 상기표에서 맨 우측의 '조직목표해당'이라는 칸은 목표의 상하연계성을 강조하는 의미로 작성하는 것이라고 볼 수 있다.

세 번째 성과목표는 실행과제 중심으로 수립한다. 우리가 중점적으로 수행해야 하는 것은 실행과제이다. 실행과제 중심으로 도출된 목표는 강력한 실천력을 가지게 된다. 종종 지표중심(보통 계량적 지표를 의미함)으로 목표를 설정하는 회사가 있다. 그러나 이러한 지표중심의 목표합의는 대부분 실패로 끝나고 만다. 왜냐하면 모는 성과목표에 대해서 지표를 도출하는 것이 불가능하기 때문이다. 따라서 지표중심으로 성과목표를 도출한 회사의 경우 매우 형식적인 지표에 매몰되게 된다.(예 : 제안건수 2건 등)

네 번째 성과목표의 수는 팀장의 경우 10개 정도(팀원의 경우 5개 정도)가 적절하다. 성과목표의 수는 너무 많지도 적지도 않아야 한다. 성과목표의 수가 너무 많다면 성과목표에 집중하기 어렵게 되고 반대로 너무 적다면 공정한 성과평가가 어려울 수 있다. 그렇다면 적절한 성과목표의 수는 몇 개 정도일까? 팀장의 경우 팀원에게 성과목표를 배분해야 하기 때문에 10개 정도가 적절하다고 본다. 한 팀이 보통 4~5명 정도로 구성된다고 가정할 때 팀장은 팀원에게 2개~3개 정도의 성과목표를 배분하게 된다. 그렇다면 팀원의 경우는 어떠한가? 팀원은 5개 정도가 적절하다고 본다. 팀장에게 받은 2~3개의 성과목표와 함께 본인이 중요하다고 생각하는 2~3개 성과목표를 도출하는 것이다.

다섯 번째 목표합의 후 팀내 목표의 공유시간을 갖는다. 대부분의 기업에서는 상사와 부하가 일대일로 목표를 합의한 후 팀내 공유시간을 갖지 않는다. 그러나 우리가 함께 일하는 이유를 한번 더 생각해 볼 필요가 있다. 바로 서로 협력하기 위해서이다. 그렇다면 우리팀의 구성원이 어떠한 성과목표를 수립하였는지에 대해서 당연히 알아야 할 것이다. 또한 목표의 공유시간을 통해 성과관리의 투명성을 높이는 효과도 부가적으로 발생하게 된다. 목표의 공유는 너무 어렵고 거창하게 생각할 필요가 없다. 목표합의 후 팀내 티타임(tea time)을 갖는 방식으로 진행하면 충분할 것이다.

지금까지 목표합의에 대해서 살펴보았다. 목표합의는 성과관리의 출발점이다. 따라서 목표합의가 제대로 이루어지지 못한다면 성과관리의 성공을 기대하기는 어려울 것이다. 이제 목표합의에 좀 더 집중해 보자.

HR 실무 적용 Point

1. 목표란 '성과책임을 달성하기 위해서 올해 반드시 해야 하는 중요한 일'을 말한다.
2. 목표의 3요소는 WWL(What, When, Level)이다.
3. 목표합의는 성과관리의 성패를 결정하는 출발점이라는 것을 기억하자.

참고자료 : 목표합의서(1) - [인사팀장-김철수]

NO	주요업무 활동	중점추진과제 [성과목표]	세부 추진계획	평가 비중	평가 지표	목표 수준	기한
1	인재유지	경력사원의 안정적 운영	경력사원이 조직에 정착할 수 있는 방안을 강구하여 실행함.	20%	경력사원 유지율 [정성 · **정량**]	경력사원 유지율 70%	12월 말
2	핵심인재 확보	신입사원 면접 제도 개선	적합한 인재를 채용하기 위한 새로운 면접 방안을 수립함.	20%	업무완성도 [**정성** · 정량]	새로운 신입사원 면접제도가 도입되고 인재수준이 향상됨.	상반기 공채 적용
3	보상시스템 업무 효율성 제고	보상제도 전산 프로그램 개발	보상관리를 업무의 전산화를 연말까지 완료하여 업무의 효율성을 제고함.	20%	전산 프로그램 개발 진행률 [정성 · **정량**]	연말까지 100%개발	12월 말
4	인재육성 체계 수립	전사교육 훈련 프로그램 구축	조직의 핵심/리더십/직무역량을 도출하고 해당 역량을 향상시킬 수 있는 교육프로그램 체계를 수립함. 또한 스마트워크시대에 맞는 스마트러닝 시스템을 구축함.	10%	업무완성도 [**정성** · 정량]	당사에 적합한 컨텐츠를 확보한 스마트러닝 시스템을 구축함.	6월 말
5	협력적 노사관계 구축	노사관계 활성화 프로그램 수립	상반기 체육대회와 하반기 등반대회를 통하여 보다 협력적 노사관계를 구축할 수 있도록 하고 추가적인 노사관계 활성화 프로그램을 기획함.	15%	업무완성도 [**정성** · 정량]	노사관계가 개선되고 협력적 노사관계의 토대를 마련함.	12월 말
6	노동이슈 대응	근로시간 단축 대응방안 수립	근로시간단축에 따른 교대제 개편 등 인력운영 개편방안을 수립함.	15%	업무완성도 [**정성** · 정량]	인건비 효율성을 제고한 교대제 시스템을 도입함.	6월 말
				100%			

참고자료 : 목표합의서(2) - [인사팀원-김민수]

NO	주요업무 활동	중점추진과제 [성과목표]	세부 추진계획	평가 비중	평가 지표	목표 수준	기한	조직 목표 해당
1	인재유지	경력사원의 안정적 운영	경력사원의 인재상과 인적요건에 대한 구체적인 기준을 마련함.	20%	경력사원 유지율 [정성 · **정량**]	경력사원 유지율 70%	12월 말	○
2	핵심 인재 확보	신입사원 면접 제도 개선	신입사원 채용 면접시프리젠테이션 면접, 집단토론 면접 등을 도입하여 당사에 적합한 핵심인재를 확보함.	20%	업무완성도 [**정성** · 정량]	프리젠테이션 면접과 집단토론 면제제도를 도입하고 인재의 수준을 향상시킴.	6월 말	○
3	인사평가 공정성 향상	인사평가제도 개편방향 수립	외부 컨설팅 기관을 통하여 현재 인사평가제도의 문제점을 진단하고 인사평가제도 향후 개편방향을 수립함.	20%	업무완성도 [**정성** · 정량]	당사에 적합한 인사제도의 방향성을 수립함.	6월 말	
4	보상 시스템 업무 효율성 제고	보상제도 전산프로그램 개발	기본인적사항관리, 근태관리, 임금관리, 연차관리 등을 수행할 수 있는 보상제도 전산프로그램 개발을 연말까지 완료함.	20%	전산 프로그램 개발 진행률 [정성 · **정량**]	연말까지 100%개빌	12월 말	○
5	인력 운영의 안정성 강화	신입사원의 안정적 운영방안 수립	신입사원에 대한 멘토링 등 조기정착화 프로그램 구축 및 실행	10%	신입사원 정착률 [정성 · **정량**]	신입사원 정착률 70%	¼분기 제도 설계 완료	
6	근로시간 단축 대응	근로시간 단축에 대비한 인력운영 개편방안 수립	현재 2조 2교대제의 문제점을 진단하고 향후 근로시간 단축에 대비한 교대제 개편 및 인력운영방안을 수립함.	10%	업무완성도 [**정성** · 정량]	생산량을 유지하면서 인건비가 최소로 증가하는 교대제 개편계획을 수립함.	6월 말	○
				100%				

참고자료 : 목표조정 사유

1 상위조직의 전략 변경

2 부서 또는 직원의 업무분장 변경

3 급격한 외부환경의 변화

Implication	
	▪ 목표는 가급적 변경하지 않는 것이 바람직하다. [전제조건] ▪ 상기 3가지 사유 중 하나에 해당할 경우 목표변경을 고려한다. ▪ 목표합의 시 목표는 특별한 사유가 없을 경우 변경되지 않는다는 점을 명확히 전달한다 ▪ 목표변경 후 인사팀의 확인을 통하여 변경여부를 최종 확정한다. [목표변경 사유 명시]

story

26

성과관리 과정에서 수시코칭은 왜 필요할까?

Storytelling

A사는 1월 한달 동안 목표합의 설명회, 목표합의 면담, 목표합의 수립 등을 진행하여 목표설정을 완료하였다. 이제 한숨 돌릴까 생각했는데 또 무엇인가를 준비해야만 할 것 같다. 왜냐하면 어렵게 수립한 목표가 실제 업무로 이어지지 않고 책상 서랍속으로 들어가 버릴 것 같은 생각이 들기 때문이다. 그렇다면 목표합의 후에 무엇을 해야 할까? 김대리는 또 고민하기 시작하였다. 그리고 해야 할 일을 알게 되었다. 그것은 바로 '수시코칭'이다.

Coaching

이번 스토리에서는 수시코칭에 대해서 살펴보도록 하자. 업무의 기본적인 흐름은 계획수립(plan)→업무수행(do)→체크(see)과정이라고 볼 수 있다. 업무흐름의 중심에는 업무수행이 자리잡고 있다. 그렇다면 업무수행이 성공적으로 이루어지기 위해서는 무엇이 필요할까? 바로 수시코칭이다. 수시코칭이란 '성과관리의 핵심적인 과정으로서 목표 설정에 따른 업무수행이 잘 이루어지고 있는지를 점검하여 궁극적으로 목표를 달성하게 하는 과정'을 말한다. 즉 수시코칭이란 성과목표를 달성하도록 돕는 것을 의미한다. 만약 상사와 부하가 성과목표를 잘 설정했다고 가정해 보자. 그런데 이후 성과목표가 책상 서랍속으로 들어가서 잠들어 버린다면 목표수립은 아무런 의미를 갖지 못할 것이다. 따라서 목표수립 후 반드시 수시코칭이 이루어져야 한다. 수시코칭은 크게 공식적 수시코칭과 비공식적 수시코칭으로 구분할 수 있다. 공식적 수시코칭이란 보통 제도적으로 시행되며 수시코칭 보고서 등 기록을 남기는 방식이다. 반대로 비공식적 수시코칭이란 상사와 부하가 아무런 제약 없이 자연스럽게 만나서 대화하는 것을 말한다. 수시코칭은 공식적 수시코칭과 비공식적 수시코칭이 병행해서 이루어지는 것이 바람직할 것이다.

[수시코칭의 3요소]

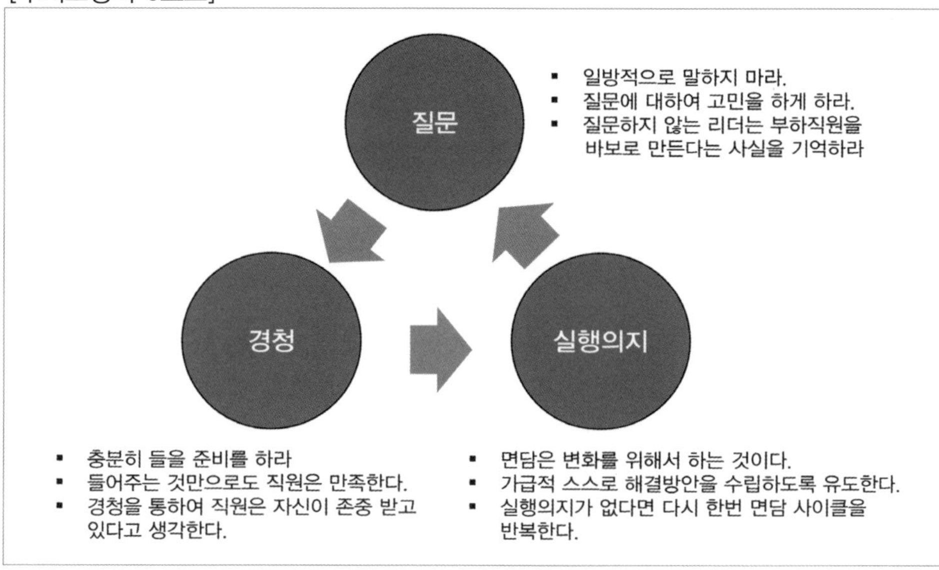

그럼 이제 수시코칭의 핵심사항에 대해서 살펴보자. 수시코칭의 3요소는 질문-경청-실행의지이다.

첫 번째 질문이다. 코치(coach)는 대부분의 코칭시간을 본인이 이야기하는 시간으로 채우게 된다. 많은 것을 코치이(coachee)에게 전달하고 싶은 마음이 크기 때문이라고 생각한다. 그러나 코칭은 먼저 코치이에게 질문하는 것으로 시작되어야 한다. 질문을 통해서 코치이가 고민할 수 있는 시간과 기회를 부여하는 것이다. 질문하지 않는 코치는 코치이를 바보로 만든다는 사실을 기억할 필요가 있다.

두 번째 경청이다. 초보코치는 잘 듣지 않는다. 본인이 설명하는 것이 훨씬 코치이에게 도움이 될 것이라고 생각하기 때문이다. 그러나 코치는 반드시 경청

할 준비가 되어있어야 한다. 코치이는 코치가 자신의 이야기를 코치가 들어준다는 것만으로도 매우 만족해하며 본인이 존중받고 있다고 느끼게 된다.

세 번째 실행의지이다. 코칭을 왜 하는지에 대해서 한번 생각해 보자. 좀 더 나은 모습으로 변화하기 위해서이다. 그렇다면 코칭 후 실행이 이루어지도록 하는 것이 필요하다. 따라서 코칭 후 향후 어떠한 변화를 시도할 것인지에 대하여 본인 스스로 이야기할 수 있도록 하는 것이 반드시 필요하다. 이러한 실행의지는 쉽게 만들어지지 않으며 사전에 충분한 질문과 경청이 이루어졌을 경우 가능하다는 점을 기억해야 한다.

그럼 이제부터 수시코칭의 5가지 원칙에 대해서 살펴보자.

[수시코칭의 5가지 원칙]

- 수시코칭은 성과목표 달성을 위한 핵심과정임을 인식함.
- 공식적 수시코칭(분기 평가)은 기록되어야 함.(반드시 점수화할 필요는 없음)
- 수시코칭은 ART이다.(Action, Result, Tomorrow)
- 수시코칭을 통하여 평가결과를 예측할 수 있도록 함.
- 비공식적인 수시코칭(tea time)시 진정한 코칭이 가능하다는 것을 기억해야 함.

[수시코칭(ART : Action, Result, Tomorrow) 예시]

<table>
<tr><th>NO</th><th>주요 업무 활동</th><th>중점추진 과제 [성과목표]</th><th>세부추진계획 [절차와 방법 및 세부기한]</th><th>평가 비중</th><th>기간 중 주요활동 [Action]</th><th colspan="2">업무수행 결과 [Result]</th><th>중점개선방향 (종합의견) [Tomorrow]</th></tr>
<tr><td rowspan="2">1</td><td rowspan="2">핵심 인재 확보</td><td rowspan="2">신입사원 면접 제도 개선</td><td rowspan="2">4월까지 제도 진단 후 인재상 확인이 가능한 면접방식(PT면접, 워크숍면접 등)의 세부 기획안을 마련하고, 6월 말까지 세부 수정 및 최종승인을 통한 최적안을 마련함.</td><td rowspan="2">20%</td><td rowspan="2">4월까지 현재, 당사의 면접제도의 문제점을 분석하고 동업계(신세계, 현대, 롯데, 코스트코, 이케아) 면접제도 벤치마킹을 완료함. 이를 통하여 당사의 면접제도 개선 방향성을 수립함.</td><td>잘한점</td><td>동업계 벤치마킹 시 글로벌기업까지 확대 시행함</td><td rowspan="2">당사의 면접제도의 문제점을 잘 분석하였고 업무가 기대이상으로 수행됨. 향후 제도 개선 논의를 함께 진행 할 예정임. (우수, 보통, 미흡)</td></tr>
<tr><td>부족한점</td><td>-</td></tr>
</table>

첫 번째 수시코칭이 성과목표 달성을 위한 핵심과정임을 인식하는 것이다. 여러분이 테니스를 코치에게 배운다고 생각해보자. 코치를 만날 때 마다 "스트로크를 좀 더 길게 뻗으세요, 공에서 시선을 떼지 마세요" 등 테니스를 잘 치도록 방법과 자세에 대해서 끊임없이 코칭을 받을 것이다. 그런데 만약 평소 만남에서는 아무런 이야기를 하지 않고 한달에 한번 정도만 "아직도 자세가 좋지 않네요. 더 열심히 하세요"라고 형식적인 코칭을 받는다면 어떻게 될까? 당연히 테니스 실력은 향상되지 않을 것이며 그런 코치에게는 아무도 배우려하지 않을 것이다. 업무도 같은 원리이다. 업무수행 시 수시로 업무에 대해서 소통하는 수시코칭이 이루어져야한다. 이를 통해 성과목표가 달성될 수 있다는 것을 이해하는 것이 매우 중요하다.

두 번째 공식적 수시코칭은 기록되어야 한다. 앞서 설명한 바와 같이 수시코칭은 공식적 수시코칭과 비공식적 수시코칭으로 구분된다. 비공식적 수시코칭은 티타임(Tea Time)등의 형태로 수시로 매우 자유롭게 이루어지기 때문에 현실적으로 공식적인 기록을 남기기는 어려울 것으로 보인다. 하지만 공식적 수시코칭은 보통 분기별로 또는 매월 이루어진다. 이러한 공식적 수시코칭은 기록을 남기고 피드백이 이루어지도록 하여야 한다. 다만 공식적 수시코칭 시 반드시 점수를 부여할 필요는 없다고 생각한다.

세 번째 수시코칭은 ART이다. ART는 행동(Action), 결과(Result), 미래방향성(Tomorrow)의 약자이다. 공식적 수시코칭의 결과는 문서로 기록되고 보관될 필요가 있다. 이를 통하여 본인에게 피드백이 이루어지고 향후 인사관리 전반에 활용될 수 있기 때문이다. 그렇다면 수시코칭은 어떻게 기록해야 할까? 예시를 통해서 설명해 보기로 하자. 먼저 행동(Action)이다. 행동은 해당 성과목표에 대해서 어떠한 일을 하였는지에 대해서 기록하는 것이다. 다음은 결과(Result)이다. 결과란 업무수행의 결과를 의미하며 잘한 점과 부족한 점으로 구분하여 작성한다. 마지막으로 미래방향성(Tomorrow)이다. 미래방향성은 해당 성과목표에 대하여 종합의견의 관점에서 작성한다. 행동(Action)과 결과(Result)는 코치이가 작성하고 미래방향성(Tomorrow)은 코치가 작성하도록 한다. '수시코칭은 ART이다'라는 의미를 다시 한번 생각해 보자. '수시코칭은 정말 예술이다'라고 기억해도 좋을 듯하다.

네 번째 수시코칭을 통해서 평가결과를 예측할 수 있도록 한다. 평가의 예측가능성과 인사평가의 수용성의 관계에 대해서 생각해 볼 필요가 있다. 평가의 수용성은 어떻게 만들어 질까? 여러 가지 요소가 있겠지만 그 중 하나는 바로 평가의 예측가능성이다. 즉, 내가 어떠한 평가를 받게 될 것이지를 사전에 알게 되면 평가의 수용성은 당연히 높아지게 된다. 수시코칭 시 성과목표에 대하여 긍정 또는 부정의 메시지가 지속적으로 전달되도록 하는 것이 중요하다. 이러한 평가의 예측가능성 제고를 통하여 평가의 수용성이 올라갈 수 있다.

다섯 번째 비공식적 수시코칭(tea time) 시 진정한 코칭이 가능하다. 비공식적 수시코칭이란 무엇일까? 업무수행 시 수시로 이루어지는 대화라고 생각할 수 있다. 보통 티타임(tea time)이라고 부르기도 한다. 수시코칭은 성과목표를 달성하도록 돕는 과정을 의미한다. 그렇다면 당연히 업무수행 시 수시로 이루어지는 비공시적 수시코칭이 실질적인 업무수행을 돕는 역할을 수행하게 된다. 따라서 굳이 공식적 수시코칭과 비공식적 수시코칭 중 어느 것이 더 중요하냐고 묻는다면 비공식적 수시코칭이라고 말할 수 있을 것이다. 공식적 수시코칭은 비공식적 수시코칭을 정기적으로 기록한 것으로 이해해도 좋을 듯하다.

지금까지 수시코칭에 대해서 살펴보았다. 성과목표의 성공적 수행을 위해서는 수시코칭이 반드시 이루어져야 한다. 이러한 수시코칭은 결국 코치의 리더십의 관점으로 접근해야 하며 변화관리를 통하여 조직의 문화로 체화되어야 할 것이다.

HR 실무 적용 Point

1. 수시코칭이 성과목표 달성을 위한 핵심과정임을 이해한다.
2. 수시코칭은 질문-경청-실행의지로 구성된다.
3. 수시코칭은 ART이다. [A(Action), R(Result), T(Tomorrow)], '수시코칭은 예술이다'라고 기억하자.

참고자료 : 수시코칭(예시)

<table>
<tr><th>NO</th><th>주요 업무 활동</th><th>중점추진 과제 [성과목표]</th><th>세부추진계획 [절차와 방법 및 세부기한]</th><th>평가 비중</th><th>기간 중 주요활동 [Action]</th><th colspan="2">업무수행 결과 [Result]</th><th>중점개선방향 (종합의견) [Tomorrow]</th></tr>
<tr><td rowspan="2">1</td><td rowspan="2">핵심 인재 확보</td><td rowspan="2">신입사원 면접 제도 개선</td><td rowspan="2">4월까지 제도 진단 후 인재상 확인이 가능한 면접방식(PT면접, 워크숍면접 등)의 세부 기획안을 마련하고, 6월말까지 세부 수정 및 최종승인을 통한 최적안을 마련함.</td><td rowspan="2">20%</td><td rowspan="2">4월까지 현재, 당사의 면접제도의 문제점을 분석하고 동업계(신세계, 현대, 롯데, 코스트코, 이케아) 면접제도 벤치마킹을 완료함. 이를 통하여 당사의 면접제도 개선 방향성을 수립함.</td><td>잘한점</td><td>동업계 벤치마킹 시 글로벌기업까지 확대 시행함</td><td rowspan="2">당사의 면접제도의 문제점을 잘 분석하였고 업무가 기대이상으로 수행됨.
(우수, 보통, 미흡)</td></tr>
<tr><td>부족한점</td><td>-</td></tr>
<tr><td rowspan="2">2</td><td rowspan="2">인사 평가 공정성 향상</td><td rowspan="2">인사평가 제도 개편방향 수립</td><td rowspan="2">3월까지 10여개 업체로부터 제안 및 견적서를 수령하고, 5월까지 예산 및 컨설팅 역량이 좋은 업체를 선임하고, 8월까지 합리적인 개편방안을 수립하도록 함.</td><td rowspan="2">20%</td><td rowspan="2">1/4분기에 고용노동부 근로감독 대응 및 후속조치작업으로 인하여 인사평가제도 개편에 대한 업무를 진행하지 못하였음.</td><td>잘한점</td><td>-</td><td rowspan="2">인사보조담당 사직에 대한 충원진행이 필요함.
(우수, 보통, 미흡)</td></tr>
<tr><td>부족한점</td><td>업무 미진행</td></tr>
<tr><td rowspan="2">3</td><td rowspan="2">인재 육성 체계 수립</td><td rowspan="2">전사교육 훈련 프로그램 구축 및 시행</td><td rowspan="2">4월까지 역량별로 전사 교육니즈 조사를 위한 설문을 실시하고, 5월 중순까지 팀장 워크숍을 통하여 심도 있는 니즈파악을 한다. 6월까지 역</td><td rowspan="2">30%</td><td rowspan="2">3월에 교육프로그램 설계를 위한 설문조사를 시행하였으며 결과분석과 대표이사 보고를 완료함.</td><td>잘한점</td><td>당사에 적합한 설문지 기획</td><td rowspan="2">당초 계획대로 업무가 순조롭게 진행되고 있음.
(우수, 보통, 미흡)</td></tr>
<tr><td>부족한</td><td>대표이사 보고 시 설문참여</td></tr>
</table>

			량별 교육기관 Pool을 선정하여 확정한다.			점	부족 지적 사항 발생	
4	인력 운영의 안정성 강화	신입사원의 안정적 운영방안 수립	신입사원 정착률을 높이기 위하여 멘토링 제도를 구축함. 3월 실시되는 멘토링 자격과정을 이수하고, 6월까지 실시 세부안을 마련한 후 7월부터 신입사원 멘토링 제도를 실시 하도록 함.	10%	신입사원 멘토링 제도 도입을 위하여 멘토링코리아 컨설팅 주관 멘토링 코디네이터과정을 이수함.	잘한점 부족한점	국내 1위 멘토링 교육기관 교육을 수료함 -	당초 계획대로 업무가 순조롭게 진행되고 있음. (우수, **보통**, 미흡)
5	통상 임금 체계 개편	노동개혁에 대응하는 통상임금 개편방안 수립	4월까지 통상임금 관련 문제점과 리스크를 분석하고, 6월까지 자문 노무법인과 의견서 및 정기적 미팅을 통한 임금체계 개편 대응방안을 수립하여 법률적 안정성을 제고함. 업무진행과정에서 노동조합과 원만한 관계유지가 매우 중요함.	20%	통상임금 관련 행정해석과 판례분석을 통한 당사의 정기상여금과 각종 수당의 통상임금성을 분석함. 당사의 경우 정기상여금이 통상임금으로 인정될 가능성이 매우 높은 것으로 검토되었으며 향후 임금체계 개편인 필요한 것으로 판단됨.	잘한점 부족한점	당사 임금항목의 통상임금성 명확한 진단. 노동조합과 소통부족으로 현수막 게시 및 갈등 발생함.	노동조합과의 소통창구 마련을 위한 별도의 조치가 필요하며, 담당자의 업무조정을 고려할 필요가 있음. (우수, 보통, **미흡**)
				100 %				

story

27

인사평가 시행 시 실무적 핵심포인트는 무엇일까?

Storytelling

김대리는 인사평가 시행을 준비하고 있다. 목표합의와 수시코칭을 잘 진행하였기 때문에 금년도 인사평가는 공정하게 이루어질 수 있을 것으로 기대하고 있다. 그런데 김대리는 인사평가 시행을 앞두고 평가면담 방법, 평가시행 시 유의사항, 평가피드백 방법 등 여러 가지 궁금한 사항이 생겨났다. 그렇다면 인사평가 시행 시 실무적 핵심포인트는 무엇일까?

Coaching

목표합의와 수시코칭을 잘 진행하였다면 성과관리의 8부능선은 넘은 것으로 보아도 된다. 하지만 성과관리를 잘 마무리하기 위해서서는 마지막 관문인 인사평가를 성공적으로 시행하여야 한다. 그렇다면 이번 스토리에서는 인사평가 시행 시 주요이슈에 대해서 살펴보도록 하자. 아래 그림은 인사평가 시행 시 일반적인 절차를 나타낸 것이다.

먼저 1단계는 평가표 작성 단계이다. 피평가자는 평가표를 작성하고 본인평가를 시행하게 된다. 2단계는 평가 사전면담 단계이다. 평가 사전면담은 1차평가자와 피평가자간에 사전에 작성된 평가표를 기초로 이루어진다. 3단계는 평가시행 단계이다. 1차평가자는 성과목표를 기준으로 평가점수를 부여한다. 그리고 보통 3등급(예 : A,B,C) 정도로 구분하여 가(假)등급을 부여한다. 4단계는 평가등급 논의 단계이다. 2차평가자와 1차평가자는 평가등급의 결정을 위하여 깊이 있게 논의를 진행한다. 이후 2차평가자는 1차평가자가 부여한 가(假)등급을 참고하여 평가등급을 부여한다. 5단계는 평가결과 최종확정 단계이다. 대표이사는 해당 인사평가를 종합적으로 검토하여 최종적으로 평가결과를 확정한다. 6단계는 평가피드백 면담이다. 1차 평가자는 확정된 평가결과를 피평가자에게 면담과정을 통하여 전달한다. 이와 같이 인사평가 절차를 간략히 설명할 수 있다. 그럼 이제부터 인사평가 단계별 핵심포인트에 대해서 살펴보자.

[인사평가 시행 절차]

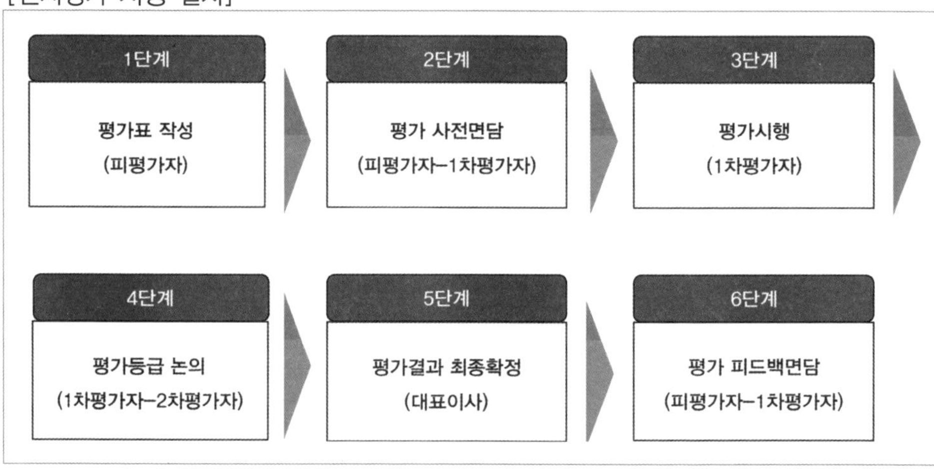

1단계 평가표 작성단계이다. 평가표 작성의 목적은 피평가자가 본인의 업무수행을 스스로 기술하는 절차를 통하여 평가의 수용성을 높이는 것이다. 즉, 피평가자 입장에서는 1년 동안의 업무수행을 자세히 기술할 수 있는 기회를 부여받은 것이라고 볼 수 있다. 따라서 평가표 양식은 본인의 업무수행을 자세히 기술할 수 있도록 서술형 방식이 바람직하다. 2단계 평가 사전면담 단계이다. 평가 사전면담의 목적은 피평가자가 1년동안의 업무수행의 과정과 결과를 평가자에게 설명하는 것이다. 따라서 면담의 주도권을 피평가자가 가지도록 해야 하며 평가자는 피평가자의 이야기를 경청하도록 하는 것이 중요한 포인트이다. 3단계 평가시행 단계이다. 평가시행 시 가장 중요한 것은 목표합의 내용을 기준으로 성과평가를 시행하는 것이다. 따라서 성과평가는 절대평가 방식으로 이루어지게 된다.

4단계 평가등급 논의 단계이다. 평가등급 논의 단계가 가장 우려스러운 점은 2차평가자가 1차평가자의 평가권을 무력화하는 것이다. 이러한 점을 방지하기 위해서 HR은 평가등급 논의 가이드라인을 운영하는 것이 반드시 필요하다.(예 : 2차평가자는 1차평가자의 평가등급을 1등급 범위내에서만 조정가능함. 2차평가자는 1차평가자의 평가점수를 수정할 수 없음 등) 5단계 평가등급 최종확정 단계이다. 평가등급 최종확정은 대표이사가 시행한다. 평가등급 최종확정 시 심각한 평가오류가 발생한 경우에는 인사평가를 반려하고 재평가를 시행하도록 한다. 6단계 평가 피드백면담 단계이다. 평가 피드백면담의 목적은 향후 업무수행의 변화를 계획하는 것이다. 따라서 평가자는 피평가자에게 충분히 평가결과의 근거를 설명하고 평가결과에 대해서 이해를 구하는 것이 필요하다. 때로는 비공식적인 면담(Tea time 등)을 병행하는 것이 보다 효과적일 수 있다.

[인사평가 면담]

구분	인사평가 사전 면담	인사평가 사후 면담
목적	• 인사평가의 공정성 제고를 위한 시간임.(경청 중심)	• 향후 보다 나은 업무수행을 위한 시간임.(방향성 제시 중심)
준수사항	• 피평가자의 의견을 충분히 들어 주는 시간임. • 면담 전 피평가자의 성과 및 역량에 대한 충분한 사전 검토 후 면담에 임함. • 구체적 근거를 제시하며 설명함. • 면담 후 피평가자가 본인의 평가결과를 어느 정도 예측할 수 있도록 함.	• 평가결과를 설명하는 시간임. • 면담 전 인사평가 결과에 대한 근거를 충분히 검토 후 면담에 임함. • 상호간의 의견차이에 대한 설득이 필요함. • 면담 후 피평가자가 평가결과를 수용하고 동기부여 될 수 있도록 함.
금지사항	• 상호간의 의견차이가 발생할 수 있으며 무리한 설득은 지양함. • 면담을 정해진 가급적 시간내에 마치도록 노력한다. • 평가자가 일방적으로 면담을 진행하지 않는다.	• 자세한 근황 및 잡다한 이야기를 가급적 하지 않는다. • 면담을 정해진 시간내에 마치도록 한다.(향후 비공식적 방법을 병행하는 것이 필요함) • 면담 시 다른 직원과 비교하지 않는다.

지금까지 인사평가 시행 시 핵심포인트에 대해서 살펴보았다. 인사평가 시행은 성과관리의 마지막 단계이자 새로운 성과관리를 시작하는 준비단계의 의미가 있다. 따라서 평가자가 평가시행 시 단계별 목적을 명확히 이해하는 것이 매우

중요하다. 따라서 회사는 매년 평가시행 전 평가자 교육을 반드시 시행해야 할 것이다.

[성과관리 핵심 Framework]

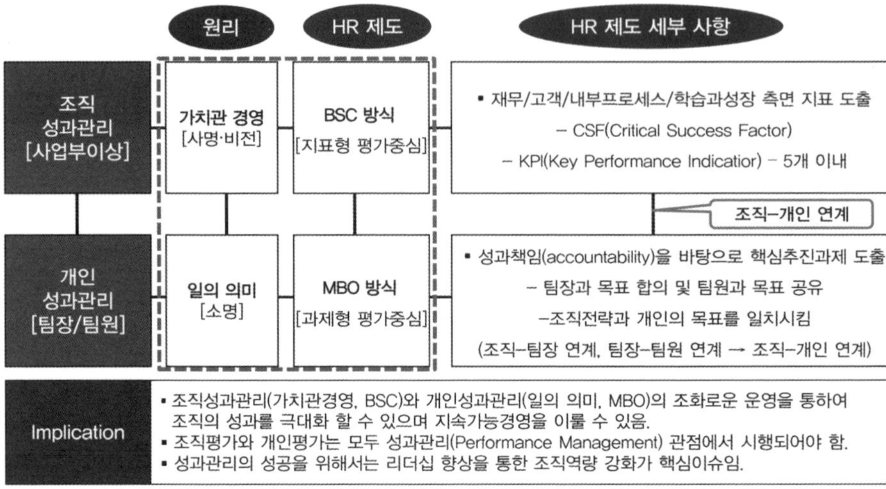

※ '팀장의 성과관리' 수정 인용

HR 실무 적용 Point

1. 인사평가 시행은 '평가표 작성 - 평가 사전면담-평가시행-평가등급 논의-평가결과 최종확정-평가 피드백 면담'으로 진행된다.
2. 인사평가 시 평가자가 평가단계별 목적을 명확히 이해하는 것이 반드시 필요하다.
3. 평가자를 대상으로 매년 인사평가자 교육을 시행하도록 한다.

참고자료 : 성과평가표 작성 예시

NO	주요 업무 활동	성과목표 [중점추진 과제]	세부 추진 계획	평가 비중	평가 지표	목표 수준	세부 추진 실적	달성도	본인평가	평가자평가	평가점수
1	인재 유지	경력 사원의 안정적 운영	경력사원의 유지율을 제고하기 위하여 경력사원 채용제도를 개선함.	20 %	경력사원 유지율 [정성·**정량**]	경력사원 유지율 70% (전년도 경력사원 유지율 50%)	경력사원 면접기준 마련하고 구조화된 면접방식을 도입함(경력사원 유지율 73.5%)	105 %	우수	우수	18 점
2	핵심 인재 확보	신입사원 면접 제도 개선	신입사원 채용 면접 시 프리젠테이션 면접, 집단토론 면접 등을 도입하여 당사에 적합한 핵심인재를 확보함	20 %	업무완성도 기한준수도 개선노력도 [**정성**·정량]	프리젠테이션 면접과 집단토론 면제제도를 도입하고 인재의 수준을 향상시킴	신입사원 면접 시 프리젠테이션면접과 집단토론 면접으로 도입하고 추가적으로 직무별 직무프로파일을 작성함.	달성	우수	매우우수	20 점
3	인사 평가 공정성 향상	인사 평가제도 개편방향 수립	외부 컨설팅 기관을 통하여 현재 인사평가제도의 문제점을 진단하고 인사평가제도 향후 개편방향을 수립함	20 %	업무완성도 기한준수도 개선노력도 [**정성**·정량]	당사에 적합한 인사제도의 방향성을 수립함.	인사평가제도 검토 및 개선방향을 수립하지 못함	미달성	미흡	매우미흡	12 점
4	보상 시스템 업무 효율성 제고	보상제도 전산 프로그램 개발	계약직 직원에 대하여 기본인적사항관리, 근태관리, 임금관리, 연차관리 등을 수행할 수 있는 보상제도 전산프로그램 개발을 연말까지 완료함.	20 %	전산 프로그램 개발 진행률 [정성·**정량**]	연말까지 100%개발	계약직 직원 보상프로그램 전산화를 100% 완료함. 업체 선정 및 업무진행이 계획대로 원만하게 이루어짐	100 %	우수	우수	18 점
5	인력 운영의 안정성 강화	신입 사원의 안정적 운영방안 수립	신입사원에 대한 멘토링 등 조기정착화 프로그램 구축 및 실행	10 %	신입사원 유지율 [정성·**정량**]	신입사원 유지율80% (전년도 신입사원 유지율 60%)	멘토링제도를 도입하였음(신입사원 유지율75%)	93.8 %	보통	보통	8 점

<table>
<tr><td>6</td><td>근로 시간 단축 대응</td><td>근로시간 단축에 대비한 인력운영 개편방안 수립</td><td>현재 2조 2교대제의 문제점을 진단하고 향후 근로시간 단축에 대비한 교대제 개편 및 인력운영방안을 수립함.</td><td>10 %</td><td>업무완성도 기한준수도 개선노력도 [정성·정량]</td><td>생산량을 유지하면서 인건비가 최소로 증가하는 교대제 개편계획을 수립함</td><td>근로시간 단축에 대비하여 생산직의 경우 4조 3교대를 도입하였고 사무직의 경우 유연근로시간제도를 시범 운영하였음.</td><td>달성</td><td>보통</td><td>보통</td><td>8점</td></tr>
<tr><td></td><td></td><td></td><td></td><td>100 %</td><td></td><td></td><td></td><td></td><td></td><td></td><td>84점</td></tr>
</table>

<table>
<tr><th>구분</th><th>세부항목</th><th>본인 의견</th><th colspan="2">평가자 의견</th></tr>
<tr><td rowspan="7">성과목표별</td><td rowspan="2">경력사원의 안정적 운영</td><td rowspan="2">경력사원 유지율을 50%에서 73.5% 향상시킴. 특히, 과장급 이상의 경력사원 유지율은 90% 수준임. 경력사원 인사관리의 안정화를 통하여 조직성과 향상에 크게 기여한 것으로 판단됨.</td><td>잘한 점</td><td>경력사원 유지율 향상(50% → 73.5%)은 조직성과 향상에 기여하였음.</td></tr>
<tr><td>개선해야 할 점</td><td>경력사원 채용 시 경력검증 절차를 별도로 수립하여야 할 것으로 보임.</td></tr>
<tr><td rowspan="2">신입사원 면접 제도 개선</td><td rowspan="2">직무분석을 통하여 직무프로파일을 작성하여 직무중심 인사관리 기반을 구축함. 이를 바탕으로 프리젠테이션 면접, 집단토론 면접 등 직무특성을 고려한 면접으로 보다 적합한 인재(right people)를 확보하였음.</td><td>잘한 점</td><td>직무분석은 매우 시간과 노력이 많이 소요되는 업무임에도 불구하고 기존 업무를 수행하면서 성공적으로 마무리함. 또한 직무특성을 반영한 면접제도는 향후 인재선발에 많은 도움을 줄 것으로 보임.</td></tr>
<tr><td>개선해야 할 점</td><td>없음</td></tr>
<tr><td rowspan="2">인사평가제도 개편방향 수립</td><td rowspan="2">인사평가는 기존 제도를 유지하는 수준으로 운영됨. 목표수립 후 별도의 평가제도 개선업무를 수행하지 못함.</td><td>잘한 점</td><td>없음</td></tr>
<tr><td>개선해야 할 점</td><td>인사평가의 공정성 제고가 부서목표이었음에도 불구하고 인사평가 개선 업무가 진행되지 못하였음. 인사평가제도 개편에 대하여 별도의 논의를 통하여 다음해에 재추진하는 것이 필요한 것으로 판단됨.</td></tr>
<tr><td>보상제도 전산프로그램 개발</td><td>계약직 직원에 대한 보상 전산화를 완료하여 업무효율성을 제고함. 또한 계획대로 연내 모든 일정을 완료함.</td><td>잘한 점</td><td>계약직 직원에 대한 보상 전산화를 기한 내 완료함. 보상전산화를 통한 업무효율성 제고를 통하여 향후 계약직 급여담당 인력축소를 검토할 예정임(현재 2명 → 향후 1명)</td></tr>
</table>

		구분	평가
		개선해야 할 점	아르바이트 직원에 대한 근태관리 시스템의 보완이 필요함.
신입사원의 안정적 운영방안 수립	신입사원의 안정을 위하여 멘토링 제도를 도입하였음. 멘토링을 통하여 신입사원의 조기정착화에 기여함.	잘한 점	동종업계 벤치마킹을 통하여 당사에 적합한 신입사원 멘토링 제도를 도입함.
		개선해야 할 점	멘토링 제도 시행 과정에서 멘토에 대한 추가적인 메리트 부여(승진가점, 포상 등)가 필요할 것으로 보임.
근로시간 단축에 대비한 인력운영 개편방안 수립	주52시간제 도입에 대비하여 교대제 개편과 유연근로시간제도를 도입하였음. 향후 근로시간 관련 법적리스크를 해소하였음.	잘한 점	생산직 4조 3교대제 도입이 매우 성공적으로 이루어졌다고 생각됨.
		개선해야 할 점	사무직 유연근로시간제 도입 시 근로자의 의견 수렴 절차가 충분히 이루어지지 않아서 연구직 근로자의 반대가 상당히 강하게 발생하였음. 향후 인사제도 도입 시 근로자와 충분히 소통하는 것이 요구됨.
총평	올해 대상포진 등 건강상의 문제가 많이 있었음. 그럼에도 불구하고 성과목표를 성공적으로 수행하였다고 판단됨. 특히 주52시간제 도입이전에 교대제 개편 등을 완료하였음.	전반적으로 인사제도 개선을 성공적으로 수행한 것으로 보임. 특히 신입사원과 경력사원의 채용제도 개선을 통하여 인력운영의 안정성이 상당히 높아진 것으로 판단됨. 다만, 인사평가제도 개선이 이루어지지 못해서 인사평가의 공정성이 작년보다 하락한 것으로 나타남. 또한 건강악화에도 불구하고 큰 문제없이 업무를 수행하였음.	

평가점수	우수(90점 이상)	보통(70점 이상~90점)	미흡(70점 미만)
84점	VG	**GD**	NI

참고자료 : 인사평가 컨설팅 사례(공공기관)

회사 현황

구분	내용
회사명	000000
유형	국내 / 공공기관
주요 서비스	IT서비스 관련
인원수	약 600명
인력구성	석사 이상 연구인력 다수
매출액	정부예산을 중소기업에 집행함
특징	위탁집행형 기관
컨설팅 기간	2016년 3월 ~ 2016년 4월
비고	노동조합 4개(복수노조)

컨설팅 시행 배경

▪ 평가제도 운영 상 심각한 문제점 발생
1. 5년 전 평가제도 설계(정교한 계량지표 中心)
2. 시행 1년차 : 쉬운 계량지표 선택 경향 발생
3. 시행 2년차 : 목표수준의 하향 조정 현상 발생
4. 시행 3년차 : 전체 구성원의 80% 성과목표 달성
5. 시행 4년차 : 전체 구성원의 대부분 성과목표 달성
6. 시행 5년차 : 노동조합의 성과평가 시행반대로 성과평가 시행 보류, 역량평가만 시행
7. 성과평가제도 컨설팅 5년만에 정액 인상방식으로 회귀
8. 평가제도 개선 방안 도출 필요성 증대

컨설팅 핵심포인트

1. 평가제도 진단 시행
2. 수시평가 중심의 평가제도 개선 방안 도출
   : 평가의 예측 가능성 제고를 통하 평가 공정성 향상
3. 정량적 평가지표와 정성적 평가지표의 조화로운 운영
4. 과제중심의 목표합의 시행
5. 평가제도 설문조사 정기시행(평가자와 피평가자에게 동일한 평가관련 질문 제시)
6. 평가자 교육을 통한 평가자 성과관리 역량 향상
   : 성과의 정의, 지표와 과제의 차이, 수시코칭 필요성 등
6. 노동조합의 동의를 통한 제도 실행

참고자료 : 인사평가 컨설팅 사례(중견기업)

회사 현황

구분	내용
회사명	00주식회사
유형	국내기업
주요 서비스	축산물 관련
인원수	약500명
매출액	약 3000억(2015년)
특징	오리생산 및 유통
컨설팅 기간	2017년 6월 ~ 2017년 8월
비고	대기업으로 도약을 시도하고 있음

컨설팅 시행배경

1. 기업의 규모는 상당히 성장하였으나 인사제도가 설계되지 않은 상황임
2. 경영진은 중견기업으로 도약하기 위해서는 인사제도의 필요하다는 점을 인식함.
3. 직무관리, 평가관리, 보상관리 등 인사제도를 통한 공정한 인사관리를 고민함.

컨설팅 핵심포인트

1. 인사제도 설계 후 운영 코칭 시행
   가. 성과관리 1년차 – 제도 운영을 위한 성과관리 교육
   나. 성과관리 2년차 – 성과향상을 위한 리더십 교육
2. 리더에 대한 성과관리 역량 교육의 지속적 시행
   : 목표합의 – 수시코칭 – 평가자 교육
3. 경영진의 적극적인 참여와 지지
4. 직무분석, 평가제도 설계 후 보상제도 설계 시행
5. 리더 간담회 등을 통한 지속적인 제도 보완
6. 성과책임(accountability)의 도출과 지속적 정교화

참고자료 : 인사평가 컨설팅 사례(중소기업)

회사 현황

구분	내용
회사명	00주식회사
유형	국내 / 주식회사
주요 서비스	자동차 에어백 및 카시트 생산
소재지	서울 본사, 대구 공장
인원수	약 330명
매출액	약 800억(2016년)
특징	현대자동차 1차 벤더
컨설팅 기간	2018년 11월 ~ 2019년 2월
비고	조직진단 후 인사제도 컨설팅 시행

컨설팅 시행 배경

1. 조직관리의 총체적인 문제점 발생(사직률 증가, 조직기강 해이, 부서간 갈등 발생)
2. 직무분석을 통한 직무중심 인사관리 기반 구축 필요
3. 평가제도 구축을 통한 합리적 인사제도 설계 필요
4. 평가와 보상이 연동되는 보상시스템 설계 필요

컨설팅 핵심포인트

1. 조직진단을 통한 명확한 조직변화 방향성 설정
2. 직무관리 시 직무분석, 적정인력산정, 위임전결기준 설계 등 종합적 직무시스템 구축
3. 평가제도 설계 시 성과책임(accountability)를 바탕으로 성과관리 및 역량관리 제도 설계
4. 다면평가제도를 통하여 조직 내 협업 강화
5. 新 인사제도 운영 시 컨설턴트 주1회 상주를 통한 인사제도의 실질적 실행

04 심층학습

평가제도의 법률적 리스크 최소화 방안

Ⅰ. 인사평가의 법률적 리스크란?

2015년 6월 대법원은 "원고들에게 합리적인 이유 없이 부당한 인사고과를 하였으므로 원고들에 대한 인사고과는 재량권을 남용한 것으로서 위법하다"라고 판시하였다(대법 2015.6.24. 선고, 2013다22195 판결). 이와 같이 대법원은 인사평가의 법률적 정당성에 대해서 판단하고 있다. 그렇다면 이제 기업은 인사평가의 법률적 정당성을 어떻게 확보할 것인가에 대한 고민을 시작해야 할 것이다.

그럼 이제부터 평가제도의 법률적 리스크 최소화 방안을 깊이 있게 살펴보자. 먼저, 인사평가의 법률적 리스크란 무엇인지 살펴본 후, 인사평가를 구조적, 절차적, 운영적 측면으로 구분하여 법률쟁점을 정리할 예정이다. 그리고 마지막으로 계약직 등 인사노무 이슈와 인사평가를 연계하여 살펴볼 것이다.

1. 인사평가의 법률적 리스크는 왜 발생하는가?

그렇다면 인사평가의 법률적 리스크란 무엇인가? 과거 인사팀은 인사평가를 설계할 때 법률적 리스크를 검토하지 않았다. 왜냐하면 인사평가와 관련하여 소송 등 법률분쟁이 기의 발생하지 않았기 때문이다. 그러나 최근 인사평가 결과에 따라서 계약종류, 징계처분, 전보 등 인사조치가 이루어지게 되면 근로자는 해당 인사조치의 근거가 되는 인사평가의 정당성에 대해서 노동위원회 또는 법원에 문제를 제기하는 일이 많아지고 있다. 즉, 인사평가가 공정하지 않았다면 인사평가에 근거한 인사조치는 부당하다는 주장인 것이다. 그러므로 이제 기업은 인사평가를 설계 시 향후 소송 등에 대비하여 인사평가의 법률적 정당성을 확보하여만 하는 것이다.

2. 최근 대법원 판례를 통해 살펴보는 인사평가의 법률적 리스크

첫 번째 판례는 2015년 1월 15일 선고된 대법원 판례[15]이다.

15) 대법 2015.1.15. 선고, 2012두18868 판결

① 원고가 마련한 정규직 전환을 위한 기준상으로는 기간제 근로자인 부서원의 정규직 전환에 관한 근무평가는 부서장, 담당임원, 대표이사로 이어지는 3단계 평가 절차를 거치게 되어 있는데, 참가인들에 대한 부서장 평가 결과 의견이 만 2년 근무자에게는 부적절한 '계약직 유지'임에도 담당임원은 의견란에 아무런 기재나 표시를 하지 않은 채 서명만 하였으므로, 참가인들에 대한 담당임원의 평가가 없었다고 보아야 하고, ② 여러 사정에 비추어 볼 때 참가인들에 대한 담당임원의 의견제시가 매우 중요한 상황이었는데도 그것이 없었던 평가절차 상의 잘못은 중대하다고 할 수 있으며, ③ 부서장이 법률전문가나 인사전문가가 아닌 등의 이유로 그 평가가 합리적이고 공정하였는지 의구심이 들 뿐만 아니라, 계약직 유지'라는 평가 결과의견이 반드시 정규직 전환 대상이 아니라는 취지라고 해석할 수도 없고, ④ 이와 달리 보게 되면 사용자인 원고는 평가 결과의견을 자신 마음대로 해석할 수 있게 되어 정규직 전환 기준과 절차는 객관성과 공정성을 상실하게 된다는 것이다.

본 판례는 인사평가의 공정성을 판단하는 몇 가지 중요한 기준을 제시하고 있다. 첫 번째, 평가자가 평가제도를 잘못 이해하였다는 점을 지적하고 있다. 만 2년 근무자에게는 '계약종료' 또는 '정규직 전환' 중 선택하여 평가하여야 함에도 불구하고 '계약직 유지'라는 평가를 한 것을 말하는 것이다. 두 번째, 평가절차상 거치도록 되어 있는 담당임원의 의견제시가 없다는 것을 지적하고 있다. 담담임원이 의견을 제시하지 않고 서명만 하였다는 것은 매우 중대한 평가절차상 하자에 해당한다고 본 것이다. 세 번째 부서장이 법률전문가나 인사전문가가 아니라는 점을 지적하고 있다. 부서장이 법률전문가나 인사전문가가 아니므로 평가가 합리적이고 공정하였는지 의구심이 든다는 것이다.

이러한 대법원의 판단을 일반적인 우리나라 기업의 인사평가에 적용해 보면 어떨까? 첫 번째 판단기준과 관련하여 살펴보면, 많은 기업들의 평가자는 평가제도를 정확히 이해하지 못하여 평가기준과 절차를 잘못 적용하고 있는 경우는 다반사로 발생하고 있다. 두 번째 판단기준과 관련하여 살펴보면, 임원이 평가의견란을 작성하는 경우는 매우 드물며 심지어 서명을 하지 않는 경우도 많이 있다. 세 번째 판단기준과 관련하여 살펴보면, 모든 기업의 부서장은 법률전문가와 인사전문가가 아닌 해당 직무전문가 또는 일반관리자이다. 그렇다면 상기 대법원의 판단기준이 보통의 일반기업의 인사평가에 적용된다면 어떠한 결과를 가져오게 될까? 아마도 대부분의 경우 인사평가의 정당성이 인정되기는 어려울 것이라고 생각된다. 그렇다면 기업은 인사평가를 어떻게 시행해야 할까? 대법원의 판단기준을 모두 만족시키는 인사평가는 매우 어려울 것이라고 생각된다. 첫 번째와 두 번째 판단기준은 평가제도를 정확히 이해하고 절차를 준수하면 가능하다고 볼 수 있다. 그러나 세 번째 판단기준인 기업의 부서장이 법률전문가와 인사전문가가 아니라는 지적은 인사담당자를 맨붕으로 이끌어 가기에 충분하다. 인사평가의 공정성을 위해서 모든 부서장을 공인노무사와 HR컨설턴트로 바꾸라는 이야기로 들릴 수 있기 때문이다. 물론 대법원의 메시지는 부서장이 법률전문가와 인사전문가가 아니기 때문에 평가자 교육 등을 강화해서 평가의 공정성을 제고하라는 의미일 것이다. 이와 같이 대법원의 인사평가에 대한 판단은 우리나라 기업의 인사평가 설계와 운영의 큰 변화를 요구하고 있다.

두 번째 판례는 2015년 6월 24일 선고된 대법원 판례[16]이다.

> 피고가 부진인력 관리계획을 수립한 후 원고들이 포함된 부진인력 대상자에게 인사고과, 업무분담 등에서 불이익을 주는 차별정책을 시행하였고, 원고들에게 합리적인 이유 없이 부당한 인사고과를 하였으므로 원고들에 대한 인사고과는 재량권을 남용한 것으로서 위법하다.

본 판례에서는 구체적으로 6명의 인사평가의 공정성을 판단하고 있다. 대법원이 판단기준으로 제시한 것을 몇 가지 소개하면 다음과 같다.

첫 번째, 「강○문의 경우 불성실성의 근고로 지적된 '오후 6시 15분경 상시퇴근'은 피고 회사의 일반적인 업무종료시간이 '오후 6시'인 점에 비추어 볼 때 이를 불성실의 근거로 삼기 어려운 점 등에 비추어 볼 때 원고 강○문에 대한 피고 회사의 2009년도 인사고과는 객관적이고 공정한 기준에 의건 것으로 보기 어렵다」라고 판시하였다. 즉, 퇴근시간 보다 15분 이상 늦게 퇴근한 근로자에게 퇴근시간을 불성실의 근거로 삼는 것을 인정할 수 없다는 것이다. 많은 회사가 동료 근로자와 퇴근시간을 비교하여 성실성을 판단하는 것에 대한 부당성을 지적한 것이라고 볼 수 있다.

두 번째, 「김○광의 경우 인사평가는 개인성과평가, 역량평가, 다면평가로 구분하여 시행되는 것임은 앞서 살펴본 바와 같은바, 원고 김○광에 대한 인사평가는 개인성과평가, 역량평가, 다면평가 등으로 구분됨이 없이 현장 MOT실적 및 ITE 개인별 개통건수에 의해서만 평가되었음을 볼 때 원고 김○광에 대한 피고 회사의 2009년 인사고과가 객관적이고 공정한 기준에 의한 것이라고 인정하기 어렵다」라고 판시하였다. 즉, 평가제도를 준수하지 아니한 인사평가의 공정성을 인정하지 않은 것이다. 대부분

16) 대법 2015.6.24. 선고, 2013다22195 판결

은 기업들은 인사평가 기준과 규정을 여러 가지 회사 사정을 이유로 지키지 못하는 경우가 많이 있다. 이와 같이 인사평가 기준과 규정을 준수하지 아니한 경우에는 인사평가의 공정성을 인정받기 어려울 것이다.

세 번째, 「김○덕의 대한 팀장 평가 항목인 개인성과평가 58점과 역량평가 59점은 그 구체적인 부여근거가 없는 점 등을 볼 때 원고 김○덕에 대한 2009년도 인사고과는 객관적이고 공정한 기준에 의한 것으로 보기 부족하다」라고 판시하였다. 대부분의 기업의 인사담당자는 점수에 의한 평가는 공정성을 인정받을 수 있는 것으로 이해하고 있다. 그러나 상기 판례와 같이 아무런 근거를 제시하지 못하는 점수는 인사평가의 공정성을 인정 받지 못할 가능성이 높다. 상기 판례는 법원이 이 정도로 인사평가의 구체적인 내용에 대해서 판단을 하고 있다는 사실을 우리에게 알려주고 있는 매우 의미있는 사례라고 생각된다.

3. 인사평가의 법률적 리스크를 바라보는 관점

그럼 기업은 인사평가의 법률적 리스크에 대해서 어떻게 대비해야 할까? 필자는 먼저 인사평가의 법률적 리스크를 바라보는 관점에 대하여 고민할 것을 제안하고 싶다.

임금과 법률적 리스크에 대하여 생각해보자, 대부분의 인사담당자는 임금의 지급 시 최저임금 위반여부 검토, 임금지급 4대원칙(직접불, 전액불, 통화불, 정기불) 위반여부 검토 등 많은 법률적 리스크를 검토한다. 즉 임금의 법률적 리스크를 당연하게 검토하고 있다는 것이다. 임금의 법률적 리스크의 경우에도 임금지급 시 많은 문제가 생기면서 판례가 축적되고 법률이 제정된 것이라고 볼 수 있다. 또한 채용의 경우도 살펴보자. 인사담당자는 근로계약 시 근로조건의 서면명시 등 다양한 법률적 리스크를 검토한다. 최근 채용절차 공정화에 관한 법률이 시행되면서 입사지원시점부터 법률적 리스크를 관리하고 있다. 이직의 경우는 어떠한가? 해고분쟁, 퇴직금, 실업급여 수급 등 이직 시 인사담당자는 매우 다양한 법률적 리스크를 관리하고 있다. 이와 같이 인사담당자는 인사기능을 수행 시 매우 당연히 법률적 리스크를 관리하고 있는 것이다.

그러나 지금까지 인사평가의 법률적 리스크는 관리의 대상이 아니었다. 이제부터는 인사평가의 법률적 리스크도 기업이 관리해야 할 당연한 리스크로 바라보는 시각이 필요하다. 인사평가의 법률적 리스크를 특별한 리스크 관리 차원이 아니라 임금, 채용, 이직 등에서 법률적 리스크를 관리하듯이 인사평가의 법률적 리스크를 관리하는 것이다. 이러한 시각은 기업이 인사평가의 법률적 리스크 관리를 매우 당연한 것으로 바라보도록 할 것이다.

마지막으로 인사평가의 법률적 리스크를 바라보는 관점에서 부탁하고 싶은 이야기가 있다. 필자는 정기상여금 등 통상임금의 쟁점에서 매우 안타까운 현실을 경험하였다. 기업은 동기부여를 위하여 임금을 지급한다. 그러나 통상임금의 법적 쟁점이 너무나 부각되어 임금 지급의 본연의 목적을 상실하고 법적안정성만을 확보하려는 기업을 많이 만나게 된 것이다. 예를 들어 각종 수당에 대하여 재직자 기준 적용 등 통상임금에서 제외되는 요건을 추가하여 통상임금에서 제외 할 수는 있었으나 임금의 본질적인 목적인 동기부여 기능을 상실하고만 것이다. 통상임금 사례는 인사평가의 법률적 리스크 관리에 많은 시사점을 전해 주고 있다.

인사평가의 법률적 리스크 관리는 중요하다. 그러나 인사평가는 성과관리를 위해서 시행한다는 점을 잊지 말아야 한다. 성과관리를 위한 인사평가 제도를 설계하고 이러한 인사평가가 법률적 안정성까지 갖추게 된다면 우리 직원은 회사의 인사제도를 신뢰하게 될 것이다. 다시 한번 강조하지만 성과관리의 성공적 운영이 인사평가의 주목적이며 법률적 리스크 관리는 인사평가의 보조적인 목적이다. 주객이 전도되는 안타까운 일이 발생해서는 아니 될 것이다.

Ⅱ. 인사평가 구조적 측면의 법률쟁점

회사가 인사평가 제도를 설계할 때 인사평가의 구조를 결정하는 것은 인사평가의 목적 달성을 위해서 가장 중요한 이슈이다. 그리고 인사평가의 설계 시 반드시 고려해야 할 구조적 측면의 법적 안정성 요소가 있다. 그럼 이제부터 인사평가의 구조적 측면의 법률쟁점을 상대평가와 절대평가, 다면평가를 중심으로 살펴보자.

1. 상대평가를 할 것인가? 절대평가를 할 것인가?

인사평가의 구조 설계 시 회사는 먼저 상대평가 방식과 절대평가 방식 중 한 가지를 선택한다. 그리고 대부분의 회사는 평가결과를 평가등급별로 차등하여 인사관리에 적용하기 위해서 상대평가를 많이 선택하고 있는 것으로 보인다. 그러나 상대평가 방식은 인사평가의 법률적 정당성 측면에서는 매우 취약하다. 즉, 10명 중의 10등이 반드시 성과가 나쁘다고 단정할 수 없다는 것이다. 따라서 법원은 인사평가제도가 상대평가로 이루어질 경우 인사평가의 정당성을 제한적으로 인정하고 있다. 그럼 이제부터 법원이 상대평가에 대해서 법률적 정당성을 인정한 경우와 부정한 경우로 나누어 살펴보고 시사점을 도출해 보고자 한다.

가. 상대평가의 정당성을 부정한 사례

첫 번째 사례는 인사고과 지침 상 절대평가를 실시하여야 하나 상대평가를 실시한

은행 텔러관련 판례이다. 법원은 "운용 지침에는 근무 성적 평가 방법이 소정의 양식에 따라 절대평가로 실시하며 취득 점수를 기준으로 5개 등급으로 구분하여 평가한다고 규정하고 있었고, 이에 따르면 2006년도 상 · 하반기, 2007년도 상반기에 참가인의 정당한 인사 고과는 모두 B등급에 해당함에도, 원고는 이와 달리 2006년도 상 · 하반기, 2007년도 상반기의 근무 성적을 모두 상대 평가로 실시하여 2006년도 상 · 하반기 각D등급, 2007년 상반기 C등급으로 산정하였는 바, 이는 사용자에게 취업규칙을 지키고 성실하게 이행할 의무를 부과하고 있는 근로기준법 제5조에 위반한 것으로 위법하다"[17]라고 판시하였다. 이는 상대평가와 절대평가는 매우 다른 평가방식이므로 평가지침 상 절대평가인 경우에 이를 위반하여 상대평가를 실시하였다면 정당성이 인정될 수 없다는 판결이다. 많은 기업들이 평가규정과 실제 평가제도를 다르게 운영하고 있다. 그러나 상기 판례에서와 같이 평가규정에 근거하지 않은 평가결과는 정당성을 인정받기 어려울 것이다. 따라서 회사가 평가규정 및 지침 제정 시 향후 시행을 전제로 하여 매우 신중을 기해야 할 것으로 생각된다.

두 번째 사례는 상대평가 방식에 따라 4회 연속 최하위 등급의 인사고과를 부여한 건축사 사무소 직원 관련 판례이다. 법원은 "원고 회사의 인사고과제도는 절대평가방식이 아닌 상대평가방식이므로 단지 인사고과에서 최하위등급을 받았다는 것만으로 참가인의 업무능력이 객관적으로 불량하다고 단정할 수 없으므로 참가인이 4회 연속 최하위 등급의 인사고과를 받았다는 사정만으로는 참가인의 근무성적이 사회통념상 고용관계를 유지할 수 없을 정도로 객관적으로 불량한 정도에 이르렀다고 보여지지는 않는다"[18]라고 판시하였다. 본 판결에서 우리는 상대평가의 경우에 최하위 등급이라는 이유만으로 객관적으로 업무능력이 불량하다고 볼 수 없다고 판결한 대목에 주목할 필요가 있다. 법원은 상대평가의 정당성을 매우 제한적으로 인정하고 있는 것이다. 또한 상기 판례에서 재미있는 몇 가지 사실관계가 있다. 소속부서장이 해당 근로자의 업무능력과 전문성이 인정된다고 평가하였다는 것이다. 평가등급은 최하위 평가인 E등급을 부여하면서 업무능력과 전문성이 인정된다는 평가가 양립할 수 있는지 의문이다. 또한 상기 근로자는 건축사 사무소에서 감리업무를 수행하였는데 감리업무 수행 중 대인관계에서 많은 문제점이 발생하였다. 근로자는 자신의 성격상 문제점을 인식하고 설계파트로 전보요청을 하였으나 회사가 이를 거절하고 별도의 업무를 부여하지 않은 것이다. 이와 같이 인사평가 결과 뿐만 아니라 그러한 인사평가 이전의 상황도 인사평가의 법률적 정당성에 매우 중요한 요소로 작용할 수 있다.

---

17) 서울행법 2008.12.18. 선고, 2008구합27865 판결

18) 서울행법 2006.1.27. 선고, 2005구합23879 판결

나. 상대평가의 정당성을 인정한 사례

첫 번째 사례는 2회 연속 인사고과에서 최하위 등급을 받아 징계해고 당한 방송국 PD 관련판례이다. 법원은 "원고에 대한 2회 연속 최하위등급으로 인과고과(평가등급은 S, A, B, C의 4등급으로 구분되어 있으며, S, A, B등급의 경우 일정비율이 주어지지만 C등급은 강제분포가 아닌 임의분포임)를 한 것이 원고에게 일방적으로 불리하게 평가된 것이라고 보기 어렵고, 따라서 원고가 2001년 하반기와 2002년 상반기 2회 연속 인사고과에서 최하위등급인 C를 받은 것은 취업규칙 제66조 제7호 소정의 징계사유인 인사고과규정 제21조 제3항에 해당한다 할 것이다."[19]라고 판시하였다. 본 판례에서 주목해야 할 부분은 C등급이 강제분포가 아닌 임의분포로 부여되었다는 점이다. 좀 더 사실관계를 살펴보면 C등급을 받은 사람은 총 1,200여 명 중 1998년과 1999년은 각 3명, 2000년 상반기에는 단 한명도 없었고, 2001년 상반기 3명, 2001년 하반기 1명에 불과하였다. 이는 C등급은 어떠한 업무수행도 어려운 상태의 등급이라고 해석할 수 있을 것이다. 이와 같이 C등급(최하등급)이 강제분포가 아닌 임의분포로 운영되었다는 점이 연속 C등급에 따른 징계해고의 정당성에 중대한 영향을 끼쳤다고 볼 수 있다.

두 번째 사례는 2년 연속 인사평가에서 최하위 등급을 받아 해고된 제철소 시험분석 업무 담당자 관련 판례이다. 법원은 "원고는 2년 연속 인사 평가에서 D등급(평가등급은 S, A, B, C, D 등급으로 구분되며 S등급 10%이하, A등급 10%이하, B등급 10%이하, C/D등급 10%이하로 구성됨)을 받는 등 이 사건 징계 사유의 내용과 그 정도, 종래 원고의 징계 전력 및 태도 등 제반 사정을 고려하여 볼 때, 이 사건 징계해고가 사회 통념상 현저하게 타당성을 잃어 징계권자에게 맡겨진 재량권을 일탈, 남용한 것이라고 할 수 없다."[20]라고 판시하였다. 본 사건의 사실관계를 살펴보면 근로자는 2004년 C등급, 2005년 C등급, 2006년 D등급, 2007년 D등급 등 연속해서 4년 동안 지속적으로 낮은 평가를 받았다. 또한 시험 분석 업무 담당자로서 데이터를 임의로 수정 기입하는 등 중대한 비위행위가 있었으며 상사의 업무지시를 정당한 이유 없이 지속적으로 불이행하기도 하였다. 즉, 상대평가 결과 뿐만 아니라 중대한 비위행위와 업무지시 불이행 등이 사유를 종합적으로 고려하여 인사평가의 정당성을 인정하였다고 볼 수 있다.

---

19) 서울행법 2004.12.28. 선고, 2003구합39306 판결

20) 서울행법 2009.2.3. 선고, 2008구합38551 판결

다. 절대평가 vs 상대평가 소결

결론적으로 상대평가는 법률적 정당성에 매우 취약한 제도이다. 따라서 회사는 절대평가를 시행하는 것이 반드시 필요하다. 회사의 인사관리 상 상대평가 결과가 필요하다면 절대평가를 먼저 실시한 후 상대평가 등급을 확정하는 것이 요구된다. 또한 최저등급은 강제분포가 아닌 임의분포로 운영하는 것이 필요하다. 부득이한 사정으로 상대평가만을 통하여 인사평가를 시행한다면 상대평가 결과만을 가지고 인사조치를 결정하기 보다는 지속적인 성과부진, 비위행위, 업무지시 불이행 등 다른 평가요소를 함께 고려하여 인사조치를 결정하는 것이 바람직하다.

2. 다면평가를 시행할 것인가?

다면평가는 한명이 평가하는 것이 아니라 상사, 동료, 부하 등 여러명이 평가하는 방식을 말한다. 다면평가는 평가의 공정성을 높일 수 있는 장점이 있는 반면 평가가 복잡해지며 위계질서의 혼란을 가져올 수 있다는 단점을 함께 가지고 있다.

다면평가는 인사평가의 법률적 정당성 측면에서 볼 때 매우 바람직한 제도이다. 법원은 "일반적으로 평가자를 소수로 하는 것보다는 다수로 하는 것이 소수자의 주관적인 평가에 의해 평가결과가 좌우될 염려에서 벗어나 객관성을 유지할 수 있는 점 등을 종합해 보면 참가인이 다면평가결과 80점을 넘지 않았다는 이유로 원고를 재 채용하지 않고, 이 사건 당연퇴직 처리한 것이 사회통념상 상당하다고 인정되는 합리적인 이유가 없다고 보기 어렵다"[21)]라고 판시하면서 다면평가결과에 따른 인사조치의 정당성을 인정하였다. 상식적으로 다면평가가 평가의 법률적 정당성에 도움이 된다고 생각할 수 있으나 어느 정도 도움이 될 지는 모호한 측면이 있는 것이 사실이다. 상기 판례는 인사평가의 법률적 정당성 판단에 있어서 다면평가의 영향력을 보여준 대표적인 사례이다. 상기 사건의 사실관계를 좀더 상세히 살며보면, 회사의 운용준칙은 "최근 2년간의 고과평정결과와 다면평가 결과가 각각 80점 이상이 자가 재채용 될 수 있다"라고 규정하고 있다. 그러나 근로자는 최근 2년간의 고과평정 결과 82.8점, 다면평가 결과 76.2점을 받았다. 즉, 재채용 되기 위해서는 인사고과와 다면평가 점수가 모두 80점을 넘어야 하지만, 해당 근로자의 경우 인사고과 결과는 80점을 넘었고 다면평가 결과는 80점을 넘지 못한 것이다. 그러나 회사는 다면평가 결과가 80점을 넘지 못했으므로 운용준칙에 따라서 당연퇴직 처리하였고 법원은 당연퇴직의 정당성을 인정하였다. 본 사건은 법원이 인사평가 시 다면평가의 정당성을 매우 높게 인정하고 있음을

21) 서울행법 2007.7.6. 선고, 2006구합33002 판결

보여 주는 사례라고 생각한다.

또한 법원은 "참가인이 위와 같이 5명의 수석연구원에 대한 4차례 근무성적평가 중 규정상 평가 및 다면평가에서 연속하여 모두 최하위 평정을 받았고 원고는 위와 같은 가장 낮은 평정에 대하여 이를 '하'로 보아 재임용 심사를 한 것이므로 비록 피고 주장과 같이 상중하로 구분하는 명백한 기준이 제시되어 있지 아니한 사정이 있다고 하더라도 이로써 이 사건 재임용 탈락 결정이 부당하다고 볼 수 없다[22)]"라고 판시하면서 인사평가의 정당성을 인정하였다. 본 사건에서 주목할 부분은 상대평가와 함께 다면평가가 이루어졌다는 점이다. 상대평가의 법률적 정당성은 제한적으로 인정되고 있다. 그러나 본 사건과 같이 상대평가와 다면평가가 함께 이루진다면 좀 더 폭넓게 인사평가의 정당성이 인정될 수 있을 것으로 판단된다. 따라서 회사가 근로관계의 종료 등 법률적 리스크가 높은 의사결정을 위한 인사평가를 시행할 경우에는 다면평가를 활용하는 것을 적극적으로 검토할 필요가 있다.

지금까지 상대평과와 절대평가, 다면평가 등을 중심으로 인사평가 구조적 측면의 법률쟁점을 살펴보았다. 이제 인사평가 시 절대평가를 시행하고 필요에 따라 다면평가를 활용할 것을 강하게 추천하고 싶다. 대부분의 회사가 MBO(Management by objectives)를 시행하고 있다. 목표에 의한 관리를 위해서는 당연히 연초에 설정된 목표를 달성했는가를 평가하는 절대 평가가 필요할 것이다. 또한 최근 협업(collaboration)이 기업성과의 핵심으로 등장하고 있다. 협업을 극대화하기 위해서는 상사뿐만 아니라 동료, 부하 등 다수의 평가자를 통한 다면평가를 시행하는 것이 바람직하다고 생각한다. 결론적으로 절대평가와 다면평가의 시행은 인사평가의 법률적 안정성의 위해서만이 아니라 인사평가의 공정성 확보라는 인사평가의 본질적 목적을 위해서 필요하다는 것을 반드시 기억할 필요가 있다.

Ⅲ. 인사평가 절차적 측면의 법률쟁점

인사평가의 설계는 평가구조와 평가절차의 설계로 이루어진다. 이번에는 인사평가의 절차적 측면의 법률쟁점에 대해서 살펴보고자 한다. 인사평가의 절차는 회사마다 매우 상이하다. 보통 기업의 성과관리의 과정은 '목표합의, 업무수행, 평가시행, 평가적용'의 과정으로 이루어진다. 이러한 과정은 경영관리의 측면에서 볼 때 크게 문제가 없어 보인다. 그러나 법률적 측면에는 그렇지 않을 수 있다. 평가결과의 적용 시 평가절차의 법률적 정당성이 확보되지 않는다면 향후 법률분쟁 등 다양한 문제가 발생할 가능

22) 서울고법 2006.11.14. 선고, 2006누2291 판결

성이 있다는 것이다.

1. 본인평가 절차

기업의 인사평가제도 설계 시 평가권자 설계는 매우 중요한 핵심이슈이다. 두기업의 예를 들어보자. A기업은 1차평가(팀장 : 70%)-2차평가(담당임원 : 30%), B기업은 본인평가(본인 : 0%)-1차평가(팀장 : 70%)-2차평가(담당임원 : 30%)로 평가권이 설계되어있다(괄호안의 숫자는 평가반영비율을 의미함). A기업과 B기업의 평가권은 다르다고 생각하는가? 동일하다고 생각하는가? 필자는 A기업과 B기업의 평가권이 매우 상이한 구조라고 생각한다. 구체적으로 살펴보자. A기업과 B기업 모두 1차평가와 2차평가로 구성되어있다. 그러나 A기업은 본인평가가 없으며 B기업은 본인평가가 실시되고 있다(B기업의 본인평가의 평가비율은 0%임). 이러한 차이는 과연 어떠한 의미가 있을까?

기업들은 본인평가의 중요성을 인식하지 못하는 경우가 많다. 상기 사례를 살펴보면 B기업의 경우 본인평가가 있으나 평가반영비율이 0%이기 때문에 아무런 의미가 없다고 생각하는 경우가 많은 것이다. 그러나 본인평가는 인사평가 절차로서 매우 큰 의미를 가지고 있다. 본인평가와 관련하여 법원은 "원고와의 재계약이 거부되어 이 사건 계약만료의 근거가 된 이 사건 인사평가상 나름의 객관성을 확보하기 위한 조치로서 본인평가를 먼저 시행하였으며, 위 각 기준은 근로자의 근무태도와 업무수행도 및 업무적응도 등을 평가할 수 있는 것으로서 일응 합리적으로 보이는 점,(중략) 참가인 회사의 원고에 대한 재계약 체결 및 그로 인한 이 사건 계약 만료에는 사회통념상 상당하다고 인정되는 합리적인 이유가 존재한다고 볼 것이다"[23]라고 판시하였다. 또한 유사한 사례로서 법원은 인사평가의 공정성이 인정된 사건에서 인사평가의 공정성 판단기준으로 "평가권자의 경우 1차로 반장이 2차로 총반장이 하여 크로스 체킹이 가능하도록 되어 있고, 나아가 마지막으로 평가대상자인 본인의 의견 및 건의내용도 추가하도록 되어 있어 어느 특정한 평가권자가 일방적이거나 자의적으로 평가를 하는 것이 쉽지 않도록 되어있다"[24]라고 판시하면서 '본인의 의견 및 건의내용 개진'의 중요성을 인정하고 있다. 이와 같이 본인평가는 인사평가의 법률적 공정성에 매우 중요한 요소로서 작용할 수 있다는 점을 고려할 때 인사평가 설계 시 반드시 본인평가를 평가절차에 포함시켜야 할 것이다.

23) 서울행법 2005.12.01. 선고, 2005구합20283 판결

24) 울산지법 2013.8.16. 선고, 2012가단562 판결

본인평가는 인사평가의 법률적 안정성측면 뿐 아니라 인사평가의 HR 수용성 측면에서 매우 중요한 요소로 인식하여야 한다. 보통 본인평가는 본인이 평가점수를 기재하는 것으로 인식하지만 본인평가를 좀 더 확장해 보면 평가표 상에 본인의 업무수행 결과를 기재하는 것으로 볼 수 있다. 최근 인사평가 시 서술평가를 강화하는 것은 본인평가의 확장된 모습이라고 생각된다. 즉, 본인이 평가항목별로 업무수행 결과를 자세히 서술하고 이에 대하여 본인평가를 실시하는 것이다. 이제 본인평가에 대하여 피평가자가 형식적으로 점수를 부여하는 절차로 인식하기 보다 피평가자 스스로가 수행한 업무성과를 평가권자에게 충분히 설명하는 기회를 제공하는 것으로 인식하는 것이 필요하다. 이를 통하여 인사평가의 공정성과 법률적 안정성이 동시에 제고될 수 있다.

2. 평가결과의 피드백 절차

필자는 다양한 컨설팅, 강의, 자문을 통하여 인사부서장들을 만나게 된다. 이러한 만남속에서 인사부서장에게 평가결과에 피드백이 이루어지고 있는지에 대하여 종종 묻는다. 그러나 의외로 인사평가 피드백을 하고 있지 않는 회사가 많으며 또한 이러한 인사평가 피드백을 해야 하는 이유를 알고 있지 못하는 경우도 많이 있다. 일반적으로 인사평가 결과의 피드백이란 인사평가 최종등급에 대하여 본인에게 통보해주는 것으로 볼 수 있다. 인사평가 피드백을 하지 않는다는 것은 마라톤 선수가 본인의 기록을 알지 못하고 계속 마라톤을 하고 있는 것과 다르지 않다고 생각한다. 회사에서 근로자는 업무를 수행하고 그 업무수행 과정과 결과를 평가받는다. 그렇다면 향후 업무성과의 향상을 위해서는 당연히 본인이 어떠한 평가를 받았는가에 대한 결과를 아는 것이 필요할 것이다.

이러한 인사평가 피드백은 법률적 정당성 측면에서도 매우 중요한 요소이다. 법원은 "인사고과규정 제15조 제3항에서 1차 고과자가 1차 고과등급 산출 후 별도의 양식에 고과등급을 기재하여 피고과자에게 배부하고 (중략) 참가인이 위와 같은 사유로 원고에 대한 징계로 해고를 선택하였다고 하더라도 그 징계 양정이 과중하여 징계권을 남용하였거나 일탈한 것이라고 볼 수 없다"[25]라고 판시하였다. 또한 법원은 "참가인이 담당하던 인사보조 업무는 비교적 단순하고 정형적인 업무였다 할 것인데 이미 수년간 같은 업무를 수행하여 왔음에도 불구하고 동일한 유형의 실수를 반복하였다는 점, 이러한 이유로 매년 인사고과에서 업무수행능력 및 지식을 향상시키라는 지시를 받았음에도 개선되지 아니하고 오히려 인사고과가 지속적으로 저하되고 있었다는 점에 비추

25) 서울행법 2004.12.28. 선고, 2003구합39306 판결

어 보면, 비록 해고로 인하여 참가인이 받게 될 불이익이 적지 아니하다 하더라도 원고가 참가인을 해고한 것이 지나치게 가혹하여 징계양정권을 일탈 · 남용한 것이라고 하기는 어렵다"[26]고 판시하면서 업무수행결과에 대한 피드백을 인사평가의 정당성의 매우 중요한 요소로 판단하고 있다.

이와 같이 인사평가 결과의 피드백은 매우 중요한 평가절차이다 그러나 왜 많은 기업에서는 인사평가 피드백 절차를 어려워하고 있는 것인가? 회사 또는 평가가자가 인사평가의 공정성에 대하여 자신감이 없기 때문이라고 생각한다. 인사평가 제도가 공정하지 못하기 때문에 당연히 인사평가 결과를 피평가자에게 알려주는 것이 더욱 어려운 것이다. 따라서 인사평가 결과의 피드백을 위해서는 먼저 인사평가 제도의 공정성을 제고하는 노력이 반드시 필요할 것이다.

그리고 인사평가 피드백과 함께 인사평가 면담의 중요성에 대해서 언급하고자 한다. 인사평가 면담은 크게 인사평가 사전 면담과 인사평가 사후 면담으로 나누어 볼 수 있다. 인사평가 사전 면담은 인사평가를 시행하기 전 평가자와 피평가자가 업무성과에 대하여 이야기하는 시간이다. 인사평가 사전 면담의 핵심요소는 피평가자의 이야기는 경청하는 것이다. 인사평가 사전 면담을 통하여 피평가자는 충분히 평가자에게 자신의 업무성과를 이야기 할 수 있는 기회를 갖게 되며 이러한 과정은 인사평가의 수용성을 높이게 된다. 그리고 인사평가 사후 면담은 인사평가 결과가 확정된 후 평가자가 피평가자에게 평가결과를 통보하는 시간이다. 인사평가 사후 면담의 핵심요소는 인사평가 결과의 원인을 설명하고 향후 성공적 업무수행을 약속하는 것이다. 이러한 인사평가 사후 면담을 통하여 평가자는 피평가에게 평가결과에 대하여 충분히 설명하고 피평가자의 이해를 구하는 것이 필요한 것이다. 앞서 설명한 인사평가 피드백은 인사평가 사후 면담의 일부라고 보아야 한다. 우리나라 대부분의 기업들이 인사평가 피드백을 단순히 평가결과만을 이메일 등으로 통보하는 것으로 인지하고 있는 것은 매우 아쉬운 점이라고 생각된다.

3. 평가결과에 대한 이의제기 절차

근로자가 평가결과에 대하여 이의를 제기하는 것은 쉬운 일이 아니다. 회사는 이러한 이의제기를 항명으로 인식하기도 한다. 그러나 최근 본인의 인사평가 결과에 대해서 이의를 제기하는 일이 흔하게 발생하고 있다. 또한 인사평가 결과에 대한 이의제기 절차가 없는 회사의 경우에는 근로자로부터 이의제기 절차를 만들어 달라는 요청을 받

26) 서울고법 2003.9.26. 선고, 2003누3316 판결

기도 한다. 평가결과에 대한 이의제기의 증가는 직무중심의 인사관리 확대와도 관련이 있다. 직무중심의 인사관리란 사람중심의 인사관리와 상반되는 개념으로 일을 중심으로 채용, 평가, 보상 등이 이루어지는 인사관리를 말한다. 직무중심의 인사관리의 특성 중 하나는 이직이 자유롭게 일어난다는 것이다. 즉, 직무중심 인사관리의 경우 경력사원 채용이 활성화 되고 이에 따라서 이직이 빈번하게 발생한다. 사람중심 인사관리의 경우 근로자가 평생 한 기업에서 근무하는 것을 미덕으로 삼았지만 직무중심 인사관리에서는 근로자는 언제든지 더 나은 조건으로 직장을 옮기는 것이 일반적이다. 따라서 최근 직무중심 인사관리의 확대됨에 따라 근로자는 본인의 인사상 불이익에 대하여 과거와 같이 참는 것이 아니라 공식적인 이의제기 절차를 통하여 당당하게 재판단을 요구하는 사례가 증가하고 있는 것이다.

또한 인사평가 결과에 대한 이의제기 절차의 유무는 인사평가의 절차적 정당성에 매우 핵심적인 요소이다. 법원은 인사평가 결과에 따른 근속승진누락 관련 사건에서 "참가인이 인사고과의 공정성을 확보하기 위하여 인사고과에 대한 이의절차를 두고 있으며, 원고가 2007년 인사고과에 대하여 이의를 제기하여 기각된 점 등을 감안하여 볼 때, 원고에 대한 인사고과는 타당성과 객관성을 결여한 불합리한 평가라고 볼 수 없다"[27]라고 판시하고 있다. 또한 법원은 "임금협약에서도 직원 및 조합원에 대한 피고회사의 평가를 일응 받아들이면서 그 평가에 대하여 노동조합에 대한 의견 조회 및 구제절차를 마련하고 있는 점 (중략) 이 사건 인사평가 기준은 그 유효성을 충분히 인정할 수 있다"[28]고 판시하였다. 특히 인사고과 결과가 징계해고, 계약 갱신 거절, 징계 등 근로자에게 불이익이 발생하는 경우 이의제기 절차를 통하여 공정한 판단을 다시 한번 받게 하는 것은 매우 큰 의미가 있다. 또한 이의 제기 절차는 평가요소의 성격과 관련성이 있다. 정성적인 평가요소의 경우에는 정량적인 평가요소보다 평가자의 주관이 개입될 가능성이 높다. 따라서 정성적인 평가요소에 의하여 평가가 이루어지는 직무의 경우에는 반드시 이의제기 절차를 운영하는 것이 필요할 것이다.

지금까지 인사평가의 본인평가, 인사평가 피드백, 인사평가 이의제기 절차를 중심으로 인사평가의 절차적 측면의 법률쟁점에 대해서 살펴보았다. 이러한 본인평가, 인사평가 피드백, 인사평가 이의제기 절차는 인사평가의 법률적 공정성을 위해서 인위적으로 준비해야 하는 것이 아니다. 인사평가의 성공적 수행을 위해서는 평가과정상 당연히 갖추고 있어야 하는 절차인 것이다. 혹시 왜 우리나라의 대부분의 기업이 MBO

27) 서울행법 2009.10.29. 선고, 2008구합46477 판결

28) 울산지법 2013.8.16. 선고, 2012가단562 판결

(Management by objectives)를 사용하고 있는지에 대해서 생각해 본 적이 있는가? MBO는 목표합의 → 코칭을 통한 목표수행 → 목표달성여부평가(본인평가 포함) → 피드백(이의제기 절차포함)의 과정을 통해서 이루어진다. MBO는 탁월한 성과관리제도임과 동시에 탁월한 법률적 정당성을 갖춘 제도인 것이다. 즉, MBO에는 인사평가의 절차적 측면의 핵심요소가 모두 포함되어 있는 것이다. 결론적으로 MBO를 정상적으로 시행한다면 인사평가의 절차적 측면의 법적 안정성은 당연히 확보되게 된다고 볼 수 있다. 우리나라 기업이 당연히 해야 할 인사평가의 절차(본인평가, 인사평가피드백, 인사평가 이의제기 절차)의 이행을 통해 인사평가의 공정성과 수용성을 제고하기를 기대해 본다.

Ⅳ. 인사평가 운영적 측면의 법률쟁점

인사평가의 운영적 측면은 인사평가의 구조, 절차와 함께 인사평가 법률적 정당성 판단 시 매우 중요한 요소로 작용한다. 그럼 이제부터 인사평가 제도 준수 여부, 인사평가 일률적 적용 여부, 인사평가 제도 변경 시점 등을 중심으로 인사평가 운영에 대하여 살펴보자.

1. 인사평가 제도 준수 여부

보통 기업은 매년 인사평가를 시행하기에 앞서 업무연락을 통하여 인사평가제도의 방법과 진행일정을 공지한다. 그리고 대부분의 평가자는 인사평가 제도를 준수하고 인사평가를 시행한다. 그러나 일부 평가자는 인사평가 제도와 다르게 평가를 하는 경우가 종종 있다. 예를 들어서 평가자가 평가자 의견란을 작성하지 않는 경우, 평가자가 평가기준과 다르게 평가점수를 부여하는 경우 등 다양한 모습으로 평가제도를 준수하지 않는 사례가 발생한다. 이러한 경우 인사팀은 평가일정상의 문제, 재평가의 번거로움 등으로 인하여 그냥 넘어가는 것이 일반적이라고 생각된다.

대법원[29]은 "참가인들에 대한 부서장 평가 결과 의견이 만 2년 근무자에게는 부적절한 '계약직 유지'임에도 담당임원은 의견란에 아무런 기재나 표시를 하지 않은 채 서명만 하였으므로 평가절차 상의 잘못은 중대하다고 할 수 있다"라고 판시하면서 인사평가의 정당성을 부정하였다. 본 사건의 사실관계를 좀 더 자세히 살펴보자. 평가결과는 만2년 근무자와 만1년 근무자에게 아래의 표와 같이 다르게 부여된다.

29) 대법원 2015.1.15. 선고, 2012두18868 판결

구분	계약직 만 2년 근무자	계약직 만 1년 근무자
평가결과	정규직 전환 / 계약 종료	정규직 전환 / 계약직 유지 / 계약 종료

피평가자는 계약직 만 2년 근무자이었기 때문에 평가자는 '정규직 전환' 또는 '계약 종료' 중 한가지 평가결과를 부여해야만 했다. 그러나 평가자는 계약직 만 2년 근무자에게는 부적절한 '계약직 유지'라는 평가결과를 부여한 것이다. 이러한 경우 인사팀은 평가자에게 다시 한번 평가를 시행할 것을 요청해야 했다. 그러나 인사팀은 이와 같이 잘못된 평가 결과인 '계약직 유지'를 '계약 종료'로 해석할 수 있다고 판단하여 계약 종료를 통보한 것이다. 이에 대하여 대법원은 당연히 인사평가의 공정성이 인정될 수 없으며 부당해고에 해당한다고 판시한 것이다.

또한 인사평가 기준 적용과 관련한 매우 흥미로운 판례가 있어서 소개하고자 한다. 법원[30]은 "이 사건 근로자가 근무기간 2년 동안 114회에 걸쳐 지각한 사실은 인정되나, 이 사건 인사평가 중 근태평가는 10%에 불과하고 지각시간도 회당 평균 7여 분에 지나지 아니하여 큰 비중을 차지한다고 볼 수 없고, 사무국장 C는 이 사건 근로자의 잦은 지각을 이유로 직원근무평가 중 '17. 근태' 부분에 '디(D)'등급을 부여하였으나, 평가기준에 따르면 디(D)등급은 '무단결근 1회 이상, 지각, 조퇴 주 3회 이상'에 해당되는 것으로 이 사건 근로자의 경우 '무단결근 없음 지각, 조퇴 주 2회 미만'에 해당되어 '비(B)등급을 부여하였어야 했다고 보이는바, 이 사건 인사평가가 객관적인 기준에 따라 이루어진 것인지 의구심이 든다."라고 판시하면서 인사평가의 정당성을 인정하지 않았다. 본 사건의 핵심적인 사실관계를 정리하면 아래의 표와 같다.

피 평가자 근태현황	평가기준
지각 114회(2년 근무) : 지각 주 2회 미만	무단결근 없음, 지각, 조퇴 주 2회 미만 - B등급 무단결근 1회 이상, 지각, 조퇴 주 3회 이상 - D등급

근로자는 2년 근무동안 114회의 지각을 하였다. 상식적으로 볼 때 2년 근무동안 지각을 114회 하였다면 근태에 매우 문제가 많은 직원이며 근태평가 시 D등급을 부여하는 것이 당연할 것이다. 그러나 해당 회사의 평가기준에 따르면 '지각 주2회 미만'은 B등급을 부여하도록 되어 있다. 따라서 2년 동안 114회의 지각을 하였다 할지라도 '지각 주 2회 미만'에 해당하므로 해당 직원에게 근태평가 시 D등급을 부여할 수 없다는 것이다. 매우 황당하지만 인사평가 기준 준수에 대한 시사점을 주는 판례라고

30) 서울고법 2014.11.6. 선고, 2013누53679 판결

생각된다.

평가자가 인사평가 제도를 잘 준수하도록 하기 위해서는 어떻게 해야 할까? 필자는 평가자 교육을 강화할 것을 제안한다. 보통 평가자 교육은 인사평가제도가 개편된 경우에만 시행하는 것으로 알고 있다. 그러나 이는 평가자 교육의 중요성을 매우 낮게 보는 시각이다. 평가가 교육은 반드시 매년 실시하여야 한다. 평가가 교육 시 기본적으로 올해 평가제도의 변경 사항에 대하여 설명하고 지난해 평가 시 발생한 문제점과 개선방향에 대하여 공지하는 것이 필요하다. 이러한 평가자 교육을 통하여 평가자들이 인사평가의 중요성을 인식하고 궁극적으로 평가제도가 잘 준수될 수 있을 것이다.

2. 일률적 적용 여부

인사평가 운영 시 일률적 적용 여부는 인사평가의 법률적 정당성에 매우 중요한 영향을 미친다. 보통 인사평가 시 평가자의 재량권 상당히 인정된다고 알려져 있다. 물론 인사평가는 평가자의 재량과 주관이 개입될 수밖에 없는 것은 사실이다. 그러나 일률적 적용은 재량권과는 다른 개념이다. 일률적 적용에 대한 예를 들어보자. 평가규정상 지각의 경우 평가점수 1점을 감점하는 회사가 있다. A직원의 지각에 대해서는 1점의 감점을 하고, B직원의 지각에 대해서는 감점을 하지 않는다면 이는 공정한 인사평가라고 볼 수 있을까? 외국의 경우에는 일률적 적용이 인종차별의 이슈와 연계되기 때문에 매우 민감한 사안으로 다루어진다. 이러한 인사평가는 일률적 적용의 문제가 있는 것으로 보아서 부당한 인사평가로 판단될 가능성이 매우 높다.

대법원[31]은 "일부 심사항목은 심사 대상자 전원에 대하여 일률적으로 적용되지 아니하여 불공평한 결과가 초래되었다고 할 것이다. 이와 같이 공정성 및 객관성이 결여된 심사 과정을 거쳐 원고들에 대하여 갱신 기준 점수 미만이 라는 점을 들어 이 사건 갱신 거절을 한 것은 정당성을 결여하였다고 할 것이므로, 이 사건 갱신 거절은 그 효력을 인정할 수 없다."라고 판시하고 있다. 이와 같이 대법원은 일률적 적용여부를 인사평가 정당성의 핵심요소로서 판단하고 있다.

일률적 적용과 관련하여 법원[32]은 "원고 공단이 2007년 말경 재계약 심사를 하는 과정에서 운행시간을 미준수한 운전원들 전체에 대하여 이를 문제 삼아 감점을 하지 않고 참가인을 비롯한 일부 노동조합의 조합원들에게만 이를 문제 삼아 감점을 한 바 있는 점 등을 종합하여 보면, 원고 공단에 의하여 이루어진 참가인에 대한 2007년 재

31) 대법 2011.4.14. 선고, 2007두1729 판결

32) 서울행법 2009.3.13. 선고, 2008구합34979 판결

계약 심사 결과는 객관성과 공정성이 결여된 것으로 보인다"라고 판시하면서 일률적 적용의 중요성을 매우 강조하고 있다.

최근 인사평가와 관련하여 법적 소송 등 분쟁이 증가하고 있으며 소송 과정에서 평가제도의 일률적 적용의 문제점이 계속 발생하고 있다. 따라서 인사부서는 인사평가 제도를 더욱 명확히 규정하는 노력을 기울여야 한다. 또한 일부 직원 또는 일부 부서를 대상으로 불이익을 주는 인사평가는 지양되어야 할 것이다.

3. 인사평가 제도 변경 시점

회사는 보통 매년 12월 경 인사평가 제도를 시행한다. 인사평가 제도 시행 시 일부 제도를 변경하기도 한다. 예를 들어 2019년도 인사평가(평가대상기간 : 2019.1.1.~2019.12.31.)를 시행하기에 앞서 2019년 11월 경 인사평가제도 시행방안을 수립한다. 이 과정에서 일부제도가 변경되기도 하는데 이와 같은 인사평가제도 변경은 매우 높은 법률적 리스크를 가지고 있다. 그 이유에 대해서 살펴보자. 보통 회사의 인사평가 대상기간은 매년 1월 1일부터 12월 31일까지이다. 따라서 연말에 평가제도를 변경하게 되면 피평가자인 직원의 입장에서 볼 때 변경된 제도에 대하여 사전에 준비할 수 없게 된다. 결국 인사평가제도의 변경이 부당한 인사평가로 판단될 가능성이 높은 것이다.

이와 관련하여 중앙노동위원회[33]는 "사용자가 사업 운영상 평가항목 및 계약해지 기준 점수 등을 변경할 수는 있으나, 피평가자들에게 변경된 내용을 사전에 통지하거나 공고하여 대비할 수 있는 기회를 주지 않은 채 변경된 심사평가기준에 따라 피평가자들을 평가하고 이를 근거로 피평가자들과 갱신계약의 체결을 거절한 것은 해고와 마찬가지로 무효라 할 것이다."라고 판시하면서 평가제도 변경 시점의 중요성을 강조하고 있다. 회사는 보통 매년 11월 경 계약직 근로자의 재계약 기준점수를 결정한다. 재계약 기준점수가 전년도보다 상향 조정되는 경우도 종종 발생한다. 그러나 이러한 평가제도의 운영은 계약직 근로자의 입자에서 볼 때 재계약 기준점수를 모르고 근무하게 되는 결과가 된다는 것이다.

따라서 매년 인사평가 제도의 변경 시 매우 신중한 접근이 필요하다. 만약 인사평가 제도의 중대한 변경이 발생하는 경우라면 사전에 공지를 한 후 익년도 인사평가 시부터 적용하는 것이 바람직할 것이다.

지금까지 인사평가 제도 준수 여부, 인사평가 일률적 적용 여부, 인사평가 제도 변

33) 중노위 2008부해348, 2008.7.22

경 시점 등 인사제도 운영 측면의 법률쟁점에 대하여 살펴보았다. 아무리 인사평가 제도가 잘 설계되었다고 할지라도 운영과정에서 문제가 발생한다면 법률적 정당성에 큰 문제가 발생할 수 있다. 또한 이러한 인사평가 운영적 측면의 법률적 안정성 제고를 위해서는 인사부서와 평가자가 함께 노력해야 할 것이다.

Ⅴ. 저성과자 이슈와 인사평가

필자는 인사노무부서장에게 이런 질문을 많이 받고 있다. “이제 인사평가로 직원 해고할 수 있나요?” 정말 가슴이 섬뜩해지는 질문이다. 과연 우리사회는 왜 인사평가를 통해서 직원을 해고 할 수 있다는 생각을 하게 된 것일까? 모든 조직에는 저성과자가 존재한다. 어떤 기업은 문제직원이라고 부르기도 한다. 과연 이러한 저성과자에 대해서 기업은 어떠한 조치를 할 수 있을까? 그럼 이제부터 저성과자와 관련된 인사평가 이슈에 대해서 살펴본 후 평가제도의 법률적 리스크 최소화 방안에 대한 결론에 대하여 이야기하고자 한다.

1. 저성과자의 본질적 문제–임금커브와 생산성 커브의 차이

저성과자에 대한 이야기를 시작하기에 앞서 먼저 저성과자의 정의부터 다시 생각해 보는 것이 필요하다.

임금과 생산성 CURVE

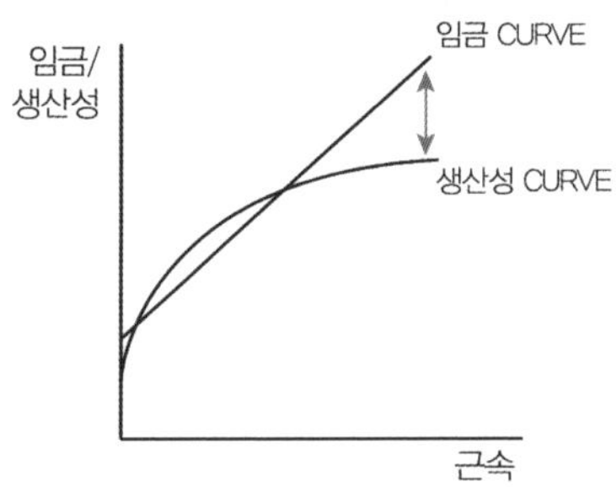

일반적으로 우리는 저성과자를 “업무실적이 다른 근로자에 비하여 현저히 낮은 자”라고 이해하고 있다. 그러나 사실 저성과자는 단순히 업무실적과 생산성이 낮다는 개념이 아니라 “본인에게 지급되는 임금에 비하여 업무실적과 생산성이 현저히 낮은 종업원”을 의미한다고 보는 것이 정확한 표현일 것이다. 따라서 만약 저성과자가 최저임금을 받고 있다면 우리는 해당 직원을 저성과자라고 부르는 것이 매우 어색할 것이다. 이와 같이 저성과자에 대해서는 임금커브와 생산성커브의 접근이 필요하다. 즉, 임금커브와 생산성커브의 불일치에 의해서 저성과자 문제는 발생하는 것이다. 저성과자의 문제는 근로자 개인의 문제이기도 하지만 기업이 직무와 성과를 고려하지 않고 근속에 따라서 임금을 지속적으로 인상시킨 결과라고도 볼 수 있다.

2. 저성과자의 새로운 구분

저성과자를 단어 그대로 해석하면 '성과가 낮은 사람'이라고 볼 수 있다. 그러나 아래 표와 같이 저성과자에 대한 구분을 좀 더 세분화하여 살펴볼 필요가 있다.

[저성과자 구분]

유형	성과	능력	태도	비고
Ⅰ	**저성과**	**낮은 능력**	**나쁜 태도**	**실질적 저성과자**
Ⅱ	저성과	낮은 능력	좋은 태도	다른 기회를 부여해야 하는 직원
Ⅲ	**저성과**	**높은 능력**	**나쁜 태도**	**불성실한 직원**
Ⅳ	저성과	높은 능력	좋은 태도	환경적 또는 일시적 저성과자

Ⅰ유형은 능력이 낮으며 나쁜 태도를 가지고 있는 저성과자이다. 이런 유형이 기업에서 가장 문제가 되는 저성과자의 대표적인 유형이다.

Ⅱ유형은 능력은 낮지만 좋은 태도를 가진 저성과자이다. 사실 조직내에는 Ⅱ유형의 저성과자가 상당수 존재한다. Ⅱ유형은 개인적인 문제로 발생하기도 하지만 기술의 급속한 발전, 비즈니스 모델의 변화 등의 원인으로도 발생한다.

Ⅲ유형은 능력이 높으나 나쁜 태도를 가진 저성과자이다. 불성실한 직원, 이직을 고민하고 있는 직원 등이 Ⅲ유형에 해당할 수 있다.

Ⅳ유형은 능력도 높고 태도도 좋으나 성과가 낮은 직원이다. 상식적으로 능력도 높고 태도도 좋은 직원이 성과가 낮을 수는 없겠지만 실제로는 종종 발생한다. 대표적인 사례로 환경적 요인으로 인한 저성과자를 들 수 있다. 급격한 경기침체나 조직내부의 문제 등으로 발생하게 된다.

이와 같이 저성과자는 크게 4가지 유형을 나누어 보아야 한다. 그러나 기업들은 일반적으로 상기 4가지 저성과자 유형을 구분하지 않고 획일적으로 관리하고 있으며, 이러한 관리방식은 불필요한 낙인효과 등 많은 문제를 야기하고 있다.

그럼 저성과자 유형별로 바람직한 대응방안을 살펴보자.

먼저 Ⅳ유형(높은 능력 & 좋은 태도)의 저성과자는 내외부 환경에 의한 일시적 저성과자이므로 사실상 저성과자로 분류하지 않아야 할 것이다.

두 번째 Ⅲ유형(높은 능력 & 나쁜 태도)의 저성과자의 경우 회사가 해당 직원에게 강한 경고의 시그널을 보내야 한다. 그러면 해당직원은 나쁜 태도를 좋은 태도로 변화시키거나 아니면 높은 능력을 활용하여 스스로 이직을 결정하게 된다. 따라서 Ⅲ유형의 저성과자는 조직관리상 큰 문제를 야기하지는 않는다.

세 번째 Ⅱ유형(낮은 능력 & 좋은 태도)의 저성과자에게는 회사가 배치전환, 교육훈련 등 다양한 배려의 조치를 하는 것이 매우 필요하다. Ⅱ유형의 경우에는 근로자 스스로가 저성과자 문제를 해결하기 어렵기 때문에 회사의 도움이 절실한 것이다.

네 번째 Ⅰ유형(낮은 능력 & 낮은 태도)의 저성과자는 지속적이고 엄격한 저성과자관리가 필요한 경우에 해당한다.

만약 회사가 불가피하게 저성과자관리프로그램을 운영하게 될 경우 상기 모든 유형을 저성과자로 판단하여 관리하는 것이 아니라 Ⅰ과 Ⅲ유형만으로 저성과자를 제한하여 관리하는 것이 반드시 필요하다.

3. 저성과자관리와 인사평가

인사평가와 저성과자관리를 연계하는 논리는 다음과 같다. 법원은 근로자가 인사평가에서 지속적으로 낮은 평가를 받게 될 경우 해당직원에 대한 해고의 정당성을 인정하는 경우가 일부 있다. 이와 같은 이유로 많은 기업들이 저성과자 문제에 대한 해답을 인사평가에서 찾으려고 노력하고 있다. 그러나 이러한 접근은 인사평가가 본연의 목표를 상실하고 저성과자 퇴출의 수단으로 변질될 가능성이 높다. 물론 능력이 낮으며 태도도 좋지 않은 저성과자는 공정한 인사평가를 통하여 엄격하게 관리하는 것이 필요하다. 그러나 인사평가의 본래의 목적은 성과관리이다. 인사평가와 저성과자와의 연계성이 강화되면 직원들은 인사평가의 목적을 저성과자관리와 퇴출로 인식하게 될 것이다. 우리는 최근 통상임금의 문제로 인하여 정기상여금 및 각종수당의 통상임금 포함여부 판단에 집중한 나머지 임금의 본연의 목적인 동기부여기능을 일시적으로 상실한 경험을 가지고 있다.

저성과자관리의 해답은 인사평가가 아니라 저성과자의 본질을 바르게 이해하는 것에서 찾아야 한다. 우리는 앞에서 저성과자의 본질은 생산성과 임금커브의 차이라는 점에 대해서 살펴보았다. 그렇다면 이러한 생산성과 임금커브의 차이가 발생한 원인은 무엇인가? 다양한 이유가 있겠지만 주된 이유는 회사가 근로자의 직무와 성과를 고려하지 않고 근속을 기준으로 임금을 지속적으로 상승시켰기 때문일 것이다. 저성과자 문제를 인사평가를 통해서 해결하려는 시도는 사후적 해결방법에 해당한다. 이제 저성과자 문제를 임금과 생산성커브의 일치라는 사전적 해결방법을 통해서 풀어야 할 것이다. 임금과 생산성 커브의 일치는 직무와 성과중심의 인사관리를 통해서 가능하다. 이제 기업은 직무에 따라서 기본연봉을 결정하고 성과의 차이를 성과연봉에 반영하는 직무 · 성과급을 반드시 도입해야 할 것이다. 인사평가를 통하여 저성과자에게 징계처분을 하는 것은 실질적 저성과자에 대하여 매우 제한적으로 활용되어야 한다고 생각한다.

Ⅵ. 결 론

인사평가의 법률적 정당성에 대해서 다시 한번 정리해 보자. 법률적 리스크를 최소화하는 평가제도의 설계요소는 다음과 같다.

첫 번째 인사평가의 구조적 측면은 절대평가 실시, 다면평가 실시, 합리적 평가요소의 구성 등이며, 두 번째 인사평가의 절차적 측면은 본인평가 실시, 이의제기 절차, 피드백 시행 등이고, 세 번째 인사평가 운영적 측면은 평가제도의 준수 여부, 일률적 적용 여부, 평가제도 변경 시 사전 공지 여부 등이다.

[법률적 리스크를 최소화하는 평가제도 설계 요소]

평가구조 측면	평가절차 측면	평가운영 측면
절대평가	본인 평가 절차	평가절차 준수
다면평가	평가결과 피드백 절차	평가적용의 일률성
평가항목의 합리성	이의제기 절차	평가제도 변경 시 공개시점

여기서 주목할 점이 한 가지 있다. 법률적 리스크를 최소화하는 평가제도의 설계는 매우 복잡하고 어려운 것처럼 보인다. 그러나 자세히 살펴보면 성과관리라는 평가제도의 본연의 목적을 기억한다면 당연히 확보되어지는 요소들이다. 또한 최근의 성과관리 관점의 인사평가, 코칭중심의 인사평가, 협업을 중시하는 인사평가 등의 인사평가의 트렌드는 인사평가의 법률적 정당성을 강화시키는 결과를 가져오고 있다. 지금까지 평가제도의 법률적 리스크 최소화방안에 대해서 살펴보았다. 앞으로 인사평가제도의 법률적 정당성은 매우 중요한 인사노무 리스크로 부각될 것이다. 그러나 우리는 두려워할 이유가 전혀 없다. 이제부터 기본에 충실한 인사평가 시행을 통하여 인사평가의 법률적 리스크를 해소해 보자.

〈2015년 9월~2016년 1월,
HR Insight에 기고한 기고문을 일부 수정하여 작성함〉

05 심층학습

인사평가의 오류 해소 방안

많은 인사담당자들이 인사평가 업무가 어렵다고 이야기한다. 인사평가가 어려운 이유는 무엇일까? 필자는 오랜기간동안 인사평가에 관심을 가지고 바라보면서 인사평가의 애로가 '평가의 오류'와 많이 연관되어 있다는 것을 알게 되었다. 다시 말해 인사평가에 오류가 있으니 구성원이 인사평가 결과를 수용하지 않고 이러한 상황에서 인사평가 결과를 성과급, 연봉인상 등에 활용해야 하는 상황이 곤혹스러운 것이다. 문제를 해결하기 위해서는 문제의 원인을 알아야 한다. 그럼 이제부터 인사평가의 오류가 발생하는 이유와 해결방안에 대해서 살펴보고자 한다.

1. 인사평가 오류 Overview

여기 두 개의 테이블이 있다. 두 테이블의 길이와 너비 비율은 같은가? 다른가? 대부분의 사람들은 왼쪽은 3:1, 오른쪽은 1.5:1 정도라고 생각한다. 그러나 자를 꺼내 실제로 재보면 동일한 테이블이라면 것을 알게 된다.(이러한 현상은 세로선이 가로선보다 길어 보이는 속성 때문에 발생한다)[34)]

인사평가의 오류에 대해 이야기하기 전에 테이블 이야기를 하는 이유는 무엇일까? 이처럼 눈으로 직접 보이는 사물을 판단하는 것도 쉽지 않은데 하물며 사람을 평가하는 인사평가에서 오류가 발생하는 것은 매우 당연한 결과라는 것을 이야기하고 싶기 때문이다.

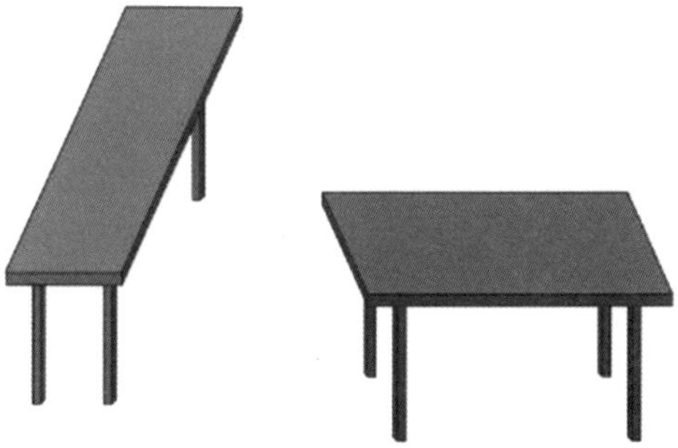

34) 넛지(리처드 탈러 · 캐스 선스타인 저) 37~38 page 인용

이제부터 흥미로운 실험연구를 통해서 인사평가의 오류에 대해 접근해 보자. 이번 실험연구[35]는 "화내는 여성"(Can an Angry Woman Get Ahead?)에 대한 예일대학교(Yale University)와 노스웨스턴대학교(Northwestern University)의 공동연구 결과이다.

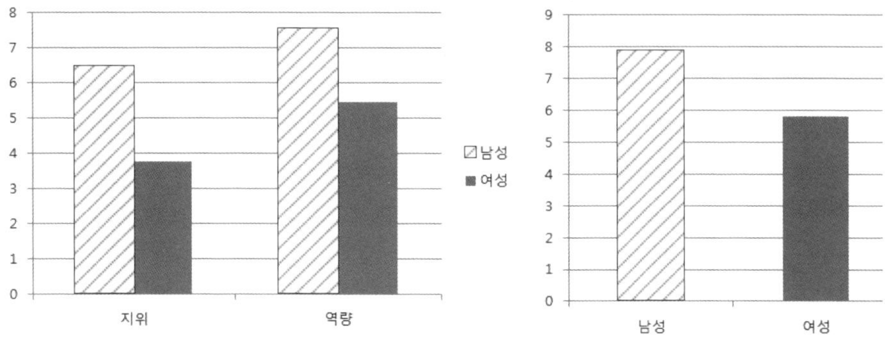

첫 번째 실험은 69명의 참가자(평균연령 38.7세)를 대상으로 진행되었다. 실험참가자는 비디오를 통하여 화내고 있는 남성과 여성을 관찰하고 남성과 여성의 지위와 역량에 대하여 평가하였다. 실험결과 참가자는 화내고 있는 남성이 화내고 있는 여성보다 높은 지위에 있을 것이며 또한 높은 역량을 보유하고 있을 것이라고 평가하였다. 이후 참가자에게 남성과 여성이 화를 내고 있는 원인이 외적요인인지(다른 어떤 외부상황 때문에 화를 내는 것임) 또는 내적특성인지(원래 화를 잘 내는 성격임)에 대하여 평가하도록 하였다. 실험 결과 외부상황에 의해서 화를 내고 있을 것이라고 보는 경향이 남성이 여성보다 상대적으로 높았다.(그림 참조)

이후 두 번째 실험을 133명의 참가자(평균연령 38.7세)를 대상으로 시행하였다. 이번 실험은 첫 번째 실험과 동일하게 화를 내고 있는 남성과 여성의 모습을 비디오를 통하여 보여준다. 그러나 첫 번째 실험과 다르게 먼저 화를 내는 원인을 알려주지 않은 상황에서 화내는 사람의 지위와 역량을 평가하고 이후 화를 내는 원인이 외부상황에 있다는 것을 알려준 상황에서 화내는 사람의 지위와 역량을 평가하였다. 즉 화내는 원인을 모르는 경우와 화내는 원인이 외부상황 때문이라는 것을 알려준 경우를 비교하

35) Victoria L. Brescoll(Yale University) and Eric Luis Uhlmann(Northwestern University)(2008) 'Can an Angry Woman Get Ahead? Status Conferral, Gender, and Expression of Emotion in the Workpllace'

여 분석한 것이다. 실험결과 화를 내는 원인을 알려주지 않은 경우에는 첫 번째 실험과 마찬가지로 화내는 남성이 여성보다 높은 지위와 역량을 보유하고 있을 것이라고 평가하였으나, 놀랍게도 화를 내는 원인이 외부상황에 있다는 것을 알려준 경우에는 반대의 결과가 나왔다. 즉 화내는 여성이 화내는 남성보다 높은 지위와 역량을 보유하고 있을 것이라고 평가한 것이다.(그림 참조)

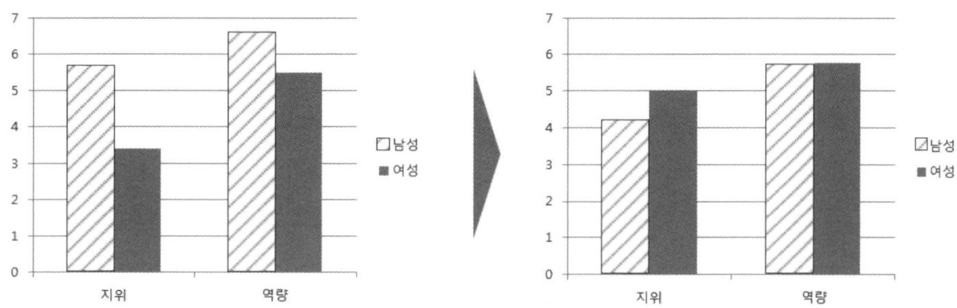

두 번째 실험을 통하여 우리는 다음과 같은 시사점을 얻을 수 있다. 화를 내고 있는 원인이 무엇인지를 알고 있는 상황에서는 화내는 여성을 부정적으로 보는 시각이 현저히 줄어들었다는 점이다. 다시 말해서 우리는 보통 화내는 여성을 향해 "또 무슨 일이야?", "왜 저러는 거야?", "또 시작이군" 등으로 이야기하며 화내는 이유를 여성의 성격 문제로 돌려버리지만, 여성이 화를 내는 원인을 명백히 아는 상황에서는 여성이 화내는 상황을 이해한다는 것이다. 상호간의 소통의 중요성을 다시 한번 생각하게 하는 의미 있는 실험이라고 생각된다.

2. 인사평가 오류에 대한 바람직한 시각

인사평가의 오류에 대해서 고민하던 중에 우리나라의 여성이 올바른 인사평가를 받고 있는가에 대해서 생각해 보았다. 그리고 앞서 설명한 실험연구를 보면서 조직에서 최선을 다하는 우리나라 대부분의 여성들은 사회에서 바라보는 여성에 대한 고정관념(친절, 헌신, 봉사 등의 이미지) 때문에 왜곡된 평가를 받고 있다는 생각을 가지게 되었다. 그러나 희망적인 것은 실험에서 화내는 여성들이 화를 내는 이유를 밝혔을 때 지위와 역량 측면에서 남성보다 높은 평가를 받은 것과 같이 인사평가의 오류는 극복될 수 있다는 것이다.

그럼 이제 우리가 인사평가의 오류를 어떻게 바라볼 것인가에 대해서 정리해 보자

첫 번째 인사평가의 오류는 항상 발생한다는 것을 인정하는 것이 필요하다. 이것은 인사팀이 회사의 구성원에게 솔직히 고백하는 심정으로 이야기하여야 한다. 즉 인사평

가는 본질상 주관적이며 우리 회사의 인사평가 제도도 주관적이며 따라서 오류가 발생할 수 있다는 것이다. 이러한 인사팀의 솔직한 인정 이후에 회사와 직원간의 진실한 소통의 장이 열릴 수 있을 것이다.

두 번째 인사평가의 오류의 원인을 정확이 파악하는 것이 필요하다.

평가자가 자신도 모르고 오류를 발생하는 경우와 평가자가 고의로 오류를 일으키는 것은 명백히 다른 인사평가의 오류이다. 이와 같이 인사평가의 오류의 원인을 정확히 파악하여 이에 대한 정확한 처방을 하는 것이 필요하다

세 번째 인사평가의 오류는 완전히 제거할 수는 없지만 최소화 할 수 있다는 믿음을 가져야 한다. 앞서 실험에서 보듯이 인사평가의 오류는 발생하지만 서로간의 소통에 의해서 충분히 극복될 수 있다. 이와 같이 인사평가의 오류를 조직과 구성원이 함께 고민한다면 그 오류를 최소화 할 수 있을 것이라는 공감대가 형성된다면 인사평가 오류 해결의 8부 능선을 넘은 것이 아닐까 생각된다.

3. 인사평가 오류의 구분

인사평가의 오류는 구분하는 기준에 따라서 평가자가 인지하는 오류와 평가자가 인지하지 못하는 오류, 고과자 간 오류(inter-rater-error)와 고과자 내 오류(intra-rater-error) 등으로 구분될 수 있다. 그러나 본 교재에서는 인사고과의 오류를 '평가자의 평가오류 인지여부'에 따라서 구분하여 살펴보고자 한다. 먼저 평가자가 인지하지 못하는 인사고과의 오류에는 후광효과, 대비오류, 시간적 오류, 유사성 오류 등이 있으며 다음으로 평가자가 인지하는 오류에는 상동적 오류, 관대화경향, 중심화 경향, 가혹화 경향 등이 있다.

[인사평가의 오류 구분(평가자의 평가오류 인지 기준)]

A유형 : 평가자가 인지하지 못하는 오류	B유형 : 평가자가 인지하는 오류 (평가자의 의도적인 오류)
후광효과(halo effect) 대비오류(contrast errors) 시간적 오류(recency errors) 유사성 오류(similar to me errors)	관대화 경향(leniency tendency) 중심화 경향(central tendency) 가혹화 경향(harsh tendency) 상동적 오류(stereotyping)

평가자가 인지하지 못하는 오류란 '평가가 스스로는 평가 오류가 발생하지 않고 있다고 믿고 있는 오류'를 말하며 평가자가 인지하는 오류란 '평가자가 의도적으로 평가오류를 발생시키는 오류'를 말한다. 예를 들어 '김대리는 운동을 잘하니까 일도 잘할거

야'라고 생각하는 것(현혹효과 - halo effect)이 전형적인 평가자가 인지하지 못하는 오류이며, '인사평가로 욕을 먹기 싫으니 모두 보통으로 평가하자'라고 생각하는 것(중심화 경향-central tendency)이 대표적인 평가자의 의도적인 오류이다.

우리가 위와 같이 인사평가 오류의 유형을 구분하는 이유는 무엇일까? 바로 인사평가 오류의 유형에 따라서 그 해결방안이 다르기 때문이다. 먼저 A유형의 오류(평가자가 인지하지 못하는 오류)부터 살펴보자. 이러한 오류의 유형은 실무에서 매우 자주 발생하지만 상대적으로 B유형(평가자의 의도적인 오류)보다 개선하기가 쉽지 않다. 왜냐하면 오류가 발생하고 있음에도 불구하고 평가자 스스로가 공정하게 평가하고 있다고 믿고 있기 때문이다.('내가 사람 볼 줄 좀 알지'라고 말하는 경우이다). 즉 평가자는 평가의 오류가 없다고 생각한다. 그러므로 인사팀 또는 피평가자가 평가의 오류에 대해서 이야기 하더라도 본인은 해당사항이 없다고 생각하며 평가의 오류를 개선하려고 시도조차 하지 않는다. 따라서 이러한 경우에는 평가자를 통한 방법보다는 인사평가 제도의 정교함을 통하여 평가의 오류를 해소해야한다.(해결방안 : 평가자 〈 인사평가 제도)

두 번째 B유형(평가자의 의도적인 오류)에 대해서 살펴보자. B유형의 오류는 평가자 스스로가 오류를 일으키고 있다는 사실을 알고 있다. 따라서 평가자는 평가가 스스로가 평가의 오류를 인정하고 다른 사람에게 평가의 오류가 발각되는 것에 대한 두려움을 가지고 있다. 이러한 B유형의 오류에 대해서는 경영진의 메시지를 통하여 오류를 사전에 차단하는 것이 바람직하다. 즉 회사는 '당신이 거짓으로 인사평가를 했다'라는 사실을 알고 있다는 메시지를 단호하게 보내는 것이다.(해결방안 : 평가자 〉 인사평가 제도)

지난호에서는 실험연구를 통해서 인사평가의 오류의 발생 원인에 대하여 살펴보았고 이번호에서는 이러한 인사평가 오류의 해소방안에 대해서 필자가 직접 수행하였던 B사(공공기관)의 인사평가 컨설팅 사례를 중심으로 함께 고민해 보고자 한다.

4. 인사평가 오류의 해소방안(실제 기업 사례를 중심으로)

가. 평가자가 인지하지 못하는 오류의 해소방안

Question 1 : 평가자가 피평가자의 성과와 무관하게 성과평가를 시행함.

B사의 인사부서는 직원들의 성과평가 결과가 업적 중심이 아니라 성실성, 근무태도 등 다른 요소에 의해서 영향을 받고 있다고 판단하였다. 즉 현혹효과에 의해서 성과평가결과가 왜곡되고 있는 것이다. 그러나 평가자들은 자신의 인사평가에는 특별한 오류가 없다고 주장하였다.

Answer 1 : 평가자는 피평가자의 세부 해당목표에 대한 평가만을 시행함(전체 총점을 부여할 수 없음)

평가자는 세부 해당목표에 대한 세부 평가요소에 대하여 평가할 뿐 전체 총점을 부여할 수 없도록 평가제도를 재설계하였다. 즉 평가가자 전체 총점을 확정한 후 세부 해당목표에 점수를 역으로 배분하는 작업(?)을 할 수 없도록 제도적으로 차단하는 것이다.(정교함이란 복잡함이 아니라 이러한 단순함을 통해서도 충분히 달성할 수 있다) 이러한 인사평가 제도의 변경으로 필자는 평가자 교육 시 평가자들에게 다음과 같은 항의성 질문을 받아야 했다. “아니 어떻게 최종점수를 모르면서 평가를 할 수 있습니까?” 이러한 질문에 필자는 다음과 같이 대답하였다. “최종점수를 먼저 주실 거라면 구태여 세부 해당목표에 대한 평가를 할 필요가 있을까요?” 물론 정상적으로 평가가 이루어지는 상황이라면 평가자가 세부 해당목표를 평가한 후 전체 총점이 계획한 점수와 비슷하게 나왔는지를 확인하는 것이 필요할 수 있다. 그러나 대부분의 평가자가 먼저 전체 총점을 부여한 후 세부 해당목표에 점수를 배분하는 방식으로 평가를 진행하고 있다면 위와 같은 변화는 충분히 효과가 있을 것이다.

Question 2 : 평가자가 피평가자의 성과를 정확히 이해하지 않고 성과평가를 시행함.

B사의 평가자는 인사평가시 피평가자의 성과를 충분히 확인하지 않고 평가를 시행하고 있는 것으로 나타났다. 즉, 평가자가 객관적인 결과가 아니라 주관적인 추측에 의해서 성과평가를 시행하였고 이에 따라 피평가자의 인사평가 수용도는 매우 낮은 것으로 나타났다.

Answer 2 : 피평가자가 성과에 대해서 구체적으로 기술하도록 함(서술형 인사평가 시행)

문제의 핵심은 평가자가 피평가자의 성과를 정확히 이해하지 못하고 있다는 것이다. 따라서 피평가자가 자신의 업무수행 결과를 자세히 서술하도록 하였고 평가자는 이러한 피평가자의 자료를 확인한 후 평가하도록 하였다.(실제 제도를 시행한 결과 보통 2page정도였던 평가시트가 10page에 이르는 경우까지 발생하였다. 이처럼 성과가 구체화 되는 것은 매우 바람직한 현상이라고 생각한다.) 이와 같은 피평가자의 업무수행 결과 상세서술은 두 가지 효과를 가져왔다. 첫 번째 평가자가 피평가자의 성과를 정확히 이해하였다는 점이다(평가의 신뢰성 증대). 두 번째 평가자에게 자신의 성과를 충분히 설명하였다는 사실에서 피평가자가 높은 만족감을 가지게 되었다는 점이다(평가의 수용성 증대). 이러한 제도 변화는 최근 글로벌 기업의 인사평가제도가 수시코칭과 피드백으로 변화되고 있다는 점과 맥을 같이한다고 생각된다.

나. 평가자의 의도적인 오류의 해소방안

Question 1 : 평가자가 일부직원에 대하여 의도적으로 평가 결과를 왜곡시키는 경우

필자는 몇 년전 다면평가를 시행하면서 많은 인사평가의 오류를 경험하였다. 예를 들어 김과장에 대한 평가를 5명의 팀장에게 의뢰하였다. 다면평가를 시행해 보니 김과장에 대한 평가결과가 평가자1-B등급, 평가자2-C등급, 평가자3-C등급, 평가자4-C등급, 평가자5-S등급으로 집계되었다. 간략히 설명하면 5명의 다면평가자 중 총4명이 C등급과 B등급(열등한 등급)을 부여한 반면 1명만이 S등급(최고등급)을 부여한 것이다. 이러한 경우 S등급을 부여한 평가자5에게 평가의 오류가 발생하였을 가능성이 높다.

Answer 1 : 인사평가 공정성 확보를 향한 경영진의 강력한 의지 메시지 전달

다면평가 결과 집계 후 인사팀에서 S등급을 부여한 평가자5와 피평가자와 관계를 조사해 보면 동문, 동향 등 다양한 사유가 발견된다. 이러한 경우에 인사팀은 평가자5에게 대표이사 명의의 서신을 발송하였다. 서신의 내용은 다음과 같다 “2019년 다면평가 결과 귀하의 평가결과가 타 다면평가자의 평가결과와 매우 상이하게 나왔습니다. 추후 다면평가시 참고하여 주시기 바라며 향후 동일한 사례가 발생하지 않도록 유의하여 주시기 바랍니다.” 이러한 경고조치가 있은 후 평가자5는 다음 인사평가 시 공정한 평가를 할 수밖에 없었다. 또한 이러한 사실이 조직내에 전파되었고 향후 공정한 평가문화가 정착될 수 있었다. 이와 같이 의도적으로 평가결과를 왜곡하는 평가자에게는 경영진의 인사평가 공정성 확보를 위한 강력한 의지를 보여줄 필요가 있는 것이다.

Question 2 : 일부 부서장이 자신의 부서원에 대하여 관대화 경향을 발생시킨 경우

최근의 인사평가는 절대평가에 의해서 법률적 안정성을 지향하는 경우가 많기 때문에 일부 부서장이 자신의 부서원에 대해서 관대화 경향을 발생시키는 경우가 종종 발생한다. 최근 B사에서는 한 부서장이 자신의 전체 부서원에게 타 부서의 평균점보다 약 10점 이상 높은 점수를 부여하였다.

Answer 2 : 해당 부서의 경우 재평가를 실시함.

이러한 경우 회사는 보통 평균점 조정 등 통계적 방법에 의해서 평가점수를 조정한다. 그러나 관대화 경향이 발생하였을 경우 회사가 통계적 방법에 의해서 평가 결과를 조정한다면 이러한 관대화 경향의 관행은 쉽게 바뀌지 않을 것이다. 즉 모든 부서장들은 ‘내가 우리 부서원을 높이 주면 나중에 인사팀에서 조정하겠지’라고 생각하고 계속 관대화된 평가를 하게 된다. 따라서 명백한 사유없이 관대화 경향이 발생한 경우 경영진은 관대화 경향이 인사평가의 오류라는 것을 명확히 밝히고 해당 부서장에게 재평가를 명하는 것이 바람직하다. 이러한 조치를 통하여 조직내에 관대화 경향이 발생하는 문화를 개선할 수 있을 것이다.(물론 절대평가의 경우 절대평가 점수에 대한 명확한 기준점 설정이 반드시 필요하다.)

[인사평가 오류 해소방안]

평가자가 인지하지 못하는 오류	평가자의 의도적인 오류
• 세부 해당목표에 대한 평가만을 시행 (전체 총점 부여 금지) • 서술형 인사평가 시행	• 대표이사 경고 메시지 전달 • 결정적인 평가오류 발생시 재평가 시행

지금까지 인사평가의 오류의 해소방안을 사례를 중심으로 살펴보았다. 인사평가의 오류는 "평가자의 주관에 의해 평가를 시행한다"는 인사평가의 본질상 완전히 제거하기는 어려우나 최소화 할 수 있다고 생각한다. 계속적인 인사평가 오류를 막기 위한 노력을 통해 인사평가의 신뢰도와 수용도를 제고할 수 있기를 기대해 본다.

〈노동법률 2012년 10월호~11월호의 기고문을 일부 수정하여 작성함〉

06 심층학습

인사평가 피드백(Feed back)이 어려운 이유는?

필자는 다양한 기업을 대상으로 인사평가자 교육을 진행한다. 보통 교육내용은 공정한 평가를 위한 인사평가자의 역할을 중심으로 이루어진다. 그러나 최근 A사의 인사평가 강의 의뢰 주제는 매우 구체적이었다. "인사평가 피드백을 어떻게 해야 하는가?"에 대한 내용으로 강의를 해 달라는 것이었다. 왜 A사는 이런 주제로 강의를 요청했을까? 피드백의 사전적 의미는 "진행된 행동이나 반응의 결과를 본인에게 알려 주는 일"이라고 볼 수 있다. 즉 인사평가의 결과를 본인에게 설명하는 것이다.

요즈음 주변의 지인들을 만나 인사평가에 대하여 이야기를 나누다 보면 '인사평가에 대해서 정확한 피드백이 없기 때문에 내가 어떤 평가를 받고 있는지 궁금하다. 회사에서 인사평가 결과를 알려주지 않아 어쩔 수 없이 연봉의 인상폭을 가지고 인사평가 결과를 추정하고 있다. 도대체 어떻게 내가 B평가를 받았는가에 대한 이유를 설명해 주지 않는다' 등 인사평가 피드백에 대한 이야기를 종종 듣곤 한다. 이처럼 피평가자들은 인사평가 피드백을 요구하고 있는데 반해 평가자들은 인사평가 피드백에 소극적으로 임하고 있는 것이 현실이다.

최근 인사평가 피드백이 주목 받는 이유는?

그렇다면 먼저 최근 기업에서 인사평가 피드백에 대해서 관심을 갖는 이유에 대해서 살펴보고자 한다.

첫 번째 피평가자가 인사평가 결과를 알려달라는 경우가 많아지고 있다. 과거에는 회사에 입사하면 다른 회사로 전직 없이 계속 한 회사를 다는 것이 일반적이었고 이러한 직장문화에서는 직원이 본인의 인사평가 등 인사문제에 관하여 인사팀에 문의하는 것은 매우 부담스러운 일이었다. 그러나 기업간 전직의 활성화, 희망퇴직 시행 등으로 회사를 바꾸는 것이 더 이상 부담스럽지 않게 되었고 이제 직원은 본인의 인사문제에 대해서 당당하게 회사에 문의하는 문화로 바뀌어 가고 있다. 따라서 인사평가가 끝난 후 직원은 상사 또는 인사팀에게 왜 본인이 그런 평가를 받았는가에 대해서 설명을 요구하는 경우가 많아지고 있는 것이다.

두 번째 매년 연봉 재계약을 체결을 위해서이다. 대부분의 기업들은 인사평가 결과에 따라서 연봉의 인상률을 개인별로 차등하여 적용하는 연봉제를 시행하고 있다. 따라서 직원은 본인의 연봉 인상의 근거가 되는 인사평가 결과에 대해서 알고 싶어 하고 회사도 매년 연봉 재계약시 인사평가 결과를 직원에게 설명하는 것이 필요하게 된 것이다.

세 번째 인사평가 결과의 수용성의 확보를 위해서이다. 인사평가의 핵심은 인사평가 결과를 피평가자가 얼마나 수용하는가에 달려 있다. 그러나 인사평가 결과를 본인에게 통보하지 않고서 수용성을 제고하는 것은 매우 어려운 일이다. 따라서 회사는 인사평가 피드백을 반드시 해야 하는 인사업무로 인식하게 된 것이다.

인사평가 피드백에 시사점을 주는 실험연구

본 기고에서 소개하려는 실험 연구는 한국(서울대), 미국(미시건대), 중국(난징대)의 공동연구[36]이다. 본 연구에서는 업무환경과 일상환경을 구분하여 동서양의 소통 스타일을 비교 분석하였다. 실험 연구의 핵심은 '상호간의 소통시 얼마나 간접적(indirectness)으로 표현하는가를 측정하는 것'이다. 예를 들어 보자. 당신은 팀장이고 오늘 팀원이 지각을 했다고 가정해 보자 당신은 지각한 팀원에게 무엇이라고 이야기 했는가? '일찍 좀 다녀!'라고 직접적으로 말했는가? 아니면 '어제 한잔 했나봐?'라고 간접적으로 말했는가? 대부분 상대방을 배려한다는 생각에서 '어제 무슨 일 있었어?', '오늘 차가 막혔나?'등 간접적으로 이야기하는 것이 보통이라고 생각된다. 여기서 문제가 시작된다. 이제 지각한 직원은 '우리 팀은 적당히 지각해도 되는 건가? 또는 이정도 지각은 괜찮은 건가?'라는 생각을 가지게 된다. 이처럼 간접적인 표현은 상대방이 숨은 의도를 이해하지 못하는 경우 잘못된 오해를 일으킬 수 있다.

그럼 이제부터 동서양의 소통 스타일의 차이를 실험을 통해서 살펴보기로 하자. 본 실험연구[37]의 실험 참가자는 미국인 35명, 한국인 58명, 중국인 59명의 MBA 학생으로 구성되었고 업무환경(work contexts과와 일상환경(non-work contexts)을 구분하여 시행되었다. 실험도구는 Holtgraves's(1997)의 간접성 측정도구를 사용하였고 설문은 해석 메세지(interpret messages-간접적 의사표시)와 전달 메세지(convey messages-직접적 의사표시)로 구성되었다. 좀 더 쉽게 말해서 동양과 서양의 직접적 표현과 간접적 표현의 정도를 측정하는 실험이다. 예를 들어 "나는 다른 사람에게 숨은 의도를 가지지 않고 소통 한다(직접적 의사표시)" 또는 "나는 다른 의미의 숨은

36) Jeffrey Sanchez-Burks and Fiona Lee, Richard Nisbett, Incheol Choi, Jasook Koo, Shuming Zhao(2003) "Conversing Across Cultures : East-West Communication Styles in Work and Nonwork Contents"

37) 본 기고문에서는 논문의 4개의 실험연구 중 2번째 실험연구(study 2)를 소개함

의도를 가지고 소통한다(간접적 의사표시)"등의 질문을 통해 의사표시의 직접성과 간접성을 측정한 것이다.

실험결과를 정리하면 다음과 같다.(한국과 중국은 비슷한 결과는 보였으므로 한국과 중국을 이하 '동양'이라고 함)

첫 번째 업무환경 맥락에서 살펴보면(그림에서 검정색 막대 그래프를 의미함) 동양이 미국보다 간접적 의사표시 경향이 높다는 것을 알 수 있다. 즉 동양은 업무를 수행하는 과정에서 직접적으로 말하기 보다는 간접적으로 돌려서 말하는 경향이 강하다는 것이다. 반대로 미국은 업무환경에서는 본인이 하고 싶은 말을 보다 직접적으로 상대방에게 말한다는 것이다.

두 번째 일상환경 맥락에서는(그림에서 흰색 그래프를 의미함) 동양과 미국의 차이가 거의 없다는 것을 알 수 있다. 즉 일상환경에서는 동서양을 막론하고 좀 더 간접적으로 본인의 의사를 표시한다는 것이다. 상호간의 소통 중 상대방을 배려하는 것이 필요하다는 것은 동서양이 모두 인식하고 있는 결과라고 생각된다.

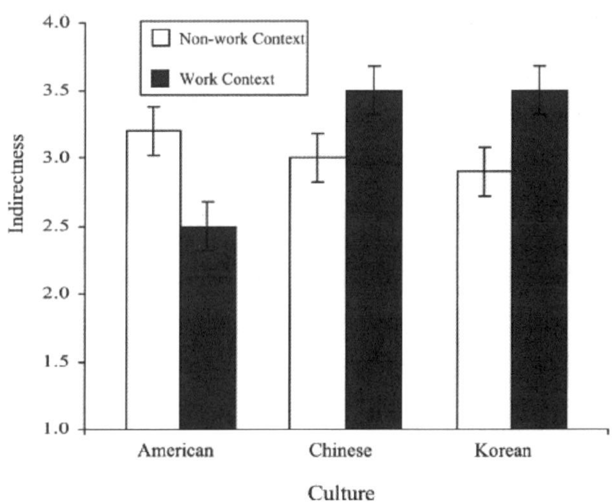

Figure 1. Indirectness as a function of context and participant's culture

이 실험연구를 살펴보면서 필자는 '아! 그래서 우리나라에서 피드백이 어렵구나!'라는 생각이 번뜩 들게 되었다. 미국은 일상환경과 달리 업무환경에서는 직원간에 해야하는 이야기를 서로 거리낌 없이 하는데 반해 동양은 업무환경에서 조차 자신이 하고 싶은 이야기를 직접적으로 말하지 못하고 돌려서 말하는 것이다. 우리가 현재 인사평가에 활용하고 있는 MBO는 피터드러커에 의해서 소개된 서구의 성과관리 기법이다.

MBO는 목표합의→중간평가→최종평가→피드백 등 대부분 과정이 상호간의 소통으로 이루어지며 이러한 MBO는 업무환경에서 직접적으로 소통하는 서구의 문화와 사람에게 잘 어울리지만 반대로 간접적으로 소통하는 것이 익숙한 우리나라에는 잘 맞지 않을 수 있다는 것이다. 따라서 우리나라 사람이 인사평가 피드백을 하는 것은 어려운 것은 당연한 결과이다.

그럼 동서양의 이러한 소통방식의 차이는 어디에서 기인하는 것일까? 미국의 이러한 업무환경에서의 직접적인 소통방식은 프로테스탄티즘(protestantism)에 기초한 일에 대한 소명(召命,calling)의식에 기초하고 볼 수 있다. 다시 말해서 나의 일은 하나님으로부터 받았기 때문에 일할 때 소명의식을 가지고 일해야 하며 따라서 상대방에게 말해야 하는 내용을 정확하게 직접적으로 말하는 것이 당연하다고 생각한다는 것이다.[38] 그러나 동양권 국가는 소통시 직업을 소명으로 인식하여 직접적으로 말하기 보다는 상대방을 먼저 배려하고 말해야 한다는 문화가 오랫동안 뿌리 내리고 있다.

인사평가 피드백의 법률적 정당성

그럼 이제부터 인사평가 피드백의 법률적 정당성에 대해서 살펴보자. 우리가 이처럼 어려운 인사평가 피드백을 해야 하는 이유 중의 하나는 피드백을 통해서 인사조치의 법률적 정당성을 강화할 수 있다는 것이다. 법원은 업무수행능력 부족과 관련한 부당해고구제신청사건[39]에서 "참가인이 담당하던 인사보조업무는 비교적 단순하고 정형적인 업무였다 할 것인데 이미 수년간 같은 업무를 수행하여 왔음에도 불구하고 동일한 유형의 실수를 반복하였다는 점, 이러한 이유로 매년 인사고과에서 업무수행능력 및 지식을 향상시키라는 지시를 받았음에도 개선되지 아니하고 오히려 인사고과결과가 지속적으로 저하되고 있었다는 점에 비추어 보면, 비록 해고로 인하여 참가인이 받게 될 불이익이 적지 아니하다 하더라도, 원고가 참가인을 해고한 것이 지나치게 가혹하여 징계양정권을 일탈·남용한 것이라고 하기는 어렵다"라고 판시하면서 업무능력 및 지식에 대한 지속적인 피드백이 인사조치의 정당성에 영향을 줄 수 있다는 점을 피력하였으며

인사평가와 관련한 부당해고구제신청사건[40]에서 "인사고과규정 제15조 제3항에서

38) 이와 관련한 논문으로 Jeffrey Sanchez-Burks(2002) "Protestant Relational Ideology and In Attention to Relational Cues in Work Settings"를 소개함.

39) 서울고법 2003.9.26. 선고, 2003누3316 판결

40) 서울행법 2004.12.28. 선고, 2003구합39306 판결

1차 고과자는 1차 고과등급 산출 후 별도로 정하는'1차 고과등급 통보서'에 고과등급을 기재하여 피고과자에게 배부하고 피고과자가 1차 고과등급에 대한 의견과 면담요청 의사 여부를 표시하여 제출하도록 하는 제도를 두고 있고(중략)"라고 판시하면서 인사평가 후 면담절차가 인사평가에 따른 인사조치의 법률적 정당성에 긍정적인 영향을 미친다는 점을 다시 한번 확인하였다.

이제 인사평가 피드백을 어떻게 할 것인가?

이와 같이 인사평가 피드백은 직원들의 인사평가의 수용성과 법률적 정당성에 매우 중요한 역할을 한다는 점을 알 수 있다. 그럼 우리는 이와 같이 쉽지 않은 인사평가 피드백은 어떻게 해야 할 것인가?

첫 번째 먼저 인사평가 피드백은 어려운 일이라는 것을 인식하고 더욱 많은 시간을 투자해야 한다. 앞서 실험에서 살펴본 바와 같이 인사평가 피드백은 간접적인 의사표시에 익숙한 우리나라 사람에게는 매우 부담스러운 일이다. 우리의 의사표시 스타일을 간접에서 직접으로 바꾸라는 것은 우리의 문화를 바꾸라는 것과 같은 의미이며 이는 바람직하지 않은 접근방향이라고 생각한다. 그러므로 우리의 간접적인 의사표시 스타일을 인정하고 더욱 많은 시간을 인사평가 피드백에 투입하여 평가자가 피평가자에게 전달하고자 하는 인사평가 피드백의 내용을 오해 없이 전달하도록 해야 할 것이다.

두 번째 인사평가 피드백은 사전에 목표합의 후에 이루어져야 한다. 사전에 목표합의 없이 이루어지는 피드백은 상호간에 공감대를 형성할 수 없다. 그러므로 연초에 회사와 직원이 충분히 논의하여 목표를 합의하고 합의된 목표에 대해서 피드백 할 때 피평가자는 인사평가 피드백의 내용에 대해서 이해할 것이라고 생각된다.

세 번째 인사평가 피드백을 통하여 향후 업무에 대한 동기를 부여할 수 있어야 한다. 우리는 인사평가 피드백을 왜 하는가에 대해서 생각해 볼 필요가 있다. 인사평가 피드백은 과거의 업무에 대한 피드백의 의미도 있지만 궁극적으로 앞으로 좀 더 잘 해 보자는 것이 더 중요한 의미가 될 것이다[41]. 따라서 충분한 시간과 노력을 투자한 진솔하고 솔직한 소통의 피드백을 통하여 향후 업무에 대한 동기부여까지 가능한 인사평가 피드백을 시도해 볼 것을 추천해 본다.

〈노동법률 2012년 9월호의 기고문을 일부 수정하여 작성함〉

41) 이러한 미래지향적 피드백을 피드포워드(Feed forward)라고 부른다. 피드포워드는 미래에 대한 조언의 관점으로 시행된다.

07 심층학습

중소기업 성과관리와 공인노무사의 역할

Ⅰ. 서론

기업경영의 핵심은 무엇일까? 물론 다양한 견해가 존재하겠지만 인사관리가 포함된다는 점에서는 이견이 없을 것이다. 따라서 글로벌기업과 대기업은 인사관리에 조직의 많은 역량을 집중하고 있다. 그러나 중소기업의 경우 영업, 생산, 연구 등의 업무에 비하여 인사관리에 역량을 집중적으로 투자하지 못하고 있는 실정이다. 따라서 중소기업의 경우 인사관리가 매우 취약한 모습을 보이고 있다. 우리나라 중소기업의 경쟁력이 낮은 이유는 인사관리 역량의 부족에서 기인하고 있다고 보아야 할 것이다.

인사관리는 여러 가지 부문으로 이루어진다. 인사관리는 채용관리, 직무관리, 성과관리, 보상관리, 육성관리, 이직관리 등으로 이루어지며 그 중 핵심적인 부분은 바로 성과관리이다. 조직은 성과를 창출해야 하기 때문에 성과관리가 제대로 이루어지지 못한 조직은 지속가능하기 어렵다. 우리나라 중소기업의 경우 인사관리의 핵심부분인 성과관리는 더욱 취약한 것으로 보인다.

또한 최근 노동관계법의 변화에 대해서 살펴보자. 2019년 7월 16일부터 직장 내 괴롭힘 금지에 대한 법률(근로기준법 제72조의 2)이 시행될 예정이며 2018년 7월 1일부터 300인 이상 사업장과 공공기관 등을 대상으로 주52시간제가 시행되고 있다. 그리고 최저임금이 최근 2년 사이 29% 이상 상승하였다. 이러한 노동환경의 급속한 변화속에서 기업은 매우 당황하고 있으며 기업 경영의 애로를 심각하게 호소하고 있는 실정이다. 이러한 경영환경 속에서 공인노무사가 인사노무 전문가로서 활동하고 있다. 공인노무사는 1980년대 노사관계영역을 중심으로 활동하였으나 최근에는 인사노무관리 전반으로 영역을 확대하고 있는 추세이다.

[종사자 규모별 사업체수 현황]

(2016년 기준, 단위 : 개)

전체	1인~9인	10인~49인	50인~99인	100인~199인	200인~299인	300인~499인	500인 이상
3,676,499	3,430,879	212,644	19,446	8,583	2,304	1,436	1,207

※ 출처 : 중소벤처기업부 홈페이지 '중소기업통계' 자료 인용

상기표는 종사자 규모별 사업체수 현황을 나타내고 있다. 우리나라 기업의 경우 대부분이 중소기업으로 구성되어 있다. 따라서 중소기업의 경쟁력 향상의 매우 중요하다. 보통 기업의 규모가 약 50명 이상이 되면 경영진은 성과관리의 필요성을 느끼게 된다. 그러나 중소기업이 자체적으로 성과관리를 성공적으로 시행하는 것은 매우 어렵다. 이러한 상황에서 중소기업의 자문 공인노무사는 중소기업 성과관리에 실질적인 도움을 줄 수 있다고 생각한다. 따라서 본 발제문은 50인 이상~500명 미만 중소기업 성과관리 시 공인노무사의 역할을 제안하기 위한 목적으로 작성되었다. 중소기업 성과관리의 변화를 통하여 조직이 건강하게 성장하고 구성원의 행복이 증진되기를 기원하면서 글을 시작한다.

Ⅱ. 최근 노동관계법 등 노동환경의 변화

1. 개요

최근 기업의 경영환경 중 가장 빠르게 변화되고 있는 영역은 노동환경이라고 볼 수 있다. 노동환경 중 노동관계법은 가장 핵심적인 영향력을 행사하게 된다. 최근 직장 내 괴롭힘 금지, 주52시간제 시행, 최저임금 인상 등 노동관계법의 큰 변화가 이루어지고 있다. 이러한 노동관계법의 변화는 기업의 경영과 인사관리 전반에 큰 영향을 미치고 있다.

2. 직장 내 괴롭힘 금지 관련

2019년 7월 16일부터 직장 내 괴롭힘 금지 관련 법률이 시행된다. 직장 내 괴롭힘 금지는 근로기준법 「제6장의 2 직장 내 괴롭힘의 금지」 신설을 통해서 이루어졌다. 근로기준법 제76조의2에서는 "사용자 또는 근로자는 직장에서의 지위 또는 관계 등의 우위를 이용하여 업무상 적정범위를 넘어 다른 근로자에게 신체적 · 정신적 고통을 주거나 근무환경을 악화시키는 행위(이하 "직장 내 괴롭힘"이라 한다)를 하여서는 아니 된다"라고 규정하고 있다. 해당 법률의 핵심적인 내용을 살펴보기로 한다. 먼저 행위자 관련 사항이다. 직장 내 괴롭힘의 행위자에는 사용자 또는 근로자 모두 해당할 수 있다고 명확히 명시하고 있다. 또한 파견근로자의 경우 사용사업주도 직장 내 괴롭힘의 행위에 해당할 수 있다.[42] 다음으로는 행위 관련 사항이다. 행위 측면에서는 3가지 요소를 요건으로 하고 있다. 첫 번째 요소는 직장에서의 지위 또는 관계 등의 우위를

42) 직장 내 괴롭힘 판단 및 예방·대응 매뉴얼, 2019.2, 고용노동부

이용하는 것이고 두 번째 요소는 업무상 적정범위를 넘는 것이고 마지막 요소는 다른 근로자에게 신체적 · 정신적 고통을 주거나 근무환경을 악화시키는 행위에 해당하는 것이다. 상기 3가지 요건 중 향후 가장 쟁점이 될 사항은 “업무상 적정범위”라고 생각된다. 왜냐하면 조직 내 업무는 다양한 형태로 이루어지기 때문에 해당 업무가 업무상 적정범위에 해당하는지 여부를 판단하는 것은 매우 어려울 것으로 예상되기 때문이다. 향후 직장 내 괴롭힘의 금지 관련 법률의 시행은 직무주의 인사관리의 강화, 직무분석을 통한 성과관리의 정교화 등 기업의 일하는 방식의 큰 변화를 가져올 것으로 보인다.

3. 주52시간제 관련

주52시간제가 2018년 7월 1일부터 시행되고 있으며 기업규모별로 단계적으로 확대 시행된다.[43] 과거에는 1주간 법정기준근로 40시간, 연장근로 12시간, 휴일근로 16시간 등 총 68시간의 근로가 가능하였다. 하지만 주52시간제가 시행되면 1주간 법정기준근로 40시간, 연장근로 12시간 등 52시간으로 제한된다. 이러한 변화는 근로기준법 상 ‘1주’의 정의 신설을 통하여 이루어지게 되었다. 즉, 근로기준법 제2조 제1항 제7호에 「“1주”란 휴일을 포함한 7일을 말한다.」라는 정의 규정을 신설한 것이다. 근로기준법 제53조(연장 근로의 제한) 제1항에서는 “당사자 간에 합의하면 1주간에 12시간을 한도로 제50조의 근로시간을 연장할 수 있다.”라고 규정하고 있다. 이러한 연장근로의 제한 규정과 “1주”의 정의 규정을 연계하면 1주간 근로시간이 총52시간으로 제한된다. 주52시간제 시행과 함께 근로시간과 관련하여 휴일근로수당 할증률 명확화, 근로시간 특례업종의 축소, 공휴일을 유급휴일로 의무화, 연소근로자 보호 강화 등이 시행(또는 시행 예정)되고 있다. 이러한 근로시간 관련 변화속에서 기업은 탄력적 근로시간제(근로기준법 제51조), 선택적 근로시간제(근로기준법 제52조), 사업장 밖 간주근로시간제(근로기준법 제58조 제1항, 제2항), 재량간주근로시간제(근로기준법 제58조 제3항) 등 유연근로시간제를 적극적으로 도입하고 있다. 근로시간 단축에 대

---

43) 1. 상시 300명 이상의 근로자를 사용하는 사업 또는 사업장, 「공공기관의 운영에 관한 법률」 제4조에 따른 공공기관, 「지방공기업법」 제49조 및 같은 법 제76조에 따른 지방공사 및 지방공단, 국가 · 지방자치단체 또는 정부투자기관이 자본금의 2분의 1 이상을 출자하거나 기본재산의 2분의 1 이상을 출연한 기관 · 단체와 그 기관 · 단체가 자본금의 2분의 1 이상을 출자하거나 기본재산의 2분의 1 이상을 출연한 기관 · 단체, 국가 및 지방자치단체의 기관 : 2018년 7월 1일(제59조의 개정규정에 따라 근로시간 및 휴게시간의 특례를 적용받지 아니하게 되는 업종의 경우 2019년 7월 1일)
2. 상시 50명 이상 300명 미만의 근로자를 사용하는 사업 또는 사업장 : 2020년 1월 1일
3. 상시 5명 이상 50명 미만의 근로자를 사용하는 사업 또는 사업장 : 2021년 7월 1일

한 기업의 대응방향은 크게 두 가지로 구분된다. 첫 번째는 근로시간이 단축되었으니 근로시간 관리를 강화하는 방향이다. 두 번째는 근로시간이 단축되었으나 달성해야 할 성과는 감소되지 않았다. 따라서 성과관리를 강화하는 방향이다. 물론 두 가지 방향을 조화롭게 병행하는 것도 가능할 것으로 생각된다. 그러나 한 가지 명확한 점은 주52시간제 시행이 기업의 인사관리 전반에 매우 큰 영향을 줄 것이라는 사실이다.

4. 최저임금 인상 관련

노동환경의 큰 변화 중 하나로 최저임금 인상을 꼽을 수 있다. 최저임금은 2017년 시급 6,470원, 2018년 시급 7,530원(전년대비 16.4% 인상), 2019년 시급 8,350원(10.9% 인상)으로 가파르게 인상되었다. 최근 2년을 기준으로 비교해 볼 때 약 29.1%가 인상된 것이다. 이러한 최저임금의 인상으로 기업은 인사관리 측면에서 많은 어려움에 직면하게 되었다. 특히 직급체계의 운영상의 애로를 심각하게 겪고 있다. 예를 들어 중소기업의 경우 사원의 임금수준이 주임 또는 대리와 거의 비슷하게 되는 되었다. 왜냐하면 사원의 경우 최저임금 인상에 의해서 강제적으로 임금이 인상되었지만 주임과 대리는 인건비 상승 압박으로 임금인상을 자제하였기 때문이다. 이러한 현상속에서 현실적으로 직급체계를 유지하기 어렵게 되었고 인사관리상의 많은 문제점을 야기시키고 있다.

Ⅲ. 공인노무사의 업무영역의 변화

1. 개요

공인노무사의 직무 내용은 공인노무사법에 다음과 같이 명시되어 있다.

공인노무사법 제2조(직무의 범위)

① 공인노무사는 다음 각 호의 직무를 수행한다.

1. 노동 관계 법령에 따라 관계 기관에 대하여 행하는 신고 · 신청 · 보고 · 진술 · 청구(이의신청 · 심사청구 및 심판청구를 포함한다) 및 권리 구제 등의 대행 또는 대리
2. 노동 관계 법령에 따른 모든 서류의 작성과 확인
3. 노동 관계 법령과 노무관리에 관한 상담 · 지도
4. 「근로기준법」을 적용받는 사업이나 사업장에 대한 노무관리진단
5. 「노동조합 및 노동관계조정법」 제52조에서 정한 사적(私的) 조정이나 중재

공인노무사의 업무는 크게 노동관계법령과 관련한 업무와 인사노무관리와 관련한 업무로 구분할 수 있다. 실무적으로 공인노무사의 업무를 구분하면 다음과 같다.

노동관계법령 관련 업무	인사노무관리 관련 업무
1. 노동사건 대리 업무 가. 노동위원회 부당해고 등 구제신청 사건 나. 산재 신청 사건 나. 임금체불 진정 사건 다. 체당금 신청 사건 2. 노사분쟁 조정·중재 업무 3. 노동법률 자문	1. 인사노무관리 자문 2. 인사노무관리 진단 3. 인사관리컨설팅 가. 직무분석 나. 직급체계 개편 다. 평가제도 설계 라. 보상제도 설계(임금체계 개편) 4. 노무관리 컨설팅 가. 장시간근로개선 컨설팅 나. 일가정양립 컨설팅 다. 비정규직 컨설팅 라. 노사관계 컨설팅 5. 단체교섭 대리 업무 6. 성과관리 코칭 7. 급여 아웃소싱 8. 사회보험 아웃소싱(사무대행기관)

2. 공인노무사의 전통적 업무영역(노동관계법령 관련 영역)

공인노무사는 노동관계법을 기반으로 노동사건, 노동법률 자문, 노사관계 문제 해결 등의 업무를 주로 수행하였다. 노동사건에는 노동위원회 해고 등 사건, 산재 사건, 임금체불 사건, 체당금 사건 등이 있다. 노동법률 자문은 기업과 노동조합을 대상으로 임금, 근로시간, 휴식, 근로관계 체결 및 종료 등 관련한 다양한 노동관계법상의 쟁점에 대한 자문활동을 의미한다. 노사관계 문제 해결은 노사갈등, 쟁의행의 등이 발생한 사업장에 대하여 노사관계의 원만한 해결을 조력하는 활동을 말한다. 이러한 공인노무사의 전통적 업무영역은 주로 노동관계법(근로기준법, 노동조합 및 노동관계조정법 등)을 중심으로 이루어지는 측면이 매우 강하다. 따라서 일반 국민은 공인노무사를 노동관계법 전문가로 인식하고 있다.

3. 최근 공인노무사의 업무영역의 확장(인사노무관리 관련 영역)

최근 공인노무사의 업무영역은 인사노무관리 영역으로 매우 빠르게 확장되고 있다. 특히 인사노무관리 자문, 인사노무관리 컨설팅, 성과관리 코칭 등으로의 확산이 주목할 만하다.

인사노무관리 자문의 경우 공인노무사의 업무영역의 확장의 출발점이 되고 있다. 기업의 규모가 50인 이상이 되는 경우 대부분의 기업이 인사노무관리 자문 서비스를 활용하고 있다. 이러한 변화는 근로자의 권리의식의 향상, 노동관계법의 빈번한 개정, 인사노무관리의 복잡성 증가 등이 종합적으로 작용한 결과라고 판단된다.

인사노무관리 컨설팅의 경우 기업이 인사노무관리상의 문제를 제도적으로 해결하기 위해서 실시되는 영역이다. 인사노무관리 컨설팅은 구구체적으로 직무분석, 인사평가 제도 설계, 임금체계 개편, 장시간근로시간 개선, 비정규직 고용구조 개선 컨설팅 등이 있다.

성과관리 코칭은 인사평가 제도를 설계한 후 제도의 실행을 조력하는 서비스를 말한다. 성과관리 코칭은 인사제도의 실행과 관련된 영역이기 때문에 이를 통하여 인사제도의 성공적 정착이 가능하다. 공인노무사의 성과관리 코칭은 인사노무자문과 인사노무 컨설팅과 연계해서 살펴 볼 필요가 있다. 예를 들어 기업은 "인사노무관리 자문 → 인사제도 설계 컨설팅 → 성과관리 코칭"의 순서로 진행하는 경우가 많다(물론 '인사제도 설계 컨설팅' 후 '인사노무관리 자문'을 하는 경우도 있다). 따라서 성과관리 코칭은 기업과 공인노무사의 장기적인 신뢰를 바탕으로 이루어지는 서비스라고 이해할 필요가 있다. 본 발제문에서는 성과관리 시 공인노무사의 역할에 대해서 집중적으로 살펴 볼 예정이다.

Ⅳ. 중소기업[44] 성과관리 현실태 및 개선방향

1. 개요

기업의 경영활동 중 성과관리는 매우 중요한 활동이다. 그러나 중소기업의 경우 성과관리가 매우 취약한 것이 현실이다. 그럼 먼저 중소기업 인사노무관리의 현실태를 살펴본 후 중소기업 성과관리가 나아가야 할 방향에 대하여 언급하고자 한다.

2. 중소기업 인사노무관리와 성과관리의 현실

1) 중소기업 인사노무관리 애로사항

중소기업의 경우 여러 가지 측면에서 인사노무관리상의 애로사항을 가지고 있다.

44) 본 발제문은 50인~500인 이하의 중소기업의 성과관리의 개선을 위한 목적으로 작성되었다. 따라서 중소기업 '성과관리 현실태 및 개선방향'의 중소기업은 소기업을 제외한 50인~500인 규모의 중소기업을 전제로 한다.

첫 번째 인사노무 전문가의 부재이다. 중소기업의 경우 인사노무 담당자가 총무, 안전 등 다양한 업무를 수행하는 경우가 많다. 또한 인사노무 업무를 순환보직 성격의 업무로 인식하여 2~3년 단위로 타직무와 순환하는 경우도 빈번하게 발생한다. 따라서 인사노무 분야의 전문성을 향상시키기가 매우 어려운 상황이다.

두 번째 인사노무 업무에 대한 경영진의 인식이다(인사노무 업무를 쉬운 직무로 인식함). 중소기업의 경영진은 인사노무 업무를 특별한 전문성이 없더라도 수행할 수 있는 쉬운 업무로 인식하고 있다. 또한 기획, 영업, 생산, 연구개발 등에 비하여 중요하지 않은 업무로 보고 있는 경우도 많다. 이러한 경영진의 인식으로 인하여 인사노무부서의 경우 조직 위상이 낮은 편에 속하여 조직의 변화관리를 리드하기에 어려움이 많다.

세 번째 업무량 대비 인사노무인력의 부족이다. 대부분의 중소기업의 경우 인사, 총무 등 경영지원 인력이 부족한 상황이다. 일반적으로 중소기업은 현장을 최우선으로 하기 때문에 경영지원 인력을 최소한의 인력으로 운영하게 된다. 따라서 중소기업 인사노무부서는 항상 인력부족에 시달리고 있으며 인사기획, 성과관리 등의 업무를 수행하는 것은 현실적으로 매우 어려운 상황이다.

2) 중소기업 성과관리(performance management)[45] 현실태

기업의 경영활동의 핵심은 성과를 창출 것이다. 따라서 성과관리는 인사관리 활동 중 가장 중요한 활동이라고 볼 수 있다. 그러나 앞서 살펴본 바와 같이 중소기업의 인사노무관리는 전문인력의 부재, 인사노무업무에 대한 중요성 인식 문제, 절대적인 인력수의 부족 등의 문제를 가지고 있다. 이러한 중소기업의 현실속에서 성과관리의 정상적인 수행은 기대하기 어렵다. 실제적으로 중소기업은 연말 인사평가를 시행하는 것도 매우 어려움을 느끼고 있다. 이러한 상황에서 성과관리를 기획하고 시행하도록 요구하는 것은 인사노무부서에게 너무 어려운 업무를 부여하는 것으로 보인다. 그러나 우리나라의 중소기업이 건강하게 성장하기 위해서는 반드시 성과관리의 성공적인 수행이 필요하다. 따라서 중소기업의 성과관리의 문제점을 해결할 수 있는 대안을 반드시 고민해야 한다고 생각한다. 또한 성과관리의 성공적 수행은 최근 직장 내 괴롭힘 금지, 주52시간제 시행, 최저임금 인상 등 노동환경의 변화에 대한 근본적인 해결방안

45) 본 발제문에서는 인사평가와 성과관리를 다음과 같이 구분하여 사용하고자 한다.
(협의) 인사평가는 조직이 연말 또는 일정한 시점에서 행해지는 근무평정(performance appraisal)을 의미하며 (광의)인사평가는 목표합의(plan)-수시코칭(do)-근무평정(see)으로 이어지는 성과관리(performance management)를 의미한다. 따라서 본 발제문의 성과관리는 (광의)인사평가를 말한다.

이 될 것이라고 확신한다.

4. 중소기업 성과관리와 공인노무사의 역할

1) 개요

중소기업 성과관리의 성공적인 수행을 위하여 중소기업 성과관리 시 공인노무사가 적극적인 조력을 하는 방안을 제안하고자 한다. 중소기업의 경우 일정 규모 이상(보통 30인 이상)이 되면 공인노무사에게 인사노무자문을 받는 경우가 많다. 인사노무자문을 통해서 먼저 인사노무관리상의 노동관계법상의 리스크를 진단하고 해소한다. 이후 평가제도와 보상제도 등 인사제도에 대한 검토 통하여 인사제도 설계 컨설팅을 수행하는 경우가 발생하기도 한다. 인사제도 설계 후 높은 신뢰관계를 바탕으로 자문 공인노무사가 성과관리 코칭을 시행하는 방안이다.

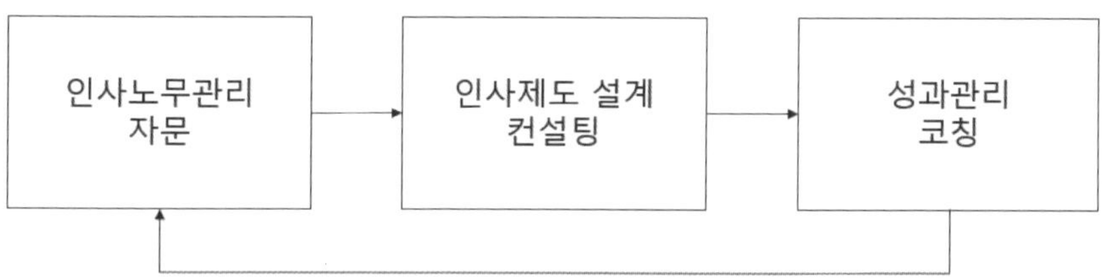

※ '인사노무관리 자문'과 '인사제도 설계 컨설팅'의 순서가 서로 바뀔 수 있음.

2) 중소기업 성과관리 시 공인노무사 코칭의 장점

가. 인사노무관리 자문을 통한 강력한 신뢰관계 사전 구축

회사와 자문 공인노무사는 인사노무관리 자문을 통하여 상호간에 깊이 있고 진솔한 소통을 한다. 인사노무관리 자문은 초기에는 노동관계법적 이슈(임금, 근로시간, 휴식, 징계 등)를 중심으로 이루어지며 시간이 지나면서 인사관리(인사평가, 임금체계, 동기부여 등) 이슈로 확대된다. 이러한 과정을 통하여 회사와 자문 공인노무사는 서로간에 강력한 신뢰관계를 구축하게 된다.

나. 회사에 대한 깊이 있는 이해를 바탕으로 인사제도 설계

자문 공인노무사는 자문사의 인사노무관리에 대하여 깊이 있게 이해하게 된다. 이러한 상황에서 인사제도 설계 컨설팅(인사평가제도 설계, 임금체계 개편 등)을 시행하기 때문에 적합성과 실행가능성이 높은 인사제도 설계가 가능하게 된다.

다. 지속적인 관계를 통한 실질적인 코칭 가능

성과관리 코칭 시행 시 인사노무관리 자문을 병행하기 때문에 회사와 자문 공인노무사간에는 매우 빈번한 대면 또는 유선 접촉이 이루어지게 된다. 이를 통하여 성과관리를 실무적으로 조력할 수 있는 실질적인 코칭이 가능하게 된다.

Ⅴ. 중소기업 성과관리 코칭 사례

1. 기업개요

- 설립일자 : 2006년 9월 13일
- 업종 : 제조업, 유통업
- 매출액 : 845억(2018년 실적 기준)
- 종업원 : 262명(2018년 12월 31일 기준)

2. 성과관리 진행경과

- 2017년 6월 ~ 8월 : 인사제도 설계 컨설팅(직무분석, 평가제도 설계)
- 2017년 9월 ~ 현재 : 인사노무자문 계약 체결
- 2017년 ~ 2018년 : 성과관리 코칭(1년차)
- 2018년 ~ 2019년 : 성과관리 코칭(2년차)
- 2019년 4월 ~ 5월 : 인사제도 설계 컨설팅 시행 중(보상제도 설계)

3. 성과관리 코칭 주요사항

1) 성과관리 코칭(1년차)

구분	과정명	시행시기	교육시간	비고
Module 1 목표합의	성과관리 리더십 과정 Ⅰ - 목표합의 중심 -	2017년 11월	14시간	부서장
	성과관리 특강	2017년 12월	2시간	부서원
Module 2 수시코칭	성과관리 리더십 과정 Ⅱ - 수시코칭 중심 -	2018년 3월	14시간	부서장
	성과관리 Review	2018년 6월	6시간	부서장
Module 3 평가시행	성과관리 리더십 과정 Ⅲ - 평가 시행 중심 -	2018년 11월	6시간	부서장
	인사평가 교육	2018년 11월	2시간	부서원

사례기업은 직무분석을 통한 인사평가제도 설계를 시행하였다. 인사제도 설계 후 성과관리 코칭(1년차)을 시행하였다. 성과관리 코칭은 크게 목표합의, 수시코칭, 평가시행 등 3단계로 구분하여 진행되었다. 먼저 목표합의 교육을 부서장과 부서원을 대상으로 시행(성과관리 리더십 과정Ⅰ, 성과관리 특강)한 후 목표합의를 진행하였다. 다음으로 수시코칭 교육은 부서장의 역량향상을 위해 필요하기 때문에 부서장만을 대상으로 2차례 시행하였다(성과관리 리더십 과정Ⅱ, 성과관리 Review). 마지막으로 평가시행 교육을 부서장과 부서원을 대상으로 시행(성과관리 리더십 과정Ⅲ, 인사평가 교육)한 후 2018년 인사평가를 실시하였다. 성과관리 코칭은 인사노무관리 자문과 병행하면서 이루어졌다.

2) 성과관리 코칭(2년차) : 시행 중

구분	과정명	시행시기	교육시간	비고
Module 1 목표합의	2019년 대비 목표합의	2018년 12월	2시간	부서장
Module 2 성과관리	성과관리 리더십 과정 Ⅰ - 목표합의 Review -	2019년 1월	4시간	부서장
	성과관리 리더십 과정 Ⅱ - 수시코칭 Review -	2019년 7월	4시간	부서장
	성과관리 리더십 과정 Ⅲ - 인사평가 교육 -	2019년 12월	4시간	부서장
	인사평가 교육	2019년 12월	2시간	부서원
Module 3 성과관리 리더십 코칭	성과관리 리더십 코칭Ⅰ - 성과책임 중심 -	2019년 상반기	6시간	부서장 (소규모 코칭)
	성과관리 리더십 코칭Ⅱ - 성과책임 중심 -	2019년 하반기	6시간	부서장 (소규모 코칭)

사례 기업은 성과관리 코칭 2년차가 진행 중이다. 성과관리 코칭 2년차는 목표합의, 성과관리, 성과관리 리더십 등 3단계로 구성되었다. 첫 번째 부서장을 대상으로 목표합의 교육을 시행 한 목표합의를 시행하였다. 두 번째 성과관리 교육을 목표합의 Review, 수시코칭 Review, 인사평가 등을 주제로 시행할 예정이다. 세 번째 성과관리 리더십 코칭을 10명 규모이 소규모 코칭 형태로 진행할 예정이다. 성과관리 리더십 코칭 과정은 성과책임(accountability)을 중심으로 이루어질 예정이다. 성과관리 코칭 1년차는 성과관리가 실질적 실행되는 것에 주력하였다면 성과관리 2년차는 성과관리 주체인 조직장의 리더십 향상에 집중할 계획이다. 성과관리 2년차도 인사노무자

문과 병행하여 진행되며 추가적으로 현재 보상제도 설계 컨설팅이 시행 중에 있다.

3. 시사점

사례 기업은 인사제도 설계 컨설팅 후 성과관리 코칭을 시행하였다. 성과관리 코칭에 대하여 다음과 같은 시사점을 도출할 수 있다.

첫 번째 성과관리 코칭을 통하여 새로운 인사제도의 실질적인 실행이 가능하였다는 점이다. 많은 기업들이 인사제도 컨설팅 이후 실행이 이루어지지 않는 경우가 발생한다. 사례 기업 또한 인사제도 설계 후 실행에 대하여 매우 많은 부담을 가지고 있었다. 인사팀은 기존의 채용, 급여 등의 업무로 인하여 성과관리 업무에 추가적인 시간과 인력을 투입하기가 매우 어려운 상황이었다. 이러한 상황에서 성과관리 코칭은 목표합의, 수시코칭, 평가시행 등을 실질적으로 실행할 수 있도록 조력하는 역할을 수행하였다.

두 번째 성과관리 코칭을 통하여 인사제도에 대한 신뢰가 제고되었다는 점이다. 인사제도 설계 후 인사부서가 직접 실행하는 경우 구성원들의 신뢰문제가 종종 발생하곤 한다. 구성원들은 중소기업 인사부서의 전문성을 인정하지 않는 경향이 있으며 이는 인사제도에 대한 불신으로 이어지게 된다. 그러나 외부 공인노무사의 성과관리 코칭을 통하여 구성원들은 인사제도에 대해 높은 신뢰감을 갖게 되었다.

세 번째 성과관리 코칭을 통하여 인사부서의 역량이 향상되었다는 점이다. 내부 인사부서는 성과관리 코칭 과정을 함께 경험하면서 목표합의, 수시코칭, 평가시행의 내용과 실무적 쟁점을 자연스럽게 학습하게 되었다. 이를 통하여 인사부서의 인사관리와 성과관리 역량이 향상되는 결과를 가져오게 되었다.

네 번째 성과관리 코칭을 통하여 경영진이 인사관리의 중요성을 인식하였다는 점이다. 중소기업의 경우 경영진이 인사관리 활동의 중요성을 인식하지 못하는 경우가 많다. 사례 기업의 경우 성과관리 코칭을 통하여 조직 리더의 실질적인 행동의 변화가 일어났기 때문에 경영진은 인사관리가 기업경영의 핵심임을 인식하게 되었다.

마지막으로 성과관리 코칭을 통하여 실질적인 성과의 향상을 이루었다는 점이다. 성과관리는 성과향상을 목적으로 시행된다. 따라서 목표합의 시 매우 구체적인 실행과제 중심으로 목표를 설정하였다. 이러한 실질적인 성과목표 합의와 실행을 통해서 부서 또는 개인의 성과 향상을 달성하였다.

Ⅵ. 결론

지금까지 중소기업의 성과관리와 공인노무사의 역할에 대해서 살펴보았다. 기업의 경쟁력은 성과관리를 통해서 향상시킬 수 있다. 그러나 현재 우리나라 중소기업의 경우 성과관리가 거의 이루어지지 못하고 있는 실정이다. 이러한 상황속에서 인사노무전문가인 공인노무사가 중소기업의 성과관리를 돕는다면 중소기업에게 아주 큰 도움이 될 것이라고 생각한다. 중소기업 성과관리의 변화를 통하여 우리나라 중소기업이 건강하게 성장하고 구성원의 행복한 일터가 되기를 바라며 글을 맺는다.

〈2019년 한국인사관리학회 춘계학술대표 발표 자료〉

※ 본 내용(심층학습07)은 필자가 2019년 한국인사관리학회 주관 춘계학술대회에서 발표한 내용입니다. 중소기업 성과관리의 현 주소는 성과관리의 부재라고 볼 수 있습니다. 중소기업의 경우 인사부서의 전문성 부족, 대표이사의 성과관리 중요성 인식 부족 등의 이유로 사실상 성과관리가 이루어지지 못하고 있습니다. 이러한 현실 속에서 공인노무사가 중소기업의 성과관리의 조력자 역할을 할 수 있으며 이를 통하여 중소기업 성과관리의 긍정적 변화가 가능하다는 내용의 글입니다. 성과관리를 고민하시는 중소기업이 있으시다면 읽어보시면 도움이 되실 것 같습니다.

제1장

제2장

제3장

제4장 보상관리

제5장

story

28

임금관리[46]의 복잡한 구조를 쉽게 이해할 수 없을까?

Storytelling

김대리는 공인노무사 시험을 준비하고 있다. 작년에 1차시험을 패스하고 올해 8월 2차시험을 앞두고 있다. 그런데 2차시험 과목 중 인사노무관리가 복병으로 등장하였다. 특히 인사노무관리 중 임금관리에서 혼동에 빠졌다. 기본서마다 임금관리의 틀이 다르기 때문이다. 예를 들어 A저자는 임금관리를 임금수준, 임금체계, 임금형태로 구분하고, B저자는 임금관리를 임금체계만으로 서술하고 있다. 김대리는 임금관리 실무를 경험하였기 때문에 임금관리를 쉽게 이해할 수 있을 것으로 생각했지만 전혀 예상하지 못한 상황이 발생한 것이다. 과연 임금관리의 틀은 어떻게 이루어져 있는 것일까?

Coaching

임금관리는 생각보다 복잡한 구조로 이루어져 있다. 인사업무를 꽤 오랜기간 동안 수행했던 인사담당도 임금관리의 구조를 쉽게 설명하지 못하는 경우가 많이 있다. 이러한 이유는 스토리의 내용과 같이 학자마다 임금관리를 바라보는 시각이 다르기도 하며 나아가 임금관리의 용어의 불명확성도 함께 존재하고 있는

46) 임금관리의 구조는 학자마다 다른 견해를 보이고 있다. 따라서 필자는 최종태(현대인사관리론, 박영사), 박경규(신인사관리, 홍문사), 김영재 · 김성국 · 김강식(신인적자원관리, 탑북스), 정연앙(직무중심 임금관리, 한국인사관리협회) 등 교수님의 임금관리의 견해를 분석한 후 인사실무자가 쉽고 체계적으로 이해할 수 있도록 새로운 임금관리의 틀을 제시하고자 한다.

것으로 보인다. 임금관리 업무를 잘 수행하기 위해서는 먼저 임금관리의 구조를 이해하는 것이 반드시 필요하다. 임금관리의 전체적인 모습을 그림으로 나타내면 다음과 같다. 이번 스토리에서는 임금관리의 큰 틀을 살펴보도록 한다.

[임금관리 틀]

임금관리는 크게 임금수준과 임금체계로 구분할 수 있다.

먼저 임금수준에 대해서 살펴보자. 임금수준이란 우리 회사의 임금이 동종업계 대비 어느 정도에 해당하는지에 관한 것이다. 임금수준은 기업의 지불능력, 노동시장, 생계비 등을 종합적으로 고려하여 결정하게 된다. 임금수준은 대외적 공정성을 판단하는 기준이 된다.

다음으로 임금체계에 대해서 알아보자. 임금체계란 임금을 결정하고 운영하는 방식에 관한 것이다. 임금체계는 기본급과 성과급으로 구분된다. 기본급을 협의의 임금체계로 부르기도 한다. 기본급은 다시 결정체계와 운영(인상)체계로 나누어진다. 기본급 결정체계란 기본급을 어떤 기준으로 결정할 것인가에 관한 것이다. 사람을 기준으로 기본급을 결정하는 것을 속인급(연공급, 직능급 등), 직무를 기준으로 기본급을 결정하는 것을 속직급(직무급, 역할급 등)이라고 한다. 기본급 결정 후 운영(인상)방식을 정해야 한다. 기본급 운영(인상)시 공헌의 차이를 인정하지 않는 방식이 동일적용, 공헌의 차이를 인정하는 방식이 차등적용이다. 차등적용 방식을 메리트제도(Merit pay increase)라고 부른다. 다음으로 성과급이다. 성과급은 개인 성과급과 집단성과급으로 구분된다. 개인성과급은 영업직, 판매직 등에 적용하며 인센티브(Incentive)라고 부른다. 집단성과급은 이익실현 시 지급하는 이익분배제도(profit sharing)와 비용절감 등 생산성 향상 시 지급하는 초과성과분배제도(gain sharing)로 구분된다. 임금체계는 대내적 공정성을 판단하는 기준이 된다.

여기서 임금의 본질에 대한 두 가지 질문을 던지고자 한다.

기본급을 왜 지급하는 것일까? 현대 사회에서 거의 모든 기업이 기본급을 가지고 있기 때문에 우리는 기본급을 매우 당연한 것으로 받아들이고 있다. 그러나 산업화 초기에는 산출량에 따라서 임금을 결정하는 산출급이 존재하였다. 산출급의 경우 별도의 기본급이 존재하지 않는다. 그러나 산업화가 진행되면서 직원의 생계안정, 인력유지 등을 위해 기본급이 만들어 진 것이다. 그렇다면 기본급의 진정한 의미는 무엇일까? 바로 기대성과에 대한 보상이다. 기대성과에 대하여 사전에 임금을 결정한 것이 기본급이라는 것이다.

그렇다면 성과급은 무엇인가? 성과급은 기대성과 이상의 성과를 달성한 직원에게 지급하는 임금이다. 즉, 기대성과에 맞게 기본급을 지급하였으나 그 이상의 성과를 달성하였기 때문에 추가적인 임금을 지급하는 것이다. 즉, 성과급은 실제성과에 대한 보상인 것이다. 이와 같이 기본급과 성과급의 본질적인 접근을 통해서 임금관리의 틀을 좀 더 깊이 있게 이해할 수 있을 것으로 생각된다.

HR 실무 적용 Point

1. 임금관리를 구조적으로 이해하는 것이 매우 중요하다.
2. 임금체계는 기본급과 성과급으로 구분된다.
3. 기본급은 결정체계와 운영(인상)체계로 구분된다.
4. 기본급은 기대성과, 성과급은 실제성과에 대한 보상이다.

참고자료 : 보상시스템

보상의 구성	주요내용
집단성과급 (Group Incentive)	▪ 회사가 이익을 달성하거나 조직이 생산성을 향상시킨 경우 지급됨. ▪ 협업의 강화를 위하여 매우 바람직한 보상방법임.
개인성과급 (Individual Incentive)	▪ 개인의 동기부여 수단으로 지급되는 금액임 ▪ 직무별, 직종별 특성을 고려하는 것이 매우 중요함. ▪ 개인성과급이 강조될 경우 집단의 협업을 저해할 수 있음.
기본연봉 (Base pay)	▪ 근로자에게 소정근로의 대가로서 지급하는 기본적인 금액임 ▪ 속인급(연공급, 직능급)과 속직급(역할급, 직무급)등으로 구분됨 ▪ 기본연봉은 생산성과 연계하여 운영하는 것이 매우 중요함 (생산성 커브와 임금커브를 일치) ▪ Merit pay increase를 통하여 성과와 역량을 기본연봉과 연동시킴 ▪ 가급적 높은 기본연봉 수준을 통하여 고임금(high labor rate)-저인건비(low labor cost) 전략을 시행하는 것이 바람직함.

story

29

기본급은 어떠한 기준으로 정해지는가?

Storytelling

A사는 최근 직무급 도입 검토를 시작했다. 현재의 연공급으로는 도저히 경쟁력을 유지할 수 없다는 판단을 했기 때문이다. 그러나 A사는 현재 연공급을 어떻게 직무급으로 변경시킬 것인지에 대해서 막막하기만 하다. 과연 연공급, 직무급 등 기본급은 어떤 기준으로 정해지는 것일까?

Coaching

최근 많은 기업들이 기본급을 직무급으로 변경하는 것을 검토하고 있다. 그러나 막상 기본급 변경 검토를 시작하면 기본급을 변경시키는 것이 생각보다 어렵다는 것을 알게 된다. 그렇다면 이제부터 기본급이란 무엇인지 명확히 살펴보자.(본 스토리에서 기본급은 '기본급 결정체계'를 의미함)

그림은 기본급 체계를 한눈에 알 수 있도록 정리한 표이다. 먼저 기본급은 크게 속인급과 속직급으로 구분된다. 즉, 기본급이 사람의 속성으로 결정되는 것인지 아니면 직무의 속성으로 결정되는지에 따라서 구분된다는 것이다. 생각해 보자. 채용 후 기본급을 결정할 때 두 가지 기준이 존재할 수 있다. 첫 번째는 구직자의 학력, 경력 등을 확인하고 기본급을 결정하는 방식이다. 그리고 두 번째는 구직자가 수행할 직무를 보고 기본급을 결정하는 방식이다. 두 가지 방식 모두 선택 가능한 기본급 결정 방식이다. 따라서 우리는 과연 속인급과 속직급 중 어떤 기본급 유형이 효율성이 높은지를 판단하여 기본급 체계를 결정할 필요가 있는 것이다.

[기본급 유형 비교]

구분	속인급		속직급	
	연공급	직능급	역할급	직무급
개요	• 근속연수, 학력 기준으로 결정	• 직무수행능력 기준으로 결정	• 역할기준으로 결정	• 직무가치를 기준으로 결정
직급 체계	• 직위등급제	• 직능자격제	• 역할등급제	• 직무등급제
직급 상승	• 연공의 변화	• 직능의 변화	• 역할의 변화	• 직무의 변화
임금 연공성	• 매우 강함	• 강함	• 약함	• 매우 약함
직급 예시	• 사원-주임-대리-과장-차장-부장	• 직능등급1~직능등급9	• 사원-선임-책임 • 사원-매니저	• G1-G2-G3-G4-G5
적용 사례	• 한국기업(대부분)	• 한국기업(일부) 일본기업(과거)	• 일본기업(최근)	• 외국계 기업

그럼 기본급의 유형에 대해서 세부적으로 살펴보자. 먼저 속인급을 알아보자. 속인급은 연공급과 직능급 등으로 구분된다. 연공급은 학력, 근속, 연령 등 연공을 고려하여 기본급을 결정하는 방식이다. 그리고 직능급은 직무능력을 기반으로 기본급을 결정하는 방식이다. 직능급은 연공급의 변형된 형태로 이해해도 좋다. 연공급은 통상적으로 근속이 길어지면 임금이 상승하는 모습을 보이기 때문에 인건비의 효율성에 문제가 발생하기 쉽다. 따라서 이러한 연공성의 문제를 보완하기 위해서 직능급이 만들어진 것이다. 직능급은 직무능력의 향상을 전제로 임금이 상승하기 때문에 연공급에 비하여 합리적이며 효율적인 제도라고 볼 수 있다. 다음으로 속직급에 대해서 알아보자. 속직급은 직무급과 역할급 등으로 구분된다. 직무급은 직무가치를 기반으로 기본급을 결정하는 방식이다. 그리고 역할급은 역할에 따라서 기본급을 결정하는 방식이다. 역할급은 직무급의 변형된 형태로 이해해도 좋다. 직무급은 직무평가를 통해서 직무등급을 결정하는 절차

가 필요하다. 그러나 직무평가는 매우 난이도가 높고 직원들의 수용성을 담보하기 쉽지 않다. 직무급 도입의 이러한 애로사항을 고려하여 역할급이 생겨난 것이다. 역할급은 복잡한 직무평가 없이 역할등급의 결정을 통하여 도입이 가능한 기본급 형태라고 볼 수 있다. 이와 같이 기본급은 크게 속인급과 속직급으로 구분되며 계속해서 다양한 형태로 분화되고 있다. 그러나 기본급이 아무리 많더라도 속인급과 속직급 중 하나에 속한다는 점도 매우 흥미로운 사실이다. 즉, 기본급의 뿌리가 사람인지 아니면 직무인지는 명확히 구분되기 때문이다.

이 시점에서 재미있는 문제를 하나 풀어보자. 보통 독일의 임금체계를 숙련급이라고 표현하다. "숙련급은 속인급일까? 속직급일까?" 쉽지 않은 질문이다. 어떤 인사담당은 숙련급은 직능급과 유사하기 때문에 속인급이라고 주장한다. 그러나 또 다른 인사담당은 독일의 체계는 직무급 뿌리이기 때문에 숙련급은 속직급이라고 주장한다. 과연 누구의 말이 맞는 것일까?

이 질문에 명확히 답변하기 위해서는 실제 숙련급의 모습을 살펴볼 필요가 있다. 자동차 공장의 공정을 예를 들어보자. A공정은 쉬운 공정이며 필요 숙련도는 1이다. A공정을 수행 시 기본급을 월200만원 지급한다. B공정은 약간 어려운 공정이며 필요 숙련도는 2이다. B공정을 수행 시 기본급을 월250만원 지급한다. C공정은 매우 어려운 공정이며 필요 숙련도는 3이다. C공정을 수행 시 기본급을 월300만원 지급한다. 이제 명확히 답이 나온 것 같다. 이러한 숙련급은 명확한 속직급이다. 왜냐하면 직무의 필요 숙련도에 따라서 기본급이 결정되기 때문이다. 그러나 만약 어떤 기업이 숙련급을 직무의 필요 숙련도가 아니라 직원의 숙련수준에 따라서 결정하면 어떻게 될까? 이러한 숙련급은 속직급이 아니라 속인급이 될 것이다. 결론적으로 기본급 체계는 기본급의 명칭뿐 아니라 실제 어떻게 활용되고 있는지를 통하여 결정되는 것이라는 점을 반드시 기억할 필요가 있다.

기본급과 관련하여 한 가지 깊이 있게 생각해 볼 문제를 제안하고자 한다.

바로 기본급과 직급체계의 관계이다. 인사관리에서는 직급체계라는 표현을 상당히 자주 사용한다. 그러나 인사관리 교과서에는 직급체계라는 별도의 목차를 찾기 어렵다. 그렇다면 직급체계란 과연 무엇인가?

직급체계는 인사관리의 뼈대라고 볼 수 있다. 즉, 직급체계를 기준으로 모든 인사관리가 이루어지는 것이다. 따라서 기본급 체계는 철저히 직급체계를 기반으로 이해하는 것이 필요하다. 연공급의 직급체계는 직위등급제도이다. 우리가 일반적으로 알고 있는 사원, 대리, 과장, 차장, 부장이라고 볼 수 있다. 이러한 직급체계는 연공이 증가하면 직급이 함께 상승하는 모습을 보인다. 직능급의 직급체계는 직능자격제도이다. 직무능력 평가를 통하여 직능자격을 부여하는 방식이다. 직무급의 직급체계는 직무등급제도이다. 직무등급은 G1, G2, G3, G4 등으로 표기된다. 보통 G는 Grade를 의미하는 것으로 이해할 수 있다. 직무평가를 통하여 직무의 가치를 등급별로 구분하는 것이다. 역할급의 직급체계는 역할등급제도이다. 조직 내 역할에 따라서 사원, 선임, 책임 또는 사원, 매니저 등으로 구분하는 방식이다. 기본급 체계에서 직급체계를 설명하는 이유가 무엇일까? 기본급 체계의 변화는 직급체계의 변화를 동반하는 것이기 때문이다. 즉, 임금체계를 연공급에서 직무급으로 변화시키기 위해서는 직급체계를 직위등급제에서 직무등급제로 변화시키는 것이 반드시 필요한 것이다.

HR 실무 적용 Point

1. 기본급 결정체계는 사실상 속인급과 속직급 2가지이다. 그리고 이러한 기본급 결정체계는 다양한 모습으로 변화되고 있다.
2. 속인급과 속직급의 판단은 실제 기본급의 운영 모습을 통하여 결정된다. 즉, 기본급의 유형은 기본급의 명칭뿐만 아니라 실제 운영되는 모습을 통하여 결정된다.
3. 기본급 체계는 직급체계를 기반으로 한다는 점을 이해하여야 한다.

참고자료 : 임금체계 개편(도요타)

1993년 ~

임금항목	비율
생산성급	20%
연령급	20%
직능급	20%
기본급	40%

2000년 ~

임금항목	비율
생산성급	20%
연령급	20%
직능 기준급	30%
직능 개인급	30%

2004년 ~

EX급 이하

임금항목	비율
생산성급	20%
숙련급	20%
직능 기준급	30%
직능 개인급	30%

SX급 이상

임금항목	비율
생산성급	20%
역할급	20%
직능 기준급	30%
직능 개인급	30%

주1) 직능자격 : 기초기능직-초급기능직-중견기능직-EX급-SX급 -CX급

Implication

- 도요타의 임금체계는 지속적으로 연령, 근속 등 연공적 요소를 약화시키는 방향으로 진행됨.
- 2004년 이후 직무가치를 반영하려는 시도가 실질적으로 이루어짐(역할급 신설 등)
- 향후 속인적 가치와 속직적 가치의 균형을 통하여 임금체계의 공정성을 제고할 것으로 예상됨.

※ 임금연구 제24권 제4호, 2016년 겨울호, "글로벌 자동차기업 생산직 임금체계 국제비교

story

30

기본급 인상은 어떤 방식으로 이루어지는가?

Storytelling

김대리는 최근 인사평가 제도를 개편했다. 이제 인사평가와 보상을 연계하는 방안을 고민중이다. 현재까지 호봉제 방식으로 운영했던 것을 연봉제로 변경할 계획이다. 그런데 김대리는 기본인상액과 호봉상승액 등의 개념을 학습하면서 임금인상에 대한 혼동에 빠지고 말았다. 과연 지금까지 임금인상은 어떤 방식으로 이루어졌던 것일까?

Coaching

연봉제 도입 시 많은 기업이 어려움을 겪는 이유는 기본급의 인상 원리를 명확히 이해하지 못하고 있기 때문이다. 필자 또한 기본급 인상에 대하여 학습할 때 개념의 혼돈을 겪었던 기억이 있다. 안타까운 것은 기본급 인상과 관련하여 참고할 만한 서적이 많지 않다는 것이다. 혹시 기본급 인상원리에 대하여 명확한 개념정리를 원하는 분이 계시다면 다음 그림을 참고할 것을 권하고 싶다.

먼저 기본급 인상은 두 단계로 이루어진다는 점을 이해해야 한다. 첫 번째는 기본인상이라고 불리는 베이스업(Base-up)이다. 그리고 두 번째는 승급인상이라고 불리는 스텝업(Step-up)이다. 이와 같이 기본인상과 승급인상이 더해져서 총 인상이 결정되는 것이다.

[기본급 인상 원리]

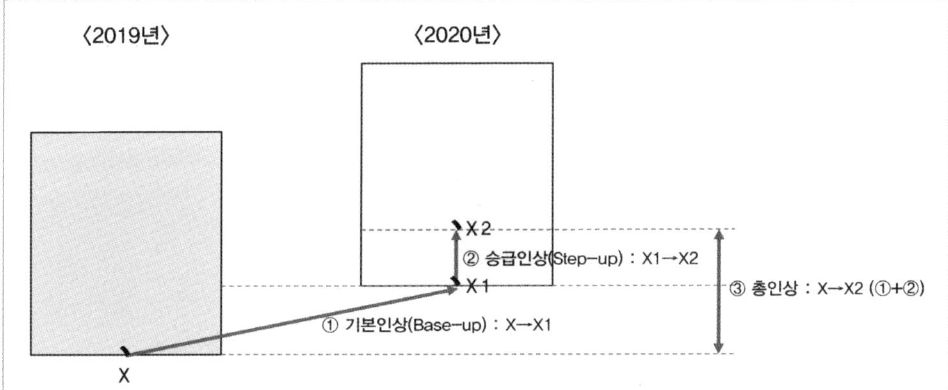

※ 주 1) 기본인상 : Base-up을 의미함, 보통 물가상승률 등을 고려하여 급여밴드 자체를 상승시키는 것을 말함. 자동적으로 임금인상 효과가 발생함.
2) 승급인상 : Step-up을 의미함, 보통 연차상승에 따라서 기대성과가 상승하므로 급여밴드 내에서 임금을 인상시키는 것을 말함.

그럼 좀 더 구체적으로 기본급 인상에 대해서 살펴보자.

먼저 베이스업(Base-up)이라고 불리는 기본인상에 대해서 알아보자. 기본인상(Base-up)이란 물가상승률 등을 고려하여 급여밴드 자체를 상승시키는 것을 말한다. 예를 들어보자. 우리 회사의 생산직 초임이 월200만원이라고 가정해 보자(인근 공장의 생산직 초임도 월200만원이라고 가정함). 그런데 물가인상 또는 최저임금 인상에 의해서 인근 공장의 생산직 임금이 210만원으로 상승하였다. 그렇다면 우리 회사도 생산직 초임을 상승시키는 것을 검토할 수밖에 없다. 이러한 임금인상을 기본인상(Base-up)이라고 부르는 것이다. 이러한 기본인상은 직급별로 상이하게 이루어 질 수 있다. 예를 들어 우리 회사의 대리급의 임금수준이 낮아서 대리급의 퇴사율이 높다면 대리급의 기본인상을 좀 더 높게 적용할 것이다. 반대로 부장급의 임금이 매우 높은 수준이라면 부장급의 기본인상은 적용하지 않을 수 있다.

다음으로 스텝업(Step-up)이라고 불리는 승급인상에 대해서 알아보자. 승급인상이란 연차상승에 따라 기대되는 성과의 상승으로 급여밴드 내에서 임금을 인상시키는 것을 말한다. 예를 들어보자. 생산직 근로자 A씨가 월200만원을 받고 입사하였다. 그리고 A씨는 열심히 근무하였고 1년이 지난 시점에서 보니 업무지식과 기술 등이 많이 향상되었다. 따라서 A씨의 기대성과도 상승하게 되었다. 그렇다면 회사는 A씨에게 월200만원보다 높은 급여를 지급하는 것이 당연할 것이다. 이러한 임금인상을 승급인상(Step-up)이라고 부르는 것이다. 그런데 이러한 승급인상은 보통 기본인상이 이루어진 상태에서 추가적으로 발생하게 된다. 물론 기본인상 없이 승급인상만 이루어지는 경우도 있다.

결론적으로 임금인상은 기본인상(Base-up)과 승급인상(Step-up)의 합으로 이루어지는 것이다. 그렇다면 실무적으로 기본인상과 승급인상은 임금관리에 어떻게 적용되고 있을까? 우리는 호봉제와 연봉제를 통해서 기본인상과 승급인상의 실제 모습을 이해할 수 있다. 즉, 기본급 인상방식에 따라서 호봉제와 연봉제가 구분되는 것이다. 먼저 호봉제에 대해서 살펴보자. 호봉제란 기본인상과 승급인상을 호봉표에 의해서 운영하는 임금제도를 말한다. 호봉제를 선택한 기업은 매년 초 직급별 호봉표를 작성하여 임금을 운영한다. 이때 직급별 기본인상(Base-up)을 얼마로 할 것인가와 승급인상(Step-up)을 몇호봉으로 할 것인가를 결정하게 된다. 호봉제의 경우 특별한 경우를 제외하고는 승급인상이 동일하게 적용되는 것이 일반적이다. 따라서 인사평가에 따른 차등적용이 거의 이루어지지 않는다. 다음으로 연봉제에 대해서 살펴보자. 연봉제란 호봉표를 폐지하고 매년 인사평가 결과에 따라서 임금인상을 결정하는 임금제도를 말한다. 연봉제를 선택한 기업은 호봉표가 없기 때문에 인사평가 등급을 기준으로 임금인상을 결정하게 된다. 따라서 인사평가 상위자가 하위자에 비하여 상대적으로 더 높은 임금인상을 적용받게 된다. 연봉제의 경우 기본인상과 승급인상을 구분하여 운영하는 방식과 통합하여 운영하는 방식으로 나누어진다.

이상과 같이 기본급의 인상은 기본인상과 승급인상으로 구분되어 이루어진다는 것을 확인하였다. 근로자 입장에서는 본인의 기본급이 얼마나 인상되었는가에만 관심이 있겠지만 회사 입장에는 기본인상과 승급인상을 어떻게 운영할 것인가를 결정하는 것이 매우 중요한 의사결정 이슈라고 볼 수 있다.

HR 실무 적용 Point

1. 기본급 인상은 기본인상(Base-up)과 승급인상(Step-up)으로 구분된다.
2. 연봉제란 매년 인사평가 결과에 따라서 임금인상을 결정하는 임금제도를 말한다.
3. 회사는 매년 기본인상(Base-up)과 승급인상(Step-up)전략을 수립하는 것이 요구된다.

story

31

임금인상 시 인사평가와 급여구간을 동시에 고려하는 이유는 무엇일까?

Storytelling

김대리는 보상체계를 연봉제로 변경하는 프로젝트를 진행중이다. 인사평가 결과와 보상을 연계하여 합리적으로 연봉이 결정되도록 할 계획이다. 그런데 외국계 기업의 경우에는 연봉인상 시 인사평가와 급여구간을 함께 고려한다는 사실을 알게 되었다. 과연 외국계 기업은 무슨 이유로 급여구간을 연봉인상 시 고려하는 것일까? 물어볼 사람도 없고 책을 아무리 찾아봐도 해답이 나오지 않는다.

Coaching

우리는 이전 스토리에서 기본급 인상이 기본인상(Base-up)과 승급인상(Step-up)으로 구분된다는 것을 학습하였다. 그리고 기본급 인상방식에 따라서 호봉제와 연봉제로 나누어진다는 사실도 알게 되었다. 이제 대부분의 기업은 호봉제를 폐지하고 연봉제로 변경하였다. 연봉제란 사전적으로는 '연단위로 급여를 결정하는 제도'를 말하지만 HR적으로는 '개인별 임금을 차등적으로 인상시키는 임금형태'를 의미한다. 이러한 차등인상 시 우리나라의 기업들은 인사평가를 기준으로 적용한다. 그러나 외국계 기업들은 인사평가와 급여구간을 동시에 고려하여 적용하고 있다. 이러한 방식을 외국계 기업은 메리트 페이(Merit pay)라고 부른다. ('메리트 페이'를 한국어로 번역하면 '고과급'이 된다) 즉, 개인별 차등인상을 우리나라는 연봉제, 외국계기업은 메리트 페이(고과급)이라고 부르는 것이다. 그렇다면 왜 우리나라와 외국계기업은 연봉인상 시 다른 기준을 적용하는 것일까? 이점이 매우 중요하다. 연봉인상 시 어떠한 기준을 적용하는 것이 합리적인지에 대해서 정확히 이해할 필요가 있다.

[고과급(Merit pay) 원리]

제1원리 : 인사평가 적용

	인사평가 등급				
구분	S	A	B	C	D
임금 인상률	10%	7.5%	5%	2.5%	0%

제2원리 : 급여구간 적용

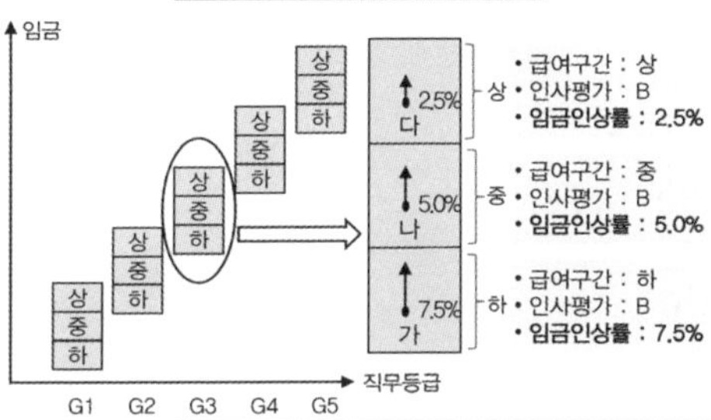

Implication

- 고과급(Merit pay)은 '인사평가'와 '급여구간'이라는 2가지 원리에 의해서 작동함.
- 첫번째 '인사평가'원리 : 인사평가 결과가 좋을수록 임금인상률을 높게 적용함. 상식적으로 쉽게 이해할 수 있음.
- 두번째 '급여구간'원리 : 동일직급의 경우 급여구간이 낮을수록 동일한 평가에 대하여 임금인상률을 높게 적용함. 급여구간 원리를 이해하기 위해서는 직급을 직무등급의 개념으로 이해하는 것이 필요함. 즉, 동일한 직무등급을 가정할 때 급여가 상대적으로 낮다는 것은 직무가치를 인정받지 못하고 있다는 것을 의미함. 따라서 급여구간이 낮을수록 동일한 평가에 대하여 임금인상률을 높게 적용하는 것이 타당함.

상기의 그림을 통해서 고과급(Merit pay)의 원리를 이해해 보자. 고과급은 두 가지 원리에 의해서 작동한다. 첫 번째 원리는 인사평가 적용이고 두 번째 원리는 급여구간 적용이다. 먼저 인사평가 원리에 대해서 살펴보자. 인사평가 원리란 인사평가 결과가 좋을수록 임금인상률을 높게 적용하는 것을 말한다. 인사평가 결과가 좋다는 것은 성과와 역량이 높다는 것을 의미하기 때문에 임금인상률을 높게 적용하는 것은 매우 당연하며 쉽게 이해할 수 있다. 다음으로 급여구간 원리에 대해서 살펴보자. 급여구간 원리란 동일직급의 경우 급여구간이 낮을수록 동일한 평가에 대해서 임금인상률을 높게 적용하는 것을 말한다. 글이 너무 어려워 쉽게 이해가 되지 않는다. 상기 그림을 통해서 이해해 보자. 동일한 직급에 속한 3명(가, 나, 다)이 있다. '가'는 연봉이 5,000만원, '나'는 5,500만원, '다'는 6,000만원이라고 가정해 보자. 이러한 상황에서 '가', '나', '다' 모두 'B'평가를 받았을 경우 임금인상률을 어떻게 적용하는 것이 합리적일까? 이 경우 임금수준이 낮은 '가'의 임금인상률을 상대적으로 높게 적용하는 것이 바로 급여구간 원리이다. 그렇다면 왜 이러한 제도가 생겨났을까? 쉽게 이해가 되지 않는다. 필자의 경우에도 급여구간 원리를 인사업무 15년만에 이해하였다. 부끄러운 고백이다. 급여구간 원리의 적용 이유에 대해서는 몇 가지 추측이 가능하다. 동일한 임금인상률을 적용했을 경우 급여수준이 높은 사람의 인상액이 높아진다는 것이다(예를 들어 6,000만원의 5%는 300만원이고, 5,000만원의 5%는 250만원이 된다.) 그리고 또 다른 추측은 급여수준이 높은 사람은 곧 급여밴드의 최대치(MAX)에 도달하기 때문에 급여인상률을 낮추어야 한다는 것이다. 물론 이러한 추측도 타당성이 있으나 본질적인 이유는 아니다. 그렇다면 본질적인 이유는 무엇일까? 이에 대한 해답은 직급을 직무등급으로 이해하면 쉽게 찾을 수 있다. 직급이 동일하다는 것은 직무가치가 비슷한 업무를 수행하고 있다는 것이다. 그러나 '가'는 연봉이 상대적으로 낮은 수준이다. 즉, 동일한 가치의 업무를 수행하는 동료에 비해서 기본급의 낮다는 것을 의미한다. 그렇다면 '가'는 불만이 생길 수 있고 외부에서 스카웃 제의가 들어올 수 도 있다. 따라서 '가'에게는 가급적 높은 임금인상률을 적용하여 최소한 직급밴드의 중간값 수준으로 임금을 인상시키는 것이 필요한 것이다. 그럼 '다'에 대해서 살펴보자. 반대로 '다'는 연봉이 상대적으로 높은 수준이다. 즉, 동일한 가치의 업무를 수행하는 동료에 비해서 기본급이 높다는 것을 의미한다. 그렇다면 '다'의 경우에는 임금인상을 가급적 억제하는 것이 필요하다는 결론에 이르게 된다. 이와 같이 급여구간의 원리는 직무등급의 개념 적용을 통해서 쉽게 이해할 수 있다. 즉, 직무급을 시행하는 회사의 경우 매우 당연하게 급여구간 원리가 적용되는 모습을 볼 수 있다.

그렇다면 우리나라의 경우 아직까지 인사평가 원리(제1원리)만 적용하고 급여구간 원리(제2원리)를 적용하지 않는 이유는 무엇일까? 바로 직무주의 인사관리, 즉 직무급을 시행하지 않기 때문이다. 직무등급에 의한 직무급을 시행하지 않기 때문에 인사평가 원리에 의해서만 임금인상을 결정하여도 크게 불합리한 결과가 발생하지 않는 것이다. 그러나 최근 우리나라도 직무급, 역할급 등을 통해 직무가치가 임금에 반영되는 추세가 급속히 진행되고 있다. 따라서 향후 국내 기업도 임금인상 시 인상평가와 급여구간을 동시에 고려해야 하는 상황이 올 것이라고 생각된다.

[Merit Pay Matrix]

인사평가 결과가 좋을수록 임금인상률을 높게 적용함

동일직급의 경우 급여구간이 낮을수록 동일한 평가에 대하여 임금인상률을 높게 적용함

급여구간	구분	인사평가 S(2)	인사평가 A(1.5)	인사평가 B(1)	인사평가 C(0.5)	인사평가 D(0)
급여구간	상(0.8)	1.6 (8%)	1.2 (6%)	0.8 (4%)	0.4 (2%)	(0)
급여구간	중(1)	2 (10%)	1.5 (7.5%)	1 (5%)	0.5 (2.5%)	(0)
급여구간	하(1.2)	2.4 (12%)	1.8 (9%)	1.2 (6%)	0.6 (3%)	(0)

Implication	
Implication	▪ 고과급(Merit pay)는 인사평가와 급여구간을 동시에 적용하는 개념임. ▪ 고과급 메트릭스(Merit Pay Matrix)는 인사평가 지수와 급여구간 지수의 결정을 통하여 만들어짐 ▪ 고과급 메트릭스는 전사를 통일적으로 운영하는 것이 일반적이나 대규모 조직의 경우 직군별로 상이하게 운영할 수 있음. 또한 일정기간 운영 후 지수를 변경하여 운영하는 것도 가능함. ▪ 고과급(Merit pay)의 성공여부는 인사평가의 공정성에 달려 있다는 점을 반드시 기억할 필요가 있음.

상기 그림은 인사평가와 급여구간을 동시에 고려한 고과급 매트릭스(Merit Pay Matrix) 예시이다. 고과급을 적용하는 회사는 고과급 매트릭스를 통하여 매년 개인별 임금인상을 결정하게 된다. 고과급 매트릭스는 전사를 통일적으로 운영하는 것이 일반적이나 대규모 조직의 경우에는 직군별로 상이하게 운영할 수 있다. 또한 고과급 매트릭스는 한번 결정되면 영구적으로 사용되는 것이 아니라 일정기간 운영 후 지수를 변경하여 운영하는 것도 가능하다. 여기서 또 한 가지 기억할 사항은 고과급은 성패는 인사평가의 공정성에 의해서 결정된다는 사실이다. 인사평가의 공정성이 낮을 경우 우리 구성원은 임금의 차등인상에 동의하지 않을 것이기 때문이다.

HR 실무 적용 Point

1. 고과급(Merit Pay)는 인사평가와 급여구간이라는 두 가지 원리에 의해서 작동한다.
2. 급여구간 원리는 직무등급을 통한 직무급 도입 기업에서 많이 활용되고 있다.
3. 고과급의 성패는 인사평가의 공정성에 의해서 결정된다는 점을 반드시 기억해야 한다.

참고자료 : 고정급 인상 Matrix

[직책 관리자 고정급 결정 Matrix]

※ A = 평균인상

내부임금수준		D	C	B	A
내부임금수준	상위10%	임금 감소 구간	임금동결	A + 0.5%	A + 1.0%
	25%		A − 1.0%	A + 1.0%	A + 2.0%
	중간40%		평균인상 [A%]	A + 1.5%	A + 3.5%
	25%			A + 2.5%	A + 5.0%
	하위10%			A + 3.5%	A + 6.5%
역량평가 등급 [Job Mastery] (상대평가 비율)		D (5~10%)	C (60~65%)	B (20%)	A (10%)

[스텝 차-부장 고정급 결정 Matrix]

내부임금수준		D	C	B	A
내부임금수준	상위10%	임금 감소 구간	임금동결	평균인상[A%]	A + 0.5%
	25%		A − 1.5%	A + 0.5%	A + 1.5%
	중간40%		A − 0.5%	A + 1.0%	A + 2.5%
	25%		A − 0.5%	A + 2.0%	A + 3.5%
	하위10%		A − 0.5%	A + 3.0%	A + 4.5%
역량평가 등급 [Job Mastery] (상대평가 비율)		D (5~10%)	C (60~65%)	B (20%)	A (10%)

– 회사명 : 르노삼성자동차 –

※ 임금연구 2016 여름호 제24권 제2호 P.108

참고자료 : 기본월봉 이미지 및 승급계수표

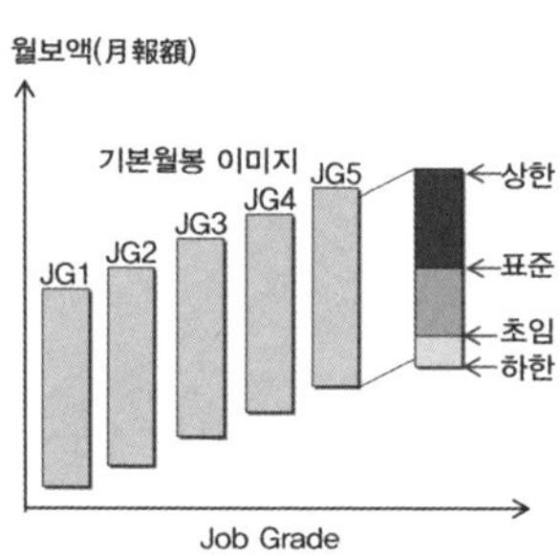

[전년도의 기본월봉이 표준기본월봉 이상인 경우의 승급계수표]

JG	S+	S	A+	A	B+	B	C
5	4.0			0.7	0.0	−5.0	−10.0
4	⋮			⋮	0.0	⋮	⋮
3	⋮			⋮	0.0	⋮	⋮
2	⋮			⋮	0.0	⋮	⋮
1	3.0			0.5	0.0	−4.0	−8.0

[전년도의 기본월봉이 표준기본월봉 미만인 경우의 승급계수표]

JG	S+	S	A+	A	B+	B	C
5	7.0			1.4	0.0	−3.0	−5.0
4	⋮			⋮	0.0	⋮	⋮
3	⋮			⋮	0.0	⋮	⋮
2	⋮			⋮	0.0	⋮	⋮
1	5.0			1.0	0.0	−2.0	−4.0

– 회사명 : 야마타케, 직원수 : 5,429명 –

※ 역할급 설계방법과 사례(피앤씨미디어) 인용

story

32

성과급 유형은 어떻게 구분되는가?

Storytelling

최근 김대리는 사장님으로부터 성과급제도의 전면 재검토를 지시 받았다. 성과급 제도에 대해서는 어느 정도 이해하고 있다고 생각했지만 막상 성과급 제도를 검토하려고 하니 성과급 유형가 매우 복잡하다는 것을 알게 되었다. 과연 성과급 유형은 어떻게 구분되는 것일까?

Coaching

이번 스토리에서는 성과급의 유형에 대해서 살펴보기로 하자. 성과급은 상식적으로 쉽게 이해할 수 있는 개념이다. 그러나 인사담당자는 성과급에 대하여 좀 더 깊이 있는 이론적 체계를 학습할 필요가 있다.

아래의 그림을 통하여 성과급의 유형을 구분해 보자. 먼저 성과급은 적용단위(개인 또는 집단)와 누적여부(누적 또는 비누적)에 의해서 4가지 유형으로 나누어진다.

첫 번째 성과급 유형은 고과급(Merit pay)이다. 고과급은 개인에게 누적적으로 적용된다. 인사평가 결과에 따라서 개인별로 차등적용되며 보통 기본급에 누적적으로 반영된다. 우리나라에서는 연봉제라는 이름으로 불리어진다.

두 번째 성과급 유형은 일괄인상제도(Across-the-table- Increase)이다. 일괄인상제도는 집단에게 누적적으로 적용된다(일괄인상제도와 Base-up은 다른 개념임). 보통 노동조합과 임단협을 통해서 임금인상을 결정하는 경우에 해당한다. 최근 연봉협상이 개별적으로 이루어지면서 일괄인상제도의 활용도는 지속적으로 감소하고 있다.

세 번째 성과급 유형은 개인성과급(Individual Incentive)이다. 개인성과급는 개인에게 비누적적으로 적용된다. 보통 영업직, 판매직 등 업무성과 측정이 명확한 직무에 대해서 적용한다. 또한 최근 임금의 연공성을 약화시키기 위해서 적용하는 기업이 늘고 있는 추세이다.

네 번째 성과급은 집단성과급(Group Incentive)이다. 집단성과급은 집단에게 비누적적으로 적용된다. 회사가 이익을 달성하였을 경우 이익의 일정부분을 직원들에게 배분하는 개념으로 이해할 수 있다. 최근 조직헌신, 협업 등의 중요성이 높아지면서 집단성과급을 적극적으로 활용하는 기업이 크게 증가하고 있는 추세이다.

[성과급 제도 유형]

		적용단위	
		개인	집단
누적여부	누적	A형 Merit Pay [고과급]	B형 Across-the-table Increase [일괄인상제도]
	비누적	C형 Individual Incentive Pay [개인성과급]	D형 Group Incentive Pay [집단성과급]

※ 직무중심 임금관리, 정연앙 저 인용

지금까지 성과급제도의 유형에 대해서 살펴보았다. 그런데 우리는 개인성과급(Individual Incentive)과 집단성과급(Group Incentive)만을 성과급으로 생각하고 고과급(Merit Pay)과 일괄인상제도(Across-the-table Increase)는 성과급이 아닌 것으로 생각하는 경향이 있다. 아마도 고과급과 일괄인상제도는 기본급에 누적적으로 반영되기 때문에 기본급 인상으로 받아들이기 때문이라고 생각한다.

그러나 고과급과 일괄인상제도도 계약된 임금에 추가로 지급되는 임금이기 때문에 당연히 성과급으로 보는 것이 타당할 것이다.

아래 그림은 성과급 유형별 특징을 정리한 것이다. 성과급의 유형에 따라서 동기부여, 인건비관리, 협업에 대한 장단점이 명확히 구분된다. 따라서 기업은 업종과 직무특성을 고려하여 성과급 유형을 적절히 혼합하여 활용하는 것이 매우 중요하다. 실무적으로 살펴보면 기업은 동기부여를 높이기 위해서 고과급(Merit Pay)을 적극적으로 활용하고 협업을 증진시키기 위해서 집단성과급(Group Incentive)을 강화하는 것으로 보인다. 또한 직무특성을 고려하여 영업, 판매 등 직무에는 적절히 개인성과급(Individual Incentive)을 활용하고 있다. 다만, 일괄인상제도(Across-the-table Increase)는 임금의 연공성 상승 등 인건비 관리의 어려움으로 인하여 활용을 기피하고 있는 실정이다.

[성과급 제도 유형별 특징]

		적용단위	
		개인	집단
누적여부	누적	A형 [Merit Pay] 동기부여 : 높음 인건비관리 : 경직 협력 : 낮음	B형 [Across-the-table Increase] 동기부여 : 낮음 인건비관리 : 매우 경직 협력 : 높음
	비누적	C형 [Individual Incentive Pay] 동기부여 : 높음 인건비관리 : 매우 유연 협력 : 매우 낮음	D형 [Group Incentive Pay] 동기부여 : 낮음 인건비관리 : 유연 협력 : 매우 높음

※ 직무중심 임금관리, 정연앙 저 수정 인용

지금까지 성과급제도의 유형과 특징에 대해서 살펴보았다. 여기서 한 가지 중요한 질문을 던지고 싶다. 우리는 왜 성과급을 지급하는 것일까? 성과급의 본질은 무엇일까? 앞의 스토리에서 언급하였지만 한번 더 강조하는 개념으로 이야기하고자 한다. 성과급은 기대성과 이상의 성과를 달성한 직원에게 지급하는 임금이다. 즉, 기본급은 기대성과에 의해서 결정되고 성과급은 실제 성과에 의해서 결정되는 것이다. 이러한 관점을 통해서 우리의 보상관리는 자연스럽게 성과중심으로 이루어질 수 있을 것으로 생각된다.

HR 실무 적용 Point

1. 성과급은 적용단위와 누적여부를 기준으로 4가지로 구분된다.
   (고과급, 일괄인상제도, 개인성과급, 집단성과급)
2. 성과급 유형의 장단점을 고려하여 적절하게 성과급제도를 혼합하여 활용하는 것이 바람직하다.
3. 기본급은 기대성과, 성과급은 실제성과에 대한 보상이라는 점을 다시 한번 기억하자.

참고자료 : 집단성과급 사례 분석(D사 사례)

- 인센티브 지급공식 = 기본연봉 x 인센티브 지급률(%)
- 인센티브 지급률 = 기준 지급률 (직급별 차등: 6%~15%) x 회사 성과 (70%~130%) x 조직성과 (팀&부분: 0%~160%)
- 조직성과

			부문 평가 [30%]				
			N	B	M	E	O
		Multiplier	0%	70%	100%	130%	160%
팀 평가 [70%]	N	0%	0%	0%	0%	0%	0%
	B	70%	0%	70%	79%	88%	97%
	M	100%	70%	91%	100%	109%	118%
	E	130%	91%	112%	121%	130%	139%
	O	160%	112%	133%	142%	151%	160%

※ 주) O-outstanding, E-exceed expectation, M-meet expectation,
B-below expectation, N-need improvement

story

33

직무평가 결과를 어떻게 직무급으로 연계하는가?

Storytelling

김대리는 직무평가를 통하여 직무등급 도출을 완료하였다. 이제 직무급을 설계하려고 한다. 그런데 막상 직무등급을 직무급으로 연계하려고 하니 어떤 방식으로 설계를 진행해야 할지 막막하기만 하다. 직무등급만 도출하면 직무급 설계가 가능하다고 생각했는데……, 직무급을 어떻게 설계해야할지 또 고민이 시작된다.

Coaching

이번 스토리에서는 직무급 설계에 대해서 살펴보고자 한다. 직무급이란 직무가치를 기준으로 임금이 결정되는 임금체계를 말한다. 대부분의 서구유럽과 미국 등에서 폭넓게 활용되고 있다. 그러나 우리나라는 아직도 직무급을 활용하고 있는 기업이 매우 극소수에 불과하다. 따라서 직무급은 국내 인사담당자에게 매우 낯선 임금제도이다. 우리나라는 경우 1960년대~1970년대 금성사(현재 LG전자), 포항제철(현재 포스코), 한국전력 등이 직무급 도입을 시도하였으나 성공하지 못했다. 이후 IMF 외환위기를 거치면서 CJ, 태평양, 오리온, 삼양사 등이 직무급 도입을 추진하였고 현재 진행중에 있다.[47)]

47) 직무급과 한국의 노동(2014) - 노동연구원 -
1960년대 직무급 도입과 실패(2004) -노동역사산책, 신원철 -

그러나 최근 직무주의 강화로 인하여 직무급에 대한 관심이 급속히 높아지고 있다. 직무주의 인사관리는 이제 글로벌 스탠다드(global standard)로서 정착하였고 직무주의 인사관리의 핵심이 바로 또한 직무급이고 볼 수 있다. 직무급은 연공급과 비교하여 볼 때 합리성과 효율성이 매우 높기 때문에 많은 기업이 도입을 검토하고 있다. 그러나 직무급은 직무분석과 직무평가를 사전에 시행해야 하는 등 인사관리의 난이도가 높기 때문에 기업들은 제도 도입에 어려움을 겪고 있다.

그럼 이제부터 직무급의 핵심적인 과정인 직무평가 결과를 직무급에 연계하는 방안에 대해 살펴보기로 하자.

[직무급 임금체계의 틀]

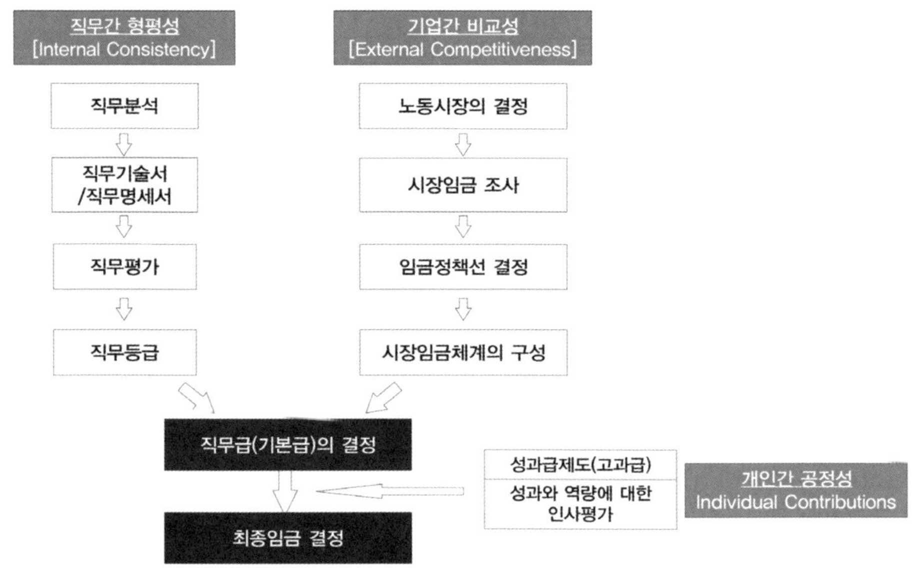

※ 중앙대학교 경영대학 정연앙 교수 강의 자료 수정 인용

직무급은 직무간 형평성, 기업간 비교성, 개인간 공정성 등 세가지 관점에서 접근하는 것이 필요하다. 첫 번째 관점은 직무간 형평성(Internal Consistency)이다. 직무간 형평성은 직무가치에 대한 내적 공정성을 의미한다. 직무간 형평성을 위해서는 먼저 직무분석을 통해서 직무기술서와 직무명세서를 도출한다. 이후 직무평가를 통해서 직무등급을 도출하는 과정을 통해서 이루어진다.

두 번째 관점은 기업간 비교성(External Competitiveness)이다. 기업간 비교성은 시장임금 비교를 통한 외적 공정성을 의미한다. 기업간 비교성을 위해 먼저 노동시장을 결정한 후 시장임금을 조사한다. 이후 시장임금을 기준으로 임금정책선을 결정하여 시장임금체계의 구성을 완료한다.

이후 직무간 형평성과 기업간 비교성을 종합적으로 고려하여 직무급을 결정하는 것이다. 이와 같이 직무급은 직무평가와 시장임금확인이라는 두 가지 과정을 통합하여 결정되는 것이다. 이 과정은 실무적으로 매우 이해하기 어렵기 때문에 본 스토리 후단에서 예시를 통해서 자세히 설명할 예정이다.

세 번째 개인간 공정성(Individual Contributions)이다. 개인간 공정성은 조직성과에 대한 기여도 차이를 의미한다. 개인간 공정성은 성과관리 결과로 나타난 인사평가를 통해서 적용한다. 인사평가 결과가 좋은 직원에는 상대적으로 더 높은 임금인상을 적용한다. 이러한 제도를 고과급(Merit Pay)이라고 부른다. 이러한 성과차이를 반영하는 과정을 통해서 개인의 임금은 최종 결정된다.

[Job Evaluation and Pay Survey Date]

JOB	KEY JOB?	JOB TITLE	JOB EVALUATION	SURVEY 1 (S1)	SRUVEY 2 (S2)	SURVEY COMPOSITE (2/3*S1+1/3*S2)
A	Y	Computer operator	110	$2,012	$1,731	$1,919
B	Y	Engineering tech I	115	2,206	1,908	2,106
C	Y	Computer programmer	155	2,916	2,589	2,807
D	N	Engineering tech II	165	–	–	–
E	N	Compensation analyst	170	–	–	–
F	Y	Accountant	190	3,613	3,099	3,442
G	Y	Systems analyst	210	4,275	3,854	4,134
H	N	Computer programmer –senior	225	–	–	–
I	Y	Director of personnel	245	4,982	4,506	4,823
J	Y	Accountant –senior	255	5,205	4,270	4,893
K	Y	Systems analyst –senior	270	5,868	5,652	5,796
L	Y	Industrial engineer	275	5,496	4,794	5,262
M	N	Chief accountant	315	–	–	–
N	Y	Senior engineer	320	7,026	6,572	6,875
O	N	Senior scientist	330	–	–	–

※ Human Resource Management(Noe, Hollenbeck, Gerhart, Wright) 인용

[Job evaluation points]

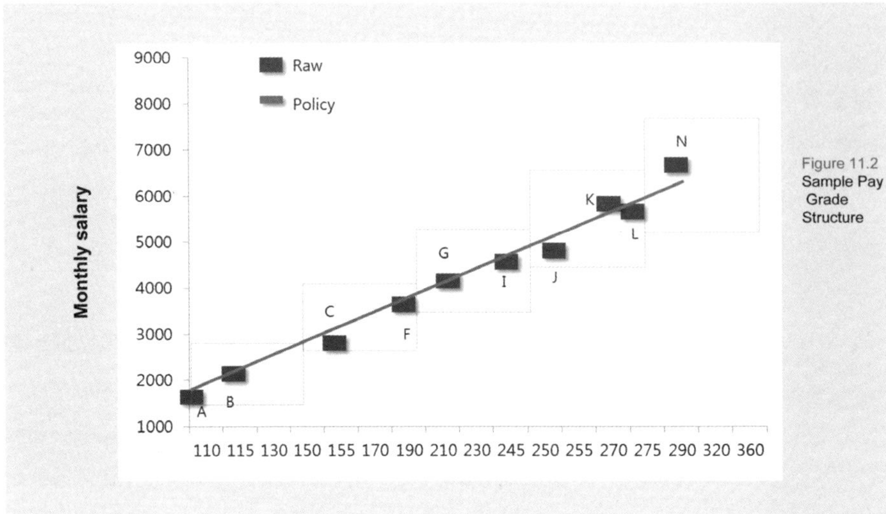

※ Human Resource Management(Noe, Hollenbeck, Gerhart, Wright) 인용

상기 두 가지 그림(그림명 : Job evlauation point)을 통해서 직무평가 결과를 임금과 연계하는 방안을 이해해 보자.

먼저 X축은 직무평가 점수를 의미하고, Y축은 시장임금을 의미한다. 몇 개의 직무를 예를 들어보자. 직무A(computer operator)의 경우 직무평가 점수는 110점이고 시장임금은 월 $1,919이다. 직무C(Computer programmer)의 경우 직무평가 점수는 155점이고 시장임금은 월 $2,807이다. 이와 같이 각각의 직무평가 점수와 시장임금을 매칭할 수 있다. 그리고 이러한 매칭된 점들을 관통하는 하나의 선(line)을 찾을 수 있다. 바로 이 선(line)이 시장임금선이라고 볼 수 있다. 이러한 과정은 회귀분석(regression analysis)이라는 통계적 분석을 통해서 가능하다. 이 선(line)의 도출을 통해서 시장임금이 없는 직무 또는 신생 직무의 예상 시장임금을 구하는 것도 가능해 진다. 나아가 기업은 시장임금선을 고려하여 선도전략(높은 수준), 동행전략(비슷한 수준), 추종전략(낮은 수준) 등의 임금전략을 수립하여 운영하게 된다.

[Pay Midpoints Different Approaches]

JOB	KEY JOB?	JOB TITLE	JOB EVALUATION	(1) SURVEY +POLICY	(2) SRUVEY +POLICY	(3) GRADES
A	Y	Computer operator	110	$1,919	$1,835	$2,175
B	Y	Engineering tech I	115	2,106	1,948	2,175
C	Y	Computer programmer	155	2,807	2,856	3,310
D	N	Engineering tech II	165	3,083	3,083	3,310
E	N	Compensation analyst	170	3,196	3,196	3,310
F	Y	Accountant	190	3,442	3,650	3,310
G	Y	Systems analyst	210	4,134	4,104	4,444
H	N	Computer programmer -senior	225	4,444	4,444	4,444
I	Y	Director of personnel	245	4,823	4,898	4,444
J	Y	Accountant -senior	255	4,893	5,125	5,579
K	Y	Systems analyst -senior	270	5,796	5,465	5,579
L	Y	Industrial engineer	275	5,262	5,579	5,579
M	N	Chief accountant	315	6,486	6,486	6,713
N	Y	Senior engineer	320	6,875	6,600	6,713
O	N	Senior scientist	330	6,826	6,826	6,713

※ Human Resource Management(Noe, Hollenbeck, Gerhart, Wright) 인용

이후 비슷한 직무가치의 직무를 묶어 직무등급을 결정하게 된다.(상기 그림 참조) 이 과정에서 직급별 중간 임금(Mid point)을 얼마로 할 것인지도 함께 결정하는 것이 요구된다.

추가적으로 마켓 프라이싱(market pricing)에 대해서 살펴보자. 마켓 프라이싱이란 시장임금을 그대로 수용하는 임금체계를 의미한다. 즉, 별도의 직무평가(내적 공정성)를 시행하지 않고 시장임금(외적공정성)을 받아들이는 임금제도이다. 왜 마켓프라이싱이 등장하게 되었을까? 이유는 직무평가 결과와 시장임금이 상이하게 나오는 경우가 많기 때문이다. 예를 들어 우리조직에서는 직무평가 점수가 낮은데 시장임금이 매우 높은 경우가 있다. 이러한 경우 직무평가점수를 기준으로 임금을 결정하게 되면 채용이 사실상 불가능한 경우가 많다. 결국 시장임금을 기준으로 임금을 결정할 수밖에 없는 상황이 된다. 이와 같이 마켓 프라이싱은 직무급의 실제적인 활용을 통해서 등장한 임금체계라고 이해해도 좋을 듯하다. 마켓 프라이싱은 노동시장의 직무별 임금정보가 제공되는 것을 전제로 한다. 따라서 우라나라의 경우 아직 마켓 프라이싱이 도입되기는 어려운 상황이라

고 생각된다.

지금까지 직무급 설계에 대해서 살펴보았다. 직무급은 직무평가 점수와 시장임금의 연계를 통하여 임금을 결정하는 임금체계이다. 이후 고과급을 통한 성과차이의 반영을 통하여 최종 임금을 결정한다. 이러한 임금을 우리는 직무·성과급이라고 부르는 것이다. 직무·성과급의 의미는 직무와 성과를 연계하는 임금체계가 아니라 기본급을 직무급으로 하고 이후 성과차이를 반영하는 성과급(고과급)을 적용하는 임금체계라는 것을 다시 한번 강조하고 싶다. 직무급은 사실 매우 어려운 임금체계이다. 그러나 인사관리의 효율성과 합리성을 제고하기 위해서는 반드시 도입을 검토해야 할 것이다.

HR 실무 적용 Point

1. 직무급은 직무평가와 시장임금의 연계를 통하여 결정된다. 이후 고과급을 통한 성과차이의 반영을 통해서 최종임금이 결정된다.
2. 직무·성과급은 기본급을 직무급으로 하고 성과급을 반영하는 임금체계를 의미한다.
3. 이제 우리나라도 직무급을 적극적으로 도입할 시기가 도래하였다.

08 심층학습

통상임금 변화에 따른 상여금 개편 방향

1. 들어가며

2013년 12월 18일 대법원 전원합의체는 정기상여금은 통상임금에 해당하고 설·추석상여금 등은 통상임금에 해당하지 않는 것으로 판단하였다(대법원 전원합의체 2013.12.18. 선고, 2012다89399 판결, 대법원 전원합의체 2013.12.18. 선고, 2012다94643 판결). 매우 긴 시간동안 인사노무상의 최대쟁점인 통상임금에 대한 결론이 대법원 전원합의체를 통하여 이루어진 것이다.

이러한 전원합의체의 통상임금 판결에 따라서 대부분의 기업은 다양한 임금체계의 개편전략을 수립하고 있다. 그러나 통상임금에 대한 법리적용과 개별 기업의 임금체계의 복잡성으로 인하여 임금체계의 개편방향과 구체적 실행방안을 수립하기는 쉽지 않은 것이 현실이다. 이에 본고에서는 이러한 통상임금 변화와 관련하여 상여금 개편 방향을 중심으로 기업의 임금체계의 변경방안을 제안하고자 한다.

2. 우리나라 상여금제도 연혁 및 문제점

1) 상여금제도 연혁 및 현황

상여금의 개편 방향을 수립하기 위해서는 먼저 우리나라 상여금의 변천과정을 살펴볼 필요가 있다. 우리나라의 상여금의 주요 변천과정을 정리하면 다음의 표와 같다.

[우리나라 상여금의 변천과정[48]]

구분	주요내용	비고
1950년대	• 1950년대까지 상여금은 월급제 사원인 직원/사원 이상에만 지급했고, 공원에 대해서는 명칭도 상여금이 아니라 떡값으로 소액을 일시금으로 지급했다고 함.(박청산, 1972, 1977) • 당시의 상여금은 경영실적에 크게 연동되었고 직원은 경영자의 신분이었다는 점에서 이익배분형의 특징을 가지고 있음.	이익배분형 성격
1960년대	• 1960년대 상여금 관련 큰 변화는 당시 노동청의 행정조치 변화. 노동청은 1969년 5월 15일 이후 상여금을 평균임금에 포함시키게 됨.(노동청 예규 제71호, 1969.5.13) • 삼성그룹 1962년부터 차등 상여제도 도입(안춘식, 1992)	이익배분형 성격에서 후불임금의 성격으로 변화

1970년대	• 상여금 제도가 보편화되어 정착된 것은 1970년대로 평가되고 있음. 1970년대 대기업을 필두로 상여금 400%를 분기별로 지급함. 특히 400% 정기지급은 은행권과 공공부분이 주도한 것으로 평가됨.(박청산, 1972) • 공원에 대한 상여금은 경제개발시기에 인플레이션에 대한 임금보조적 성격으로 노동조합이나 근로자들이 이를 강력하게 요구하게 되었고, 직원과 공원간의 격차도 해소되면서 임금후불적 성격이 강해짐.	임금후불적 성격의 강화
1980년대	• 개별기업의 능력주의적 임금체계의 도입으로 인하여 고급승급과 고과상여가 어느 정도 정착되었으나 1987년 극심한 노사분규가 계속되면서 인사고과에 따라 차등지급하던 고과승급, 고과상여가 감소함.(박준성, 1993) • 상여금 지급률 600% 이상 사업체의 비중은 1980년대 1.9%에서 1996년에는 35%로 크게 증가하는데, 시기별로는 1987년~1988년 이후 그리고 규모별로는 대기업이 상여금 증가를 주도했던 것으로 평가됨.(김식현, 1998)	외환위기 이전에는 임금상승시 상여금이 주로 활용됨
1990년대 이후	• 1998년 실시한 실태조사 자료에 의하면 1998년 4월~10월간 고용조정을 실시한 304개 사업체 중 57.7% 상여금 감축 등 임금삭감을 실시한 것으로 나타남.(최강식, 이규용 1999)	경영위기시에는 임금조정의 유력한 수단으로 활용됨.

상기 표에서 정리한 바와 같이 우리나라의 상여금은 1950년대 경영실적과 연동되는 이익배분형 상여금으로 지급되었으나, 1969년 노동청의 평균임금 포함과 함께 사실상 후불임금의 성격으로 변화하였다.

이후 1970년대에 상여금은 후불임금으로 성격이 점치 강화되었으며 1980년에는 임금상승을 상여금 증가가 주도하게 되었다. 그리고 1990년대 많은 기업이 경영위기에 대한 임금조정방안으로서 상여금 반납 및 삭감을 시행하였다.

2) 상여금제도의 문제점

현재 우리나라 기업의 상여금 제도의 문제점은 상여금이 업무성과와 무관하게 지급되고 있는 것에서부터 발생하고 있다. 상여금의 변천과정에서 살펴보았듯이 상여금은 최초 회사의 이익을 배분하는 개념에서 시작되었고 이후 개인의 성과에 따라 차등지급하는 고과상여제도로 발전하였다. 그러나 1987년의 심각한 노사갈등으로 인하여 사실

48) 김동배(2013) 통상임금과 임금구성체계의 합리화 방향 -상여금을 중심으로-, 한국고용노사관계학회 "통상임금과 임금체계 개편 세미나" 자료 수정

상 조직 및 개인의 성과와 상여금을 연계하는 것이 현실적으로 불가능하였으며 이에 따라 현재에도 대부분의 기업은 업무성과와 무관하게 상여금을 지급하고 있다. 이러한 상여금의 문제점을 구체적으로 살펴보면 다음과 같다.

첫 번째 상여금 제도가 임금의 연공성을 심화시키고 있다는 점이다. 우리나라 임금 제도의 가장 큰 문제점은 근속년수의 증가에 따른 임금의 연공성이 매우 높은 것이라고 볼 수 있다. 임금이 생산성의 증가와 연동되지 못하고 있으며 상여금이 성과와 무관하게 지급되면서 더욱 연공성 문제가 심각하게 발생하고 있는 것이다.

두 번째 사실상 상여금이 동기부여와 조직활성화 기능을 상실하였다는 점이다. 임금의 가장 중요한 목적은 구성원의 동기부여와 조직의 활성화라고 볼 수 있다. 그러나 상여금의 경우 조직성과 또는 개인성과 무관하게 지급되기 때문에 고정적 임금의 성격으로 변화되었으며 이제 더 이상 동기부여와 조직활성화 기능을 수행하는 것은 기대하기 어렵게 되었다.

세 번째 상여금이 정기적 · 일률적 · 고정적으로 지급되는 경우 통상임금에 해당할 가능성이 높다는 점이다. 예를 들어 상여금이 기본급의 연600% 등으로 지급되는 경우 사실상 정기성 · 일률성 · 고정성이 인정될 수 있으며 2013.12.18.대법원전원합의체 판결 기준에 따라서 통상임금으로 인정될 가능성이 매우 높다. 상여금이 통상임금으로 인정될 경우 연장 · 야간 · 휴일근로수당, 퇴직금 등의 증가와 기존 3년간 임금에 대한 소급 청구 등 인건비 증가 및 법적 소송 등의 문제가 발생할 수 있을 것이다.

3. 임금체계와 상여금

최근 이슈가 되고 있는 임금체계 개편 논의에 대해서 살펴보자. 임금체계 개편이란 두 가지 의미를 가지고 있다고 볼 수 있다. 첫 번째 기본급 체계의 변경이다. 기본급은 크게 속인급(연공급, 직능급 등)과 속직급(직무급, 역할급 등)으로 구분된다. 최근 기업이 직무급 도입을 검토하는 것은 기본급 체계를 변경하려는 시도로 이해해야 한다. 두 번째 성과급 체계의 변경이다. 성과급이란 성과의 차이를 어떻게 인정할 것인가에 대한 것이다. 성과급은 개인성과급과 집단성과급을 구분된다. 대부분의 기업은 성과급 제도를 통하여 성과에 대한 차이를 합리적으로 보상할 방안을 고민하고 있다. 따라서 임금체계의 개편은 기본급 체계를 변경하는 것과 성과에 대한 보상방식을 변경하는 것으로 나누어 살펴보는 것이 매우 중요한 포인트이다.

상여금은 기본임금에 추가하여 지급하는 금품의 성격을 가지고 있다. 그리고 상여금 제도 도입 초기에는 조직 및 개인의 성과와 연동하여 상여금의 지급률과 지급액을 결정하는 경우가 다수 있었다. 즉, 상여금은 기본급 성격의 임금이라기 보다는 성과에 대한 보상을 의미하는 성과급 성격의 임금이라고 보아야 한다. 또한 현재 기본급 성격으로 지급되는 상여금을 어떻게 성과급 성격의 상여금으로 변경할 수 있는지 여부가 상여금 개편의 핵심이슈가 될 것이다.

4. 통상임금 확대와 상여금 제도의 개편 방향

1) 개요

2013.12.18.전원합의체 판결로 인하여 상여금이 통상임금에 포함될 가능성은 매우 높아졌다. 만약 상여금이 통상임금에 포함되게 되면 연장, 야간, 휴일근로수당 등의 증가로 인하여 기업의 인건비 부담은 상상하기 어려울 정도로 높아질 것이다. 따라서 기업은 통상임금 확대에 대비한 임금체계의 개편이 필요하며 상여금은 임금체계 개편의 핵심적인 내용이 될 것이다.

상여금 제도 개편의 핵심은 상여금을 개인과 조직의 성과와 연계하여 지급하는 방향으로 변경하는 것이다. 성과와 무관하게 고정적으로 지급되는 상여금은 연공성을 더욱 심화시키며 더 이상 동기부여의 역할을 수행할 수 없다. 또한 통상임금에 포함될 가능성이 매우 높아 기업의 인건비 부담을 가중시킬 것이다. 그러므로 상여금을 성과와 연동하는 성격으로 변경시켜 상여금 제도 본래의 목적과 취지를 회복하고 법률상 안정성을 제고해야 할 것이다.

2) 상여금제도의 개편 방안

가. 고정적 성격의 정기상여금 축소를 통한 법률적 리스크 완화

이제 더 이상 고정적으로 지급되는 정기상여금은 지급목적과 지급이유를 상실하였다. 그러므로 기본급과 마찬가지로 고정적으로 지급하는 정기상여금은 지급률을 내폭 축소하여야 한다. 정기상여금 중 생활보장적 성격으로 반드시 지급되어야 금액은 유지하여야 하겠지만 가급적 고정적 성격의 정기상여금은 최소화하여야 한다. 이를 통하여 향후 정기상여금이 통상임금에 포함되는 경우가 발생한다 할지라도 법률적 리스크를 최소화 할 수 있을 것이다.

나. 개인성과에 따른 상여금 차등지급을 통한 동기부여 강화

현재의 성과와 무관하게 지급되는 상여금을 개인의 성과와 연계하여 차등지급하는 방향으로 변경하여야 한다. 상여금이 개인의 성과와 연동되게 되면 이제 상여금은 더 이상 고정적인 금품이 아니라 성과급의 성격의 금품으로 바뀌게 된다. 이러한 변동적 성격의 상여금 지급을 통하여 상여금은 본래의 목적인 동기부여의 기능을 회복할 수 있을 것이다.

또한 기업의 지속가능한 경쟁우위는 인적자원을 통하여 확보될 수 있다고 볼 때 조직의 구성원들의 동기부여 여부는 매우 중요한 요소이다. 최근 핵심인재는 자신의 성과를 공정하게 평가받고 이를 보상에 반영해 줄 것을 요구하는 경향이 더욱 높아지고 있으며 이에 따라 더 이상 모든 구성원에게 동일하게 지급되는 상여금은 설 자리를 잃게 되었다고 보아야 할 것이다.

다. 조직성과와 연계한 집단성과급 확대를 통한 조직협업의 강화

최근 인사조직의 화두는 조직의 협업을 어떻게 강화할 수 있는가에 대한 것이다. 조직의 협업의 기업성과를 극대화 할 수 있는 핵심적인 요소이기 때문이다. 그러므로 상여금 제도의 개편 시 현재 상여금의 일부를 조직성과와 연계한 집단성과급제도로 변경하는 것을 검토하는 것이 필요하다. 또한 이러한 집단성과급 제도 확대는 조직의 협업을 강화시키는 것과 더불어 개인성과에 따른 상여금 차등지급이 야기할 수 있는 개인이기주의 문제를 완화시키는 효과도 기대할 수 있을 것이다.

5. 상여금 제도 변경 시 핵심 이슈

1) 인사평가제도 재설계

상여금 제도 변경의 가장 핵심적인 내용은 개인성과에 따른 상여금 차등지급이라고 볼 수 있다. 그러나 이러한 변화가 성공하기 위해서는 상여금 차등지급이 공정하게 이루어 질 수 있는 인사평가제도가 필요하다. 안타깝게도 우리나라 대부분 기업의 인사평가제도는 많은 문제점을 가지고 있으며 구성원들은 인사평가 결과를 신뢰하지 않는 것이 현실이다.

따라서 상기와 같이 상여금 제도를 개편하기 위해서는 사전에 인사평가 제도를 진단하고 문제점을 파악하여 인사평가 제도를 재설계하는 것이 반드시 요구된다. 이러한 인사평가제도의 공정성 강화를 통하여 개인성과에 따른 상여금 차등지급의 수용성이 제고될 수 있을 것이다.

2) 제도 변경 시 법률적 쟁점

상여금 제도 개편은 임금관리상 매우 큰 변화이다. 그러므로 상여금 제도 변경은 반드시 취업규칙의 불이익 변경절차를 필요로 한다. 현행 근로기준법 제94조에서는 "취업규칙을 근로자에게 불리하게 변경하는 경우 사업장에 과반수로 조직된 노동조합이 있는 경우에는 그 노동조합, 근로자의 과반수로 조직된 노동조합이 없는 경우에는 근로자의 과반수의 동의를 받아야 한다"고 규정하고 있다. 상여금 제도의 변경의 사실상 근로조건의 불이익 변경으로 보아야 하며 따라서 근로자의 동의 절차를 반드시 거쳐야 한다.

그런데 상여금 지급률과 관련하여 "상여금은 별도의 지침에 따른다"라고 규정하는 등 상여금 지급률을 취업규칙 등에 명확하게 명시되지 않은 경우 취업규칙 불이익 변경 절차를 거쳐야 하는지에 대하여 궁금증이 생길 수 있다. 이와 관련하여 행정해석(근기68207-1873, 2000.06.20)은 "관행으로 근로조건화된 상여금 지급률 등 근로조건을 변경하고자 하는 경우에도 취업규칙의 변경절차를 거쳐야 된다"라고 해석하고 있다.

3) 구성원의 공감대 확보 방안

최근 많은 기업이 상여금 제도 변경을 시행하거나 검토하고 있다. 그러나 아쉽게도 대부분의 기업이 구성원과의 공감대 형성 없이 회사가 일방적으로 제도 변경을 시행하고 있다. 보상제도 등 인사제도는 구성원의 수용성 확보 없이 성공적으로 운영될 수 없다. 그러므로 상여금 제도 변경시 공청회 개최, 워크숍 등 충분한 구성원의 의견수렴 절차를 거치는 것이 반드시 필요하며 충분한 시간을 통해 노사가 논의 후 제도를 변경하는 것이 필요하다.

6. 나가며

상여금 제도 개편시 반드시 기억해야 할 몇 가지 내용을 언급하면서 본고를 마무리하고자 한다.

첫 번째 현재 통상임금 쟁점을 임금체계 개편의 기회로 인식하는 것이 필요하다는 점이다. 많은 기업이 통상임금 문제로 고민하고 있다. 그러나 사실 이러한 통상임금 쟁점이 없었더라면 우리나라의 임금체계는 계속 연공성이 높은 비효율적인 임금체계의 형태로 지속 운영되었을 것이다. 따라서 이러한 통상임금 이슈를 우리기업의 임금체계 개편의 기회로 인식하고 기존 임금체계의 문제점을 면밀히 검토하여 효율적인 임금체계로 변화해야할 것이다.

두 번째, 보상의 본질은 구성원의 동기부여라는 것이다. 최근 기업에게 통상임금 이슈가 너무 중요한 까닭에 보상의 본질이 통상임금 문제를 해결하는 것으로 인식되고 있는 상황이다. 이에 따라 일부 기업은 정기상금과 수당의 통상임금 문제를 해결하기 위한 단기적인 처방에만 몰두하고 있는 모습을 보이고 있다. 그러나 우리가 반드시 기억해야 하는 것은 보상의 본질은 법률적 문제해결이 아니라 구성원의 동기부여이며 구성원의 동기부여를 통해서만 기업의 성과를 달성할 수 있다는 것을 기억해야 할 것이다.

세 번째, 인사평가제도의 공정성 제고방안에 대한 지속적인 고민이 필요하다. 우리 기업은 외환위기 이후 성과주의 인사가 시행되었지만 아직까지 그 효과는 검증되지 못하고 있다. 그 이유 중의 하나로서 인사평가제도가 제대로 작동하지 못하고 있는 점을 꼽을 수 있다. 공정하고 합리적인 인사평가제도의 설계와 운영 없이 성과와 보상을 연계한다는 것은 어불성설일 것이다. 따라서 인사평가제도의 공정성을 높일 수 있는 방안에 대한 계속적인 고민이 필요하며, 나아가 이러한 인사평가는 일회성 평가가 아니라 조직과 개인의 지속적인 성과관리 방안으로서 시행되어야 할 것이다.

네 번째, 회사의 상황을 고려한 점진적 임금체계 개편의 진행이다. 기업의 외부환경과 내부사황은 모두 상이하다. 따라서 어떤 제도든지 모든 기업에 획일적으로 적용 될 수는 없을 것이다. 따라서 상여금 제도의 개편도 기업의 상황을 고려하여 시행되어야 하며 가급적 급진적인 변화보다는 구성원과의 지속적인 소통을 통한 점진적인 변화가 바람직할 것이다.

〈경총 임금연구 2014년 여름호 기고문을 일부 수정하여 작성함〉

09 심층학습

최저임금 인상에 따른 임금체계 개편 방안

2018년도 최저임금이 시급 7,530원으로 결정되었다. 2017년도 최저임금 대비 16.4%인상된 수치이다. 2018년도 최저임금을 월급으로 환산하면 월 209시간 기준[49] 1,573,770원이며 2017년 대비 221,540원 인상이다. 최근 A기업의 인사담당 임원을 만났다. A기업은 종업원 600명 규모의 중소기업이다. 인사담당 임원은 "2018년도 인건비 계획을 어떻게 수립해야 할지 모르겠다."고 말하였고 이후 임금체계의 변경에 대하여 깊이 있는 논의를 나누었다. 지금 기업의 인사관리의 화두는 최저임금 인상이다. 나아가 이러한 최저임금 인상이 앞으로 2년 이상 계속될 것이며 시급 10,000의 시대가 곧 올 것이라는 사실이다. 이제부터 실제 기업의 3가지 사례를 통하여 최저임금 인상에 따른 기업의 임금체계 개편 방안에 대하여 살펴보고자 한다.

CASE 1 "연봉 3천만원이 최저임금에 위반되는 경우(2018년도 최저임금 적용 기준)"

기본연봉	식대	고정OT	상여금	연봉계
18,000,000	1,200,000	1,800,000	9,000,000	30,000,000

상기 K근로자의 2018년도 연봉은 30,000,000원이다. 연봉은 기본연봉 18,000,000원(월 기본급 1,500,000원), 식대 1,200,000원(월 100,000원), 고정OT 1,800,000원(월 150,000원, 약 월14시간분), 상여금 9,000,000원(기본급 600%, 짝수월 100%씩 지급)으로 구성되어 있다. 많은 기업의 일반적인 임금구성의 모습이다. 즉, 기본급이 월 1,500,000원, 식대 월100,000원, 고정OT 월14시간분 150,000원, 상여금 600%인 근로조건이다. 신입사원의 근로조건이라면 꽤 괜찮은 중소기업이라고 생각된다. 그러나 상기 K근로자는 최저임금 위반에 해당한다. 왜냐하면 기본연봉, 식대, 고정OT, 상여금 중 최저임금에 포함되는 항목은 기본급만 해당하기 때문이다. 식대, 고정OT, 상여금은 최정임금에 포함되지 않는다. 즉 연봉 3천만원을 지급하더라도

49) 본 교재에서의 월 기본급 표현은 통상시급산정 근로시간 월 209시간을 기준으로 함.

최저임금 위반에 해당할 수 있다는 것이다. 이제 기업은 임금체계의 변경이 필요한 시점이 되었다. 특히 임금항목의 단순화가 매우 시급하다. 불필요한 수당체계(식대, 가족수당, 통근수당 등)를 개편해야한다. 근무 중 발생할 가능성에 대비한 고정OT수당도 이제는 폐지하는 것을 검토해야 한다. 또한 과거 시급을 낮추기 위한 수단으로 활용되었던 상여금 제도도 역사속으로 사라질 것으로 보인다. 결국 임금항목이 기본급 중심으로 재설계되어야 한다. 최저임금은 2019년, 2020년 지속적으로 인상될 것이다. 우리 회사의 임금항목을 어떻게 변경할 것인가에 대하여 심도 있는 고민이 필요한 시점이다.

CASE 1에 대한 솔루션 : 기본급 중심의 임금항목 단순화

CASE 2 "사원 1년차와 대리의 기본급이 같아지는 경우"

직급	연차	월 기본급	비고
대리	4년차	2,150,000	대리→과장 승진연한 : 4년
	3년차	2,100,000	
	2년차	2,050,000	
	1년차	2,000,000	
주임	3년차	1,800,000	주임→대리 승진연한 : 3년
	2년차	1,750,000	
	1년차	1,700,000	
사원	3년차	1,500,000	사원→주임 승진연한 : 3년
	2년차	1,450,000	
	1년차	1,400,000	

A사의 2017년도 직급별 기본급 테이블이다. 2017년도 최저임금은 시급 6,470, 월급기준 1,352,230원이다. 2017년도 A사의 사원 1년차 기본급은 월1,400,000원이기 때문에 2017년도 최저임금에 위반되지 않는다. 하지만 2018년도 최저임금은 시급 7,530원, 월급 기준 1,573,700원으로 인상된다. 2018년도부터 사원 1년차는 최저임금에 위반되게 된다. 더욱 중요한 사실은 사원 1년차뿐 아니라 사원 2년차와 사원 3년차도 최저임금 위반에 해당하게 된다는 점이다. 이 경우 기업은 사원간 급여차이를 유지하기 어렵게 된다. 즉 사원의 경우 1년차, 2년차, 3년차를 모두 동일한 기본급을 지급하게 될 가능성이 높다는 것이다. 더 나아가 2019년이 되면 주임의 기본급도 최저임금의 위협을 받게 된다. 만약 최저임금이 시급 10,000원이 되면 월급 기준 2,090,000원에 해당한다. 상기 표의 대리 1년차도 최저임금에서 자유롭지 못한 상황에 이르게 된다(물론, 기업은 매년 Base-up을 하기 때문에 직급별 기본급은 소폭 인상하게 됨)

이러한 상황이 의미하는 것이 무엇일까? 필자는 최근 많은 중소기업에서 사원과 주임 모두의 기본급이 동일한 상황을 접하게 되었다. 즉, 조직 내 많은 근로자가 최저임금의 적용을 받게 되면서 발생하는 현상이다. 이러한 결과는 조직관리의 많은 문제점을 발생시키고 있다. 예를 들어 근속기간이 3년인 직원이 신입사원과 동일한 급여를 받게 되면 당연히 불만을 제기하게 된다. 본인의 생산성이 신입사원보다 높기 때문에 이에 대한 합리적인 급여차이를 인정해 달라는 것이다. 이는 매우 합리적인 주장이다. 그러나 기업은 이러한 직원의 합리적인 주장에 대하여 아무런 대응도 하지 못하는 경우가 대부분인 것으로 보인다. 그렇다면 이러한 기본급 운영의 문제점에 대한 대응방안은 무엇일까? 앞서 살펴본 기본급 중심의 임금항목 구성도 중요한 솔루션이 될 수 있다. 하지만 더욱 근본적인 대안은 직급체계를 개편하는 것이다. 현재 우리나라 기업의 직급체계는 사원-주임-대리-과장-차장-부장으로 이루어지는 6직급 체계 또는 사원-대리-과장-차장-부장으로 이루어지는 5직급 체계 등 다단계 직급체계가 일반적이다. 이러한 직급체계는 근속에 의해서 직급이 상승하는 연공성이 매우 강한 모습을 보이게 된다. 즉, 근속직급의 성격이 강하다는 것이다. 이제 최저임금의 급격한 인상으로 근속에 의해 진급하는 다단계 직급체계를 유지하기가 매우 어려운 상황이 되었다. 좀 더 정확히 표현하자만 의미 없는 직급체계를 더 이상 운영하기 힘들어졌다고 볼 수 있다. 이제 직급체계를 직무가치를 기준으로 다시 수립하여야 한다. 직급체계는 직무등급 또는 역할등급 등 직무중심으로 설계되어한다. 또한 직급의 상승은 직무가치가 변경된 경우에 이루어지도록 하여야 한다. 또한 직급은 직무가치를 반영한 것이기 때문에 운영에 효율성을 제고하기 위하여 3단계 또는 4단계 등으로 축소하는 것이 바람직하다. 그리고 직군의 특성을 고려하여 직군별로 상이한 직급체계를 설계하는 것이 필요할 수 있다. 이러한 직무중심의 단순화된 직급체계를 통하여 급여 인상의 합리적 운영이 가능하게 될 것이다. 앞으로 상당기간 동안 직급체계 개편이 기업의 인사관리 주요이슈로 부각될 것으로 예상된다.

CASE 2에 대한 솔루션 : 직무중심의 직급체계 개편

CASE 3 "최저임금의 영향을 받지 않는 직원이 높은 수준의 임금인상을 요구하는 경우"

구분	K근로자		L근로자	
	2017년	2018년	2017년	2018년
시급	6,470원	7,530원	10,000원	?
월급	1,352,230원	1,573,770원	2,090,000원	?
인상률		16.4%		?

K근로자와 L근로자는 같은 공장에서 근무하고 있는 직장 동료이다. K근로자는 현재 시급 6,470원으로 최저임금을 받고 있다. 2018년도에는 최저임금 인상으로 16.4% 인상된 시급 7,530을 받을 예정이다. L근로자는 현재 시급 10,000을 받고 있다. L근로자는 최저임금 인상의 적용을 받지는 않지만 은근히 높은 수준의 임금인상을 기대하고 있다. 왜냐하면 동료근로자인 K근로자가 16.4% 정도 임금이 인상된다면 본인도 10%이상 임금이 오르는 것이 당연하다고 생각하기 때문이다. 최저임금 인상은 최저임금의 영향을 받는 근로자뿐만 아니라 모든 근로자의 임금인상의 요인으로 작용할 수 있다. 특히 최저임금에 의해 대다수 근로자의 임금이 인상되는 기업의 경우에 최저임금의 영향을 받지 않는 근로자들도 임금인상을 기대하는 것은 당연한 이치일 것이다. 그러나 기업은 완전히 상반된 상황에 처해 있다. 최저임금 인상으로 인건비 인상 재원을 모두 소진하였기 때문에 최저임금의 영향을 받지 않는 근로자에게 임금동결 등 양보를 요구해야 하는 상황이 발생하게 된다. 그렇다면 이러한 문제를 어떻게 해소해야 할까?

바로 직무평가에 의한 직무급 도입을 검토하여야 한다. 직무급은 직무가치에 의해서 기본급이 결정되는 합리적 임금체계를 말한다. 현재 우리나라의 임금체계(기본급 체계)는 대부분 연공급이기 때문에 근속에 따라서 당연히 기본급이 인상되는 모습을 보이고 있다. 따라서 다른 직원의 임금이 인상된다면 나의 임금도 당연히 인상되어야 한다고 생각한다. 그러나 직무급은 직무가치가 변경되지 않는다면 임금이 크게 변경되지 않는다. 그러므로 다른 사람이 최저임금에 의해서 임금이 인상되더라도 나의 직무가 변경되지 않는 한 임금인상을 주장하기 어렵게 된다. 물론 직무급은 공정한 직무평가를 전제로 하기 때문에 도입절차가 쉽지 않다. 그러나 직무평가가 아무리 어렵더라도 공정한 임금체계를 위해서 필요하다면 반드시 시행해야 한다고 생각한다. 최근 많은 기업들이 직무평가에 관심을 가지고 접근하고 있으며 향후 직무평가를 시행하는 기업들이 지속적으로 증가할 것으로 예상된다. 이제 임금체계 개편을 더 이상 미룰 수 없는 상황이라고 생각된다. 기업은 임금체계(기본급 체계)를 직무급으로 어떻게 변경할 것인가에 대하여 구체적 실행 계획을 수립하여야 할 것이다.

CASE 3에 대한 솔루션 : 직무평가를 통한 직무급 도입

지금까지 최저임금 인상에 따른 임금체계 개편에 대해서 사례를 통해서 살펴보았다. 최저임금 인상은 이제 시작되었을 뿐이며 앞으로 계속될 것이다. 따라서 기업은 단기적인 최저임금 대응방안에서 벗어나 근본적인 대안을 찾아야 할 것이다. 최저임금 인상에 대한 해결방안으로 기본급 중심의 임금항목 단순화, 직무중심의 직급체계 개편, 직무평가를 통한 직무급 도입 등을 제안하였다. 이러한 해결방안의 핵심에는 바로 직무중심 인사관리가 있다. 직무중심 인사관리를 통하여 지속가능성장을 위한 튼튼한 기틀을 마련하기를 간절히 바라며 글을 맺는다.

〈노동법률 2017년 8월호의 기고문을 일부 수정하여 작성함〉

※ 이번 심층학습은 최저임금의 급격한 인상에 대한 대응방안을 모색하기 위한 목적으로 작성되었습니다. 따라서 최저임금이 급격히 인상된 2018년도를 대상으로 사례를 분석하였다는 점을 사전에 말씀드립니다.

제1장

제2장

제3장

제4장

제5장 인사관리를 마무리하며

story

34

위장도급과 불법파견은 왜 발생하는 것일까?

※ 본 주제는 두 가지 개념을 동시에 설명하기 위해서 두 개의 이야기(Story)로 구성하였습니다.

Storytelling

[첫 번째 이야기]

A공공기관은 국가가 운영하는 금융기관의 전산업무를 주로 수행하고 있다. A공공기관은 전산업무의 특성상 전산유지보수 인력 등 단순 전산인력이 다수 필요한 상황이다. 그러나 공공기관은 정원의 통제를 받고 있기 때문에 필요 인력을 즉시 채용하지 못하는 경우가 많이 발생하고 있다.

이러한 문제를 해결하기 위해서 A공공기관은 K사와 전산업무 도급계약을 체결하였다. 그런데 K사의 대표이사는 A공공기관의 인사팀장이었고, 자본금도 A공공기관 사우회에서 100%출자하였다. 그리고 K자회사의 신규채용 시 A공공기관의 팀장들이 면접위원으로 참여하여 채용 여부를 결정하기도 하였다. 이러한 방식으로 A공공기관은 K사와 도급계약을 통하여 전산업무의 용역서비스를 제공받았다.

과연 이러한 도급계약은 적법한 도급계약으로 인정받을 수 있을까?

Storytelling

[두 번째 이야기]

B자동차는 글로벌 기업으로의 도약을 위해서 경영합리화에 박차를 가하고 있다. B자동차는 2010년 초 연공급으로 인한 인건비 상승 압박으로 인하여 생산부문의 일부를 도급으로 운영하기로 결정하고 J사와 도급계약을 체결하였다. 그러나 생산

부분의 경우 대부분 콘베이어벨트 시스템으로 운영되고 있기 때문에 일부 부문을 독립적으로 도급형태로 운영하는 것이 사실상 불가능하였고 B자동차 근로자와 J사 근로자가 혼재되어 업무를 수행하였다.

또한 J사 근로자의 업무전문성과 숙련도가 매우 낮았기 때문에 B자동차의 근로자들이 J사 근로자를 직접 지휘·명령하는 경우가 매우 빈번하게 발생하였다. B자동차는 이러한 방식으로 약 5년간을 도급을 운영하고 있다.

과연 이러한 도급운영 방식은 적법성을 인정받을 수 있을까?

Coaching

이번 스토리에서는 위장도급과 불법파견에 대해서 살펴보고자 한다. 인사담당자는 업무의 도급에 대해서 검토할 기회가 많이 있다. 이러한 업무의 도급은 회사입장에서는 보통 경영상의 효율성을 제고하기 위해서 검토되는 것이 일반적이다. 예를 들어 회사가 물류센터 또는 A/S업무 등에 대해서 직접 운영하는 것과 아웃소싱으로 운영하는 것을 비교 검토하는 것이다. 검토 결과 아웃소싱으로 운영하는 것이 더욱 효율적이라는 결론에 도달하게 되면 경영진은 업무를 아웃소싱으로 전환하도록 지시하게 된다. 이러한 업무의 도급의 전환과 운영과정에서 경영상의 효율성에 대한 검토는 깊이 있게 이루어지지만 법률적 안정성에 대한 검토는 기초적인 수준에만 이루어지는 경우가 많이 있다. 그러나 도급운영 시 법률상 리스크는 매우 중요한 이슈가 되기 때문에 철저하게 검토한 후 도급의 전환과 운영을 시행하는 것이 반드시 필요하다.

그럼 먼저 첫 번째 사례를 살펴보자. 도급계약은 도급인(A공공기관)과 수급인(K사)의 도급계약과 수급인과 근로자의 근로계약으로 이루어진다. 이러한 도급계약 시 전제되어야 할 것은 수급인의 경영상 독립성이다. 만약 K사가 경영상 독립성이 없는 경우에는 법원은 K사를 사실상 존재하지 않는 페이퍼 컴퍼니로 판단한다. 이를 위장도급이라고 한다. 상기 사례의 경우 K사의 대표이사를 A공공기관의 인사팀장이 맡고 있고 자본금도 A공공기관의 사우회가 출자하였다면 K사는 경영상의 독립성을 인정받기 어려울 것으로 보인다. 이러한 위장도급의 경우 법원은 도급인(A공공기관)과 수급인(K사)의 근로자가 근로계약 관계가 있는 것으로 본다. 이를 고용의제라고 하며 도급인(A공공기관)이 수급인(K사)의 근로자를 고용한 것으로 보는 것을 의미한다.

다음으로 두 번째 사례이다. 도급인(B자동차)과 수급인(J사)이 도급계약을 체결하였고 수급인(J사)가 경영상의 독립성을 확보한 업체라고 가정하자. 이 경우에는 위장도급의 문제는 발생하지 않는다. 그럼 무엇을 검토해야 할까? 바로 J사의 인사노무관리상의 독립성이다. 즉, J사는 소속 근로자에 대하여 인사노무관리상의 독립성, 즉, 업무상 지휘·명령권을 가져야 한다. 만약 J사의 소속근로자에 대해서 B자동차가 업무상 지휘·명령권을 가진다면 근로자 파견관계가 성립하게 된다. 상기 사례의 경우 B자동차 근로자가 업무를 직접 지휘하고 명령하였기 때문에 도급관계가 아니라 근로자 파견관계로 판단하게 된다. 그리고 현행법상 제조업의 직접생산 공정업무는 근로자 파견이 허용되지 않기 때문에 B자동차와 J자동차의 계약은 불법파견이 된다. 이러한 불법파견의 경우 법원은 도급인(B자동차)이 수급인(J사)의 근로자를 고용하도록 명하고 있다. 이를 고용의무라고 한다. 고용의무는 고용의제와는 다른 개념이며 도급인(B자동차)이 수급인(J사) 근로자를 고용해야 한다는 의미이다.

[도급 및 근로자파견의 구분]

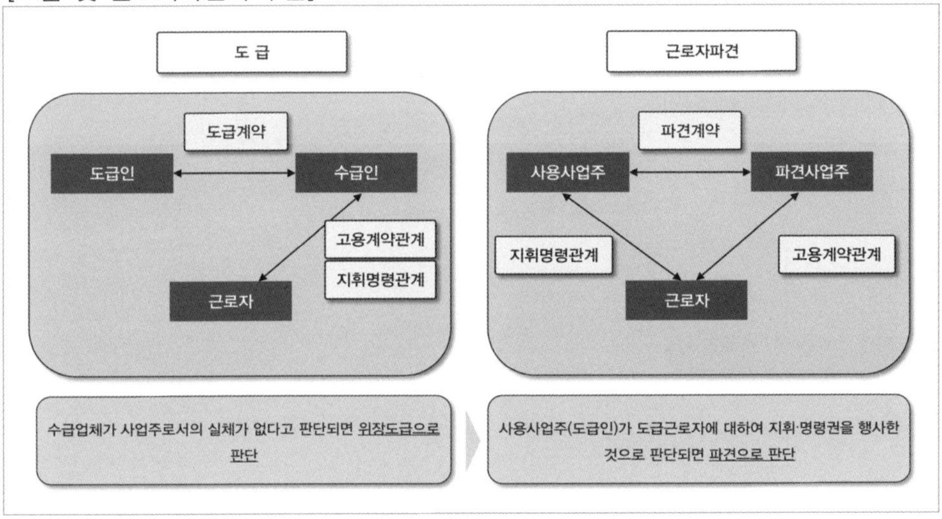

상기 그림을 보면 좀 더 쉽게 이해할 수 있을 것이다. 도급계약과 근로자파견

의 차이를 명확히 이해하는 것이 매우 중요하다.

그리고 도급계약의 적법성에 대해서는 아래의 기준에 의해 구체적으로 판단하게 된다. 먼저 수급인의 경영상의 독립성(사업주로서의 실체)을 판단한다. 경영상의 독립성은 채용・해고 등의 결정권, 소요자금 조달 및 지급에 대한 책임, 법령상 사업주로서의 책임, 기계・설비・기자재의 자기책임과 부담, 전문적 기술・경험과 관련된 기획 책임과 권한 등을 종합적으로 고려하여 판단한다. 수급인이 경영상의 독립성이 없다고 판단되면 위장도급으로 본다.

그리고 수급인이 경영상의 독립성이 있다고 판단되면 수급인의 인사노무관리상의 독립성(지휘・명령권)을 판단하게 된다. 인사노무관리상의 독립성은 작업배치・변경 결정권, 업무지시・감독권, 휴가・병가 등의 근태관리권 및 징계권, 업무수행에 대한 평가권, 연장・휴일・야간근로 등의 근로시간 결정권 등을 종합적으로 고려하여 판단한다. 만약 수급인이 인사노무관리상의 독립성이 없다고 판단되면 해당 도급계약을 근로자파견으로 보아 파견근로자보호등에 관한 법률을 적용하게 되는 것이다.

[도급의 적법성 판단방법]

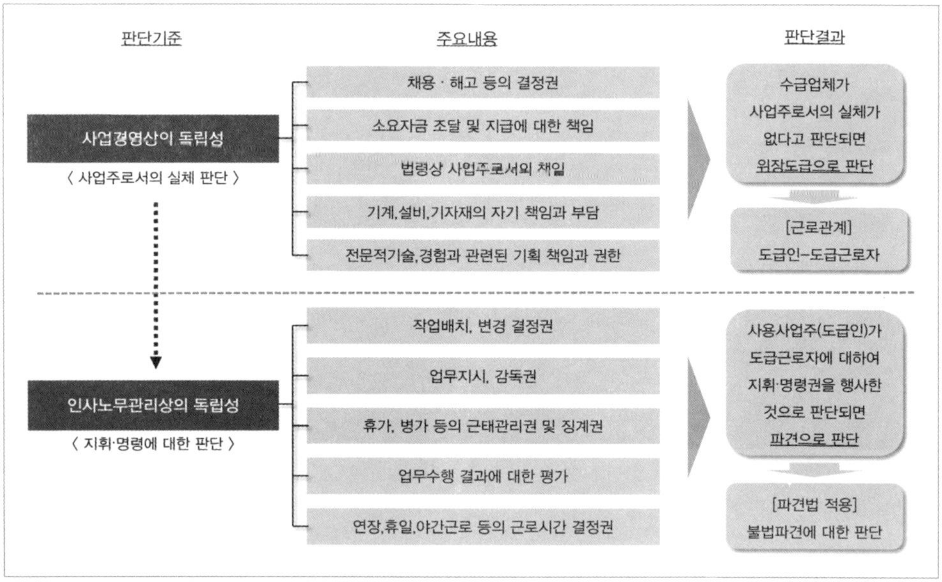

지금까지 위장도급과 불법파견에 대해서 살펴보았다. 위장도급과 불법파견은 매우 복잡한 것처럼 보이지만 사실 명쾌한 법률적 판단기준을 가지고 있다. 이제 인사담당자는 업무의 아웃소싱을 진행할 때 경영의 효율성뿐만 아니라 법적인 안정성을 철저히 검토해야 할 것이다.

판례 [위장도급]

1. 피고 회사의 임직원만으로 이루어진 사우회의 100% 출자에 의해 설립된 후 주주 및 대표이사도 모두 피고의 임직원이고 설립 이래 거의 전적으로 피고의 업무만을 도급받아 운영한 점,
2. 입사시 피고직원들이 채용·면접주도한 점, 원고들이 수행하는 업무는 피고의 다른 업무와 구분되지 않고 유기적으로 결합된 업무로서 피고가 작업시간·작업대상·연장근로·휴일당번 등 직접 구체적인 지시, 소외 회사의 인사노무관리한 사실이 없고, 피고가 직접 인사평정·임금액결정·성과변동형 임금제 도입, 승급에 관여하여 결정한 점,
3. 직무교육·복장 등 동일하게 지급된 점, 소외회사는 인사부서나 회계부서 등 제대로 갖춘 것이 없고 물적 시설 역시 갖추지 못하는 등의 사실을 종합하면
4. 소외회사는 피고와 도급계약을 체결하고 자신의 사업을 수행한 것과 같은 외관을 갖추었다고 하더라도 실질적으로는 업무수행의 독자성이나 사업 경영의 독립성을 갖추지 못한 채 피고의 일개 사업부서로서 기능하거나 노무대행기관의 역할을 수행하였을 뿐이고 오히려 피고가 원고들로부터 종속적인 관계에서 근로를 제공받고 임금을 포함한 제반 근로조건을 정하였다고 봄이 상당하다.
5. 피고는 처음 도급계약이 체결되었을 무렵에는 소외 회사들에 소속된 원고들에 대한 인사관리 및 근태관리 방식이 확립되어 있지 않았으나 현재는 도급초기의 문제점들이 이미 개선되었으므로 과거의 인사·근태관리를 바탕으로 원고들의 현재 지위를 판단해서는 안된다고 주장하나
6. 비록 최근 인사·근태관리의 방식이나 형식을 일부 변경하였다고 하더라도 달리 피고의 구체적인 조치들로 인하여 소외 회사들과 피고와의 인적·경영적 관련성, 소외 회사들의 물적 시설과 경영능력 소외 회사들의 사업경영상의 독립성이 확보되었다고 볼 자료가 없으므로 피고의 주장은 이유 없다.

서울남부지법 2008.7.18 선고, 2007가합10338 판결

판례 [불법파견]

2. 근로자 파견관계의 성립 및 효과에 관하여

(1) 원심이 확정한 사실관계에 의하면 다음의 각 사정을 알 수 있다.

① 참가인의 자동차 조립·생산 작업은 대부분 컨베이어벨트를 이용한 자동흐름방식으로 진행되었는데, 참가인과 도급계약을 체결한 이 사건 사내협력업체 소속 근로자들인 원고들은 컨베이어벨트를 이용한 의장공정에 종사하는 자들이다.

② 원고들은 컨베이어벨트 좌우에 참가인의 정규직 근로자들과 혼재하여 배치되어 참가인 소유의 생산 관련 시설 및 부품, 소모품 등을 사용하여 참가인이 미리 작성하여 교부한 것으로 근로자들에게 부품의 식별방법과 작업방식 등을 지시하는 각종 작업지시서 등에 의하여 단순, 반복적인 업무를 수행하였다. 이 사건 사내협력업체의 고유 기술이나 자본 등이 업무에 투입된 바는 없었다.

③ 참가인은 이 사건 사내협력업체의 근로자들에 대한 일반적인 작업배치권과 변경 결정권을 가지고 있었고, 그 직영근로자와 마찬가지로 원고들이 수행할 작업량과 작업 방법, 작업 순서 등을 결정하였다. 참가인은 원고들을 직접 지휘하거나 또는 이 사건 사내협력업체 소속 현장관리인 등을 통하여 원고들에게 구체적인 작업지시를 하였는데, 이는 원고들의 잘못된 업무수행이 발견되어 그 수정을 요하는 경우에도 동일한 방식의 작업지시가 이루어졌다. 원고들이 수행하는 업무의 특성 등을 고려하면, 사내협력업체의 현장관리인 등이 원고들에게 구체적인 지휘명령권을 행사하였다 하더라도, 이는 도급인이 결정한 사항을 전달한 것에 불과하거나, 그러한 지휘명령이 도급인등에 의해 통제되어 있는 것에 불과하였다.

④ 참가인은 원고들 및 그 직영근로자들에 대하여 시업과 종업 시간의 결정, 휴게시간의 부여, 연장 및 야간근로 결정, 교대제 운영 여부, 작업속도 등을 결정하였다. 또 참가인은 정규직 근로자에게 산재, 휴직 등의 사유로 결원이 발생하는 경우 사내협력업체 근로자로 하여금 그 결원을 대체하게 하였다.

⑤ 참가인은 이 사건 사내협력업체를 통하여 원고들을 포함한 이 사건 사내협력업체 근로자들에 대한 근태상황, 인원현황 등을 파악·관리하였다.

(2) 이러한 사정을 앞서 본 법리에 비추어 살펴보면, 원고들은 이 사건 사내협력업체에 고용된 후 참가인의 사업장에 파견되어 참가인으로부터 직접 노무지휘를 받는 근로자파견 관계에 있었다고 할 것이다.

대법 2010.7.22 선고, 2008두4367 판결

HR 실무 적용 Point

1. 도급 시 경영상의 효율성과 법적인 안정성을 반드시 함께 검토하여야 한다.
2. 도급계약은 위장도급과 불법파견의 리스크를 가지고 있다.
3. 수급인의 경영상의 독립성이 인정되지 못하면 위장도급으로 판단한다.
4. 수급인의 인사노무관리상의 독립성이 인정되지 못하면 파견으로 판단한다.

story

35

외적보상과 내적보상 중 어떤 방식이 동기부여에 더 효과적일까?

Storytelling

김대리는 요즘 깊은 고민에 빠져 있다. 직원들의 근무의욕이 점점 떨어지고 있기 때문이다. 인사관리의 가장 중요한 역할은 동기부여인데 인사팀이 역할을 제대로 못하고 있다는 생각도 든다. 최근 동기부여와 관련된 몇 권의 책을 읽어보았는데 인센티브 등 외적보상이 효과적이라는 주장도 있고 반대로 성취감 등 내적보상이 효과적이라는 주장도 있다. 과연 직원들에게 동기부여하기 위해서는 외적보상과 내적보상 중 어떤 방식이 더 효과적일까?

Coaching

동기부여(Motivation)는 정말 오래전부터 계속되어온 인사관리의 핵심 주제이다. 그리고 동기부여는 인사관리뿐만 아니라 우리의 삶속에서도 매우 밀접하게 접할 수 있는 주제이기도 하다. 우리는 성적향상, 다이어트, 운동경기 입상 등 삶속에서 항상 동기부여에 대한 고민을 하고 있다. 그런데 우리를 혼돈스럽게 하는 것은 동기부여에 대해서 매우 상반된 주장이 공존하고 있다는 점이다. 누군가는 동기부여를 위해서는 인센티브[50] 등 외적보상이 가장 효과적이라고 이야기 한다. 그런데 또 다른 사람은 성취감 등 내적보상이 더욱 효과적이라고 주장한다.

50) 본 스토리에서 '인센티브'란 개인의 판매실적에 따라 일정 비율로 지급되는 성과급을 의미하며 외적 보상의 대표적인 방식으로 봄.

이야기를 들어보면 모두 맞는 말처럼 들리기도 한다. 그렇기 때문에 더욱 혼란스러운 것 같다.

동기부여와 관련된 개인적인 경험을 한 가지 공유하고자 한다. 필자는 과장 진급 후 백화점 영업담당(SM : Sales Manager)로 1년 정도 근무한 적이 있다. 백화점 영업담당의 경우 약 30여개의 브랜드의 영업관리자 역할을 수행한다. 30개 브랜드의 매출의 합계가 본인의 매출목표가 되기 때문에 영업담당은 브랜드의 영업실적에 매우 신경을 쓸 수밖에 없다. 지금도 매월 매출압박에 시달렸던 기억이 생생하다. 필자가 맡고 있는 가장 영업실적이 좋은 매장은 A브랜드였다. 영업담당은 브랜드 샵매니져와 매우 밀접한 소통을 한다. 신상품은 잘 입고 되는지 여부, 프로모션 준비는 잘 되는지 여부, 본사의 지원은 문제가 없는 지 여부 등을 점검하기 위해 많은 대화를 나눈다. 나는 A브랜드 샵매니져와 나누었던 대화 중 지금도 생생히 기억나는 내용이 있다. 필자가 매니져에게 물었다. "매니져님 저번달에도 실적이 참 좋네요. 수고 많으셨어요. 이렇게 매출이 많으니 인센티브도 참 많이 받으시겠네요" 그런데 매니져는 의외의 대답을 하였다. "과장님 저희 인센티브 별로 없어요. 그리고 저 인센티브 때문에 일하는 거 아니에요. 저는 롯데 본점이 꿈이에요. 그리고 저는 고객이 다시 찾아와 줄 때가 너무 기뻐요" 라고 대답하는 것이었다. 그 당시 나는 인센티브가 낮은데 왜 열심히 일하는지에 대해서 이해할 수 없었다. 이 후 보상에 대해서 계속 고민하던 중 HR컨설팅을 하면서 보상의 본질에 대해서 깨닫게 되었다.

[일의 성격에 따른 보상 방식의 적용]

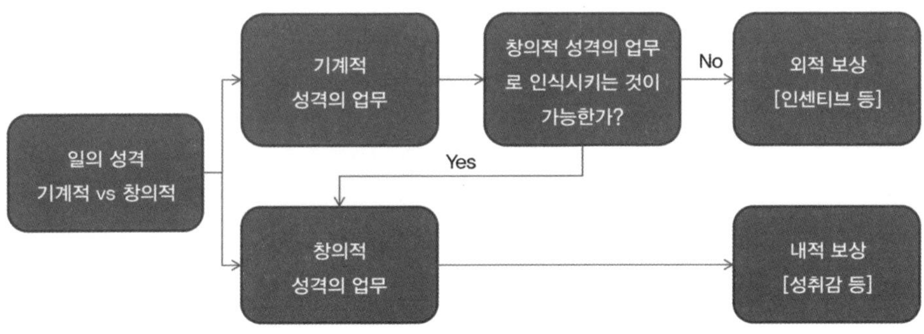

※ 다니엘 핑크 '드라이브'의 내용을 참고하여 필자가 재구성함.

위 그림을 살펴보자. 그림에서 전달하고자 하는 메시지의 핵심은 보상은 일의 성격에 따라서 결정되어야 한다는 것이다. 먼저 일의 성격이 기계적인지 아니면 창의적인지를 살펴본다. 기계적 성격의 업무는 다시 한번 창의적 업무인지를 검토한다. 검토 결과 기계적 성격의 업무라면 인센티브 등 외적보상이 효과적인 보상수단이 된다. 반면 창의적 성격의 업무는 성취감 등 내적보상이 효과적 보상수단이 된다는 것이다.[51)]

필자의 사례로 다시 돌아가 보자. A브랜드의 샵매니져는 인센티브에 의해서 동기부여 된 것이 아니다. 롯데 백화점 본점으로 이동하는 꿈(vision)을 꾸며 다시 찾아 주는 고객을 바라보면서 동기부여 되었던 것이다. 즉, 외적보상이 아니라 내적보상에 의해서 동기부여된 것이다.

여러분은 의류판매라는 업무를 어떠한 성격의 업무로 생각하는가? 기계적 업무인가? 아니면 창의적 업무인가? 개인적으로 백화점 의류 판매 업무는 고객의 마음을 얻어야 하는 매우 창의적인 업무라고 생각한다. 그런데 매출이 저조한 브랜드의 경영진은 판매를 기계적 업무로 인식하고 인센티브로 동기를 부여하고자 시도하는 것이다. 물론 성공할 수도 있겠지만 대부분의 경우 실패로 돌아간다. 반면에 우수한 브랜드의 경영진은 판매를 창의적 업무로 바라본다. 그렇기 때문에 인센티브의 비중을 낮추고 일의 통해 성취감을 느낄 수 있도록 유도하는 것이다. 여기서 한 가지 고민이 시작된다. 아무리 동기부여에 내적보상이 외적보상보다 좋다지만 외적보상 없이 내적보상만으로 직원의 확보와 유지가 가능할까? 그렇지 않은 것이다. 직원들에게 외적보상은 기본적인 생계수단이 되며 삶의 질을 결정하는 아주 중요한 요소이다. 그렇다면 외적보상을 어떻게 효과적으로 활용할 수 있을까?

백화점 브랜드 샵매니져의 보상구조는 외적보상과 관련하여 많은 시사점을 전해 준다. 보통 매출이 우수한 브랜드의 경우 샵매니져에게 높은 기본연봉에 낮

51) 외적보상이 내적동기를 떨어뜨린다는 것은 에드워드 데시의 소마(Soma)블럭 실험을 통해서 확인되었다. 소마블럭 실험에서 블럭 완성 시 한 집단에게는 인센티브를 제공하였고 다른 집단에게는 인센티브를 제공하지 않았다. 실험 결과 인센티브를 제공받은 집단은 블럭만들기에 흥미를 잃어 버리게 되었다.(마음의 작동법, 에드워드L. 데시 · 리처드 플래스트 저)

은 인센티브을 제시한다. 반대로 매출이 저조한 브랜드의 경우 샵매니져에게 낮은 기본연봉에 높은 인센티브를 제시한다. 이러한 보상의 차이는 영업성과의 차이로 이어진다. 높은 기본연봉에 낮은 인센티브를 받는 샵매니져는 판매 시 인센티브의 유혹에서 벗어나 고객의 만족이라는 판매의 본질에 접근하는 모습을 보인다. 이는 직무에 대한 만족과 장기근속으로 이어지고 높은 영업성과를 달성하는 선순환의 결과를 만들어 낸다. 반면 낮은 기본연봉에 높은 인센티브를 받는 샵매니져는 더 많은 인센티브를 받아야겠다는 생각으로 점점 더 인센티브에 집착하게 된다. 이러한 모습은 고객에게 좋은 인상을 주지 못하고 우수한 영업성과를 달성하지 못하게 된다. 당연히 직무에 대한 만족도를 낮아지고 퇴직으로 이어지는 악순환을 반복하는 보습을 보이게 된다. 그렇다면 기본연봉과 인센티브의 비율은 어떠한 의미를 가지고 있을까? 기본연봉이 높은 경우 직원들은 일하는 과정에서 보상을 크게 의식하지 않게 된다. 반면에 인센티브가 높은 경우 일하면서 항상 인센티브를 신경쓰게 된다. 즉, 인센티브가 일을 지배하게 되는 현상이 일어나는 것이다. 따라서 직원들에게 외적보상을 제공하게 될 경우 가급적 기본연봉 비율을 높이는 것이 바람직하다. 또한 내적보상이 효과적이기 위해서는 평균인상의 외적보상을 전제로 한다는 점을 반드시 기억해야 한다. 그렇기 때문에 A브랜드이 기본연봉은 타 브랜드에 비해 매우 높은 수준이며 총 연봉도 높은 수준을 유지하고 있다. 만약 기본연봉이 낮고 인센티브도 낮다면 아무도 그 브랜드에서 일하려고 하지 않을 것이다.

가장 바람직한 보상방식은 보상을 인식하지 않고 일에 집중할 수 있도록 하는 방식이다. 이러한 관점에서 볼 때 기본연봉을 높은 수준으로 설계하는 보상방식은 매우 바람직한 방향이다. 직원은 기본연봉을 충분히 받았을 때 보상을 생각하지 않고 일의 본질에 집중할 수 있다. 이러한 상황에서 추가적인 적정수준의 인센티브는 큰 문제가 없을 것이다. 다시 한번 언급하고 싶은 것은 모든 인센티브가 효과가 없다는 것이 아니라는 것이다. 우리가 인센티브에 너무 심하게 의존하였을 경우 오히려 심각한 부작용을 가져온다는 점을 다시 한번 강조하고 싶다.

지금까지 외적보상과 내적보상에 대해서 살펴보았다. 보상의 방식을 결정하기 전에 반드시 살펴볼 것은 일의 성격이다. 일이 기계적인지 아니면 창의적인지를 깊이있게 검토해 보아야 한다. 여러분 일터의 일을 바라보자. 기계적 성격의 일은 점점 줄어들고 있으며 대부분 창의적 성격의 일이 늘어나고 있을 것이다. 그렇다면 우리는 이제 어떠한 보상구조로 나아가야 할까? 여러분의 현명한 선택을 기대해 본다.

HR 실무 적용 Point

1. 일의 성격에 따라서 보상방식이 결정되어야 한다.
2. 기계적 성격이 업무는 인센티브 등 외적보상이 효과적이지만 창의적 성격의 업무는 성취감 등 내적보상이 효과적이다.
3. 보상을 인식하지 않고 일에 집중할 수 있도록 보상구조를 설계하는 것이 바람직하다.

참고자료 : 동기부여 이론(1)-평형성 이론

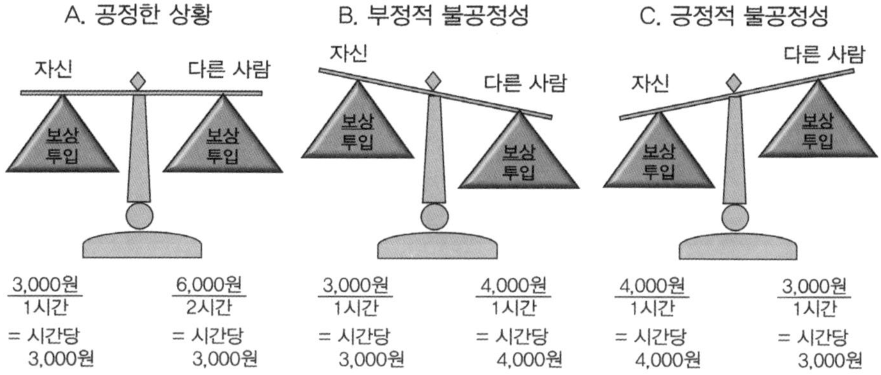

형평성 이론	▪ 형평성 이론(equity theory)이란 인간행위에 대한 기본적인 가정으로서 개인들이 타인들과의 비교속에서 자신의 사회적 관계를 평가한다는 이론이다. (S. Adams)

참고자료 : 동기부여 이론(2)-기대이론

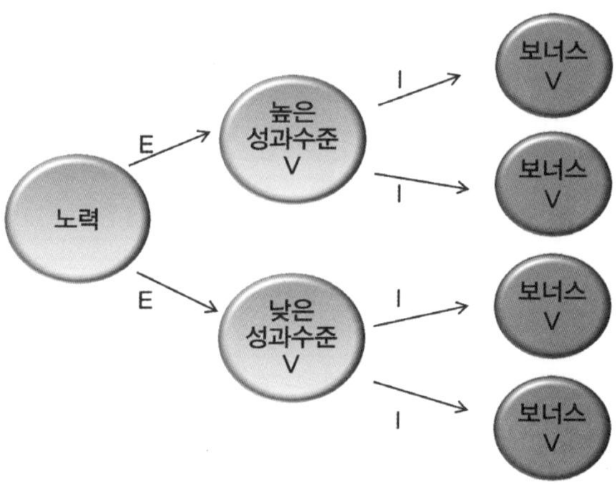

주 ; E : 기대(Expectancy) , V : 유의성(Valence) , I : 수단성(Instrumentality)

기대이론	▪ 기대이론(expectancy theory)이란 개인의 모티배이션 정도는 노력을 기울여서 얻게 되는 결과가 얼마나 그에게 매력적인가 하는 정도(선호도)와 노력을 기울여 결과를 얻어낼 수 있는 가능성이 얼마나 큰가(기대)하는 두 가지에 의해 결정된다는 이론이다.(V. Broom)

story

36 인재경영의 비밀은 무엇일까?

Storytelling

김과장은 3년 동안의 인사제도 설계 작업을 지난달 마무리하였다. 먼저 직무분석을 실시하였고 이후 인사평가제도 설계, 보상제도 설계를 시행하였다. 그리고 그 과정에서 성과책임에 대한 중요성도 이해할 수 있었다. 그런데 김과장은 최근 이 모든 내용이 하나로 연결되는 것 같은 느낌을 갖게 되었다. 그리고 직무분석, 성과책임, 인사평가, 보상제도 등이 서로 연계되어 영향을 주고 있다는 생각은 점점 더 강해졌다. 그런데 막상 이 개념들을 연계하여 도식화하려고 하니 쉽지 않았다.

어느날 산책중에 김과장은 이 개념들이 하나로 연계된 모습이 머릿속에서 갑자기 떠올랐다. 그리고 이 내용을 손바닥에 적어 기록하게 되는데…….

Coaching

지금까지 인사관리기초 및 체계, 직무분석, 인사평가, 보상제도 등에 대해서 살펴보았다. 그런데 중요한 한 가지 사실이 있다. 이러한 인사기능은 서로 분리되어 있는 것이 아니라 서로 하나로 연계되어 있다는 것이다.

아래 그림을 통해 인재경영(talent management)의 원리를 살펴보자. 기업은 사명에서 출발한다. 사명(Mission)은 '존재이유'이다. 기업은 모두 존재이유를 가지고 있다. 그리고 사명과 연계된 비전을 수립한다. 비전(Vision)은 '미래의 꿈'이다. 10년 혹은 20년 후 우리 회사의 모습이 바로 비전이다. 사명과 비전이 수립되면 기업의 기초가 만들어진 셈이 된다. 그리고 조직의 각 부서는 성과책임을 갖는다. 성과책임(accountability)란 '해당 부서 또는 직무가 조직의 성과창출에 기여하기 위해 책임져야만 하는 성과'를 말한다. 부서의 성과책임은 해당 직무의 성과책임과 연계되어 있다. 이러한 성과책임은 직무의 한 요소(output)이기 때문에 직무분석을 통하여 도출할 수 있다. 그리고 조직은 성과책임을 달성하기 위한 경영활동을 수행한다. 그 활동 중 가장 중요한 것은 성과관리와 역량관리이다. 먼저 성과관리란 '성과책임을 달성하기 위한 리더의 업무활동'이다. 성과관리의 과정은 성과목표의 수립-업무수행-성과평가로 이루어진다. 우리가 시행하는 성과평가는 협의의 인사평가이고 성과관리가 광의의 인사평가가 된다. 다음으로 역량관리란 '성과책임을 달성하기 위한 지식, 기술, 능력, 태도의 개발활동'이다. 역량관리 과정은 역량개발계획 수립-역량개발-역량진단으로 이루어진다. 역량관리는 철저히 개발관점에서 이루어지는 것이 바람직하다.

[예담 인재경영 시스템]

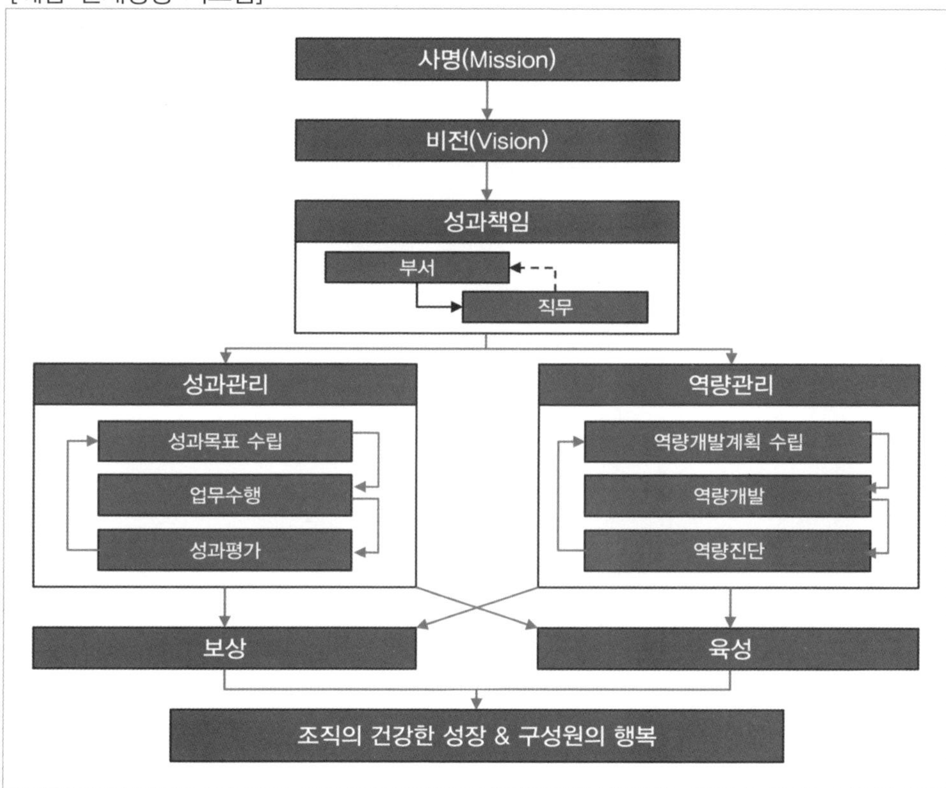

이렇게 이루어진 성과관리와 역량관리의 결과를 보상과 육성에 연계한다. 그리고 이러한 경영활동을 통해서 '조직의 건강한 성장과 직원의 행복'을 이룰 수 있는 것이다. 먼저 '조직의 건강한 성장'이다. 많은 기업이 병들어 있는 모습을 본다. 만약 조직이 건강하게 성장하지 못한다면 성장하지 않는 것이 더 나을 것이다. 조직은 건강하게 성장해야 한다. 건강하게 성장해야 기업의 목적인 인류의 향상과 유지에 도움을 줄 수 있기 때문이다. 다음으로 직원의 행복이다. 회사에 출근하는 직원의 얼굴표정을 떠올려 보자. 과연 어떠한 표정인가? 기업은 조직의 구성원인 직원의 행복을 책임져야 한다. 조직의 건강한 성장과 직원의 행복은 서로 떨어질 수 없는 하나의 개념이다. 그리고 기업의 경영의 궁극적인 목적이다.

자 어떠한가? 우리가 시행하는 인사관리 활동이 이와 같이 위대한 결과를 만들어 낼 수 있는 것이다. '사명-비전-성과책임-성과관리와 역량관리-보상과 육성 연계'를 통해서 위대한 기업은 탄생할 수 있다. 그러나 이러한 활동은 매우 어렵고 오랜 시간이 걸리는 특징을 가지고 있다. 많은 기업이 빨리 성장하고 싶은 유혹에 빠진다. 그래서 직원을 통제하고 압박하여 단기적인 성과를 만들어 낸다. 그런데 이러한 성과는 조직을 건강하게 성장시키지 못하고 직원은 점점 불행해진다. 우리는 이제 이러한 어리석음을 반복하지 않아야 할 것이다. 사명에서 출발하자. 그리고 비전을 품자. 그리고 성과책임을 고민한 후 성과관리와 역량관리를 시행하자. 이 인사관리의 원리는 과거에도 동일했고 앞으로도 변하지 않을 것이다. 이것이 바로 인재경영(talent management)의 비밀이다.

HR 실무 적용 Point

1. 인재경영은 '사명-비전-성과책임-성과관리와 역량관리'로 이루어진다.
2. 인재경영의 궁극적인 목적인 '조직의 건강한 성장과 구성원의 행복'이다.
3. 인재경영을 통해서 위대한 기업이 탄생할 수 있다. 그리고 인사담당은 바로 '인재경영을 돕는자'이다.

10 심층학습

주52시간제 도입에 따른 인사관리 변화 방향

최근 인사노무관리 부문의 핵심이슈는 주52시간제 도입일 것이다. 2018년 7월 1일부터 300이상 사업장을 시작으로 주52시간제가 시행된다. 그리고 사업장 규모에 따라서 주52시간제도가 확대될 예정이다. 이러한 근로시간 단축 논의는 법정기준근로시간인 40시간을 단축하는 것이 아니라 연장근로시간과 휴일근로시간 등 초과근로시간을 단축하려는 것이다.

2018년 1월 1일부터 신세계는 주당 35시간제를 도입하였다. 신세계의 근로시간 단축은 많은 기업의 인사담당자를 놀라게 하였다. 지금 대부분의 기업들이 초과근로시간을 어떻게 단축할 것인가를 고민하고 있는 시점에서 신세계는 기준근로시간을 단축하기로 결정하였다는 점이다. 그럼 이제부터 몇 가지 논의이슈를 통하여 인사관리의 변화의 방향에 대해서 이야기해 보기로 하자.

첫 번째 논의이슈, 우리는 근무시간에 어떻게 일하고 있는가?

[우리나라 직장인의 근로시간 사용 설문조사 결과]

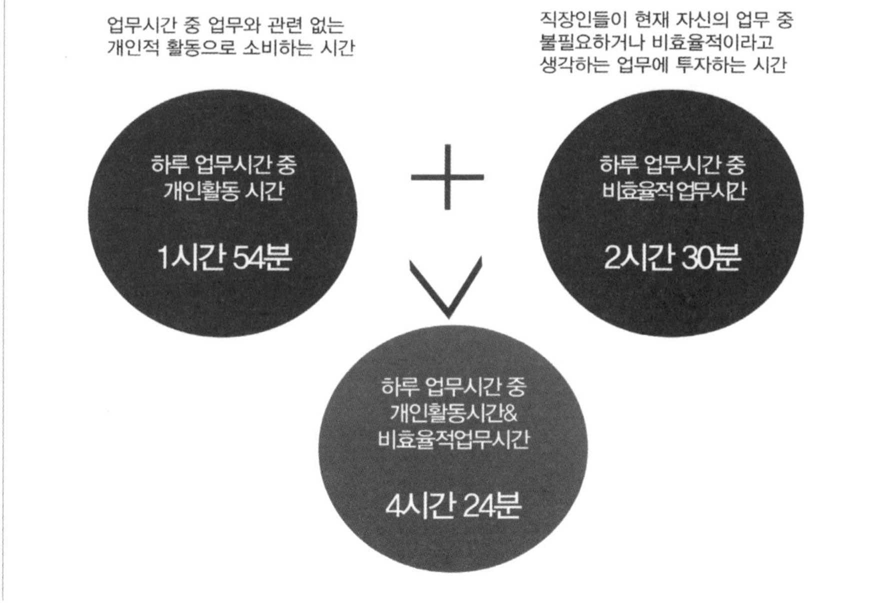

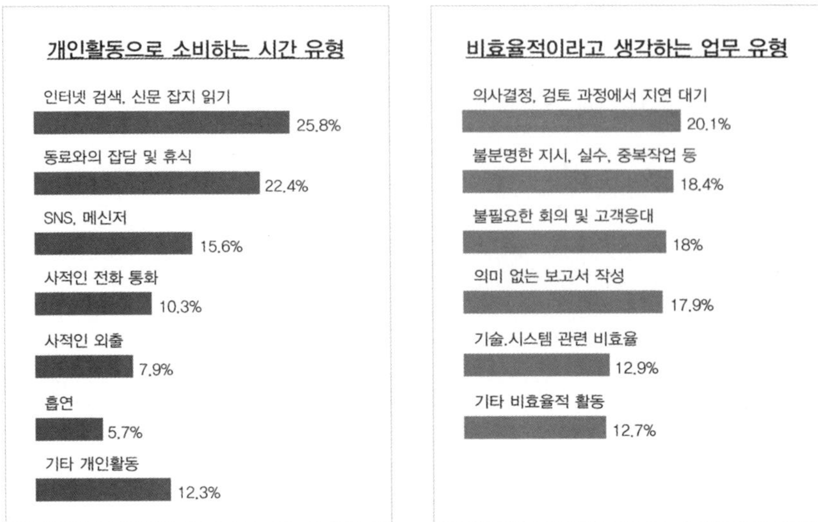

※ 2012 직장인 생산성 인식 실태 보고서, 언스트앤영 수정 인용.

필자는 주52시간제에 대해 고민하면서 몇 년전 컨설팅 기관에서 발표한 우리나라 직장인의 근로시간과 관련한 조사결과가 떠올랐다. 조사결과 업무시간 중 인터넷 검색, 동료와의 잡담 등 개인활동으로 소비하는 시간이 약 1시간 54분, 의사결정과정에서 지연대기, 중복작업 등 비효율적으로 사용되는 시간이 약 2시간 30분이라는 것이다. 즉 하루 근무시간 8시간 중 4시간 24분이 개인활동과 비효율적 업무로 소비되고 있다는 것이다. 그렇다면 우리는 하루에 3시간 36분만을 정상적으로 일하고 있다는 결론에 이르게 된다. 필자는 조사결과를 보고 정말 깜짝 놀랄 수밖에 없었다. 첫 번째 놀란 것은 대부분의 근무시간이 정말 비정상적으로 사용되고 있다는 사실이다. 하루에 3시간 36분만을 일하고 있다는 것을 믿기 어려웠다. 그러나 두 번째 놀란 것은 과거에 회사에서 근무 시 '나도 그렇게 일했었다'라는 것이다. 곰곰이 나의 근무시절로 돌아가 생각해 보니 정말 내가 일했던 모습과 조사결과는 놀라울 정도로 흡사했다.

근로시간 단축 이슈를 보면서 과연 근로시간 단축을 어떻게 바라볼 것인가에 대한 고민을 해야 한다. 대부분의 기업은 근로시간이 물리적으로 단축되는 것에 집중하고 대안을 고민한다. 그러나 근로시간 단축은 반드시 우리의 일하는 방식의 변화 와 연계하여 생각해야 한다. 우리 직장인들은 정말 회사에서 열심히 일하고 있다. 그러나 많은 시간은 다양한 원인으로 파편화된 사라지고 있는 것이다. 이러한 파편화된 근로시간 조각 퍼즐을 어떻게 새롭게 맞추어 나갈 것인가가 근로시간 단축의 실질적인 해법이 되어야 한다. 나아가 근로시간 단축에 대한 대응방안은 근로시간을 관리하는 것을 넘어 앞으로 성과를 어떻게 관리할 것인가로 확장되어야 한다. 주52시간제가 도입되니 성과관리 체계 정교화를 추진하는 회사가 있다. 이러한 회사는 다른 회사보다 한 단계 높은 수준의 근로시간 대응방안을 수립한 것으로 이해해도 좋을 것이다.

두 번째 논의이슈, 근로시간 단축이 임금체계 개편에 도움이 된다는 사실을 알고 있는가?

[최저임금 인상에 따른 임금체계 개편 방안(사례)]

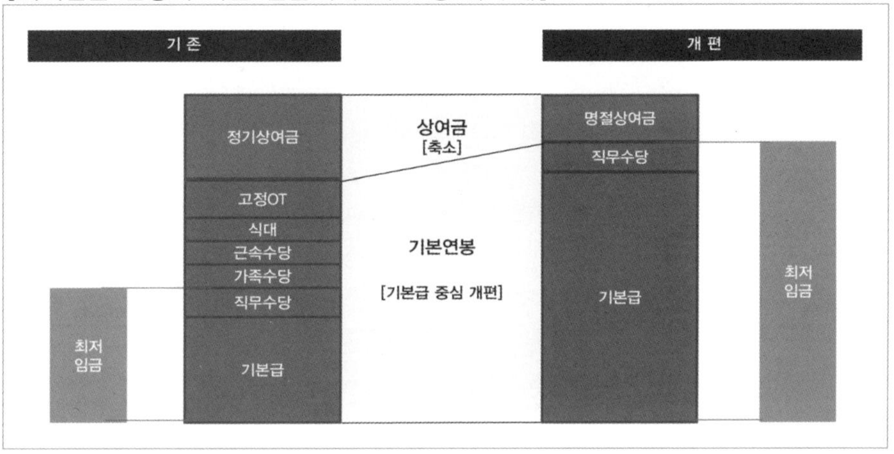

이번에는 임금체계 개편과 근로시간 단축을 연계하여 살펴보자. 최근 최저임금의 급격한 인상 등의 환경변화로 많은 회사에서 임금체계 개편이 이루어지고 있다. 그림의 실제 사례를 통하여 설명해 보기로 하자. 사례 기업은 기본급의 매우 적고 정기상여금, 고정 OT, 식대, 근속수당, 가족수당 등 다양한 임금항목으로 구성되어 있다. 총액기준의 임금수준은 낮지 않지만 정기상여금과 각종수당이 최저임금에 포함되지 않기 때문에 향후 최저임금 위반문제가 발생할 가능성 매우 높다. 이에 회사는 각종수당을 기본급에 포함시키고 정기상여금을 축소하는 임금체계 개편안을 수립하였다. 그러나 임금체계 개편안은 시행되지 못했다. 왜냐하면 임금체계를 개편하게 되면 통상임금이 증가되기 때문이다. 즉 기본급의 인상으로 인하여 통상임금이 상승하게 되면 연장근로수당, 휴일근로수당, 야간근로수당 등 시간외근로수당이 증가하게 된다. 사례 기업은 시간외근로가 일상적으로 매우 많이 발생하는 상황이었기 때문에 기본급 상승으로 인한 시간외근로수당 증가를 감당하기 어렵다고 판단한 것이다.

필자는 사례기업과 비슷한 경우의 회사를 매우 많이 만나고 있다. 그러나 이 시점에서 우리는 한 가지 질문을 던져 보아야 한다. 우리는 왜 임금체계 개편을 하는가이다. 임금체계 개편방향에 대해서는 다양한 의견이 있겠지만 대부분 학자와 전문가는 기본급 중심의 임금구조를 추천하고 있다. 필자도 이에 동의한다. 그러나 이러한 변화가 시간외근로수당 문제로 인하여 시행되지 못하고 있다는 사실이다. 변화이 방향이 맞다면 변화는 이루어져야 한다. 변화과정 중 발생하는 문제는 지혜롭게 해결하면 된다. 다시 정리해 보자. 기본급 중심의 임금체계 개편을 시행하는 것이 필요하다. 그러나 기본급 중심의 임금체계는 통상임금의 증가가 발생한다. 통상임금 증가는 시간외근로수당의 증가를 일으킨다. 그렇다면 시간외근로를 축소하는 방안을 고민해야 한다는 것이다. 즉, 근로시간 단축을 통하여 임금체계 개편을 성공적으로 이끌어 낼 수 있다는 결론에 이르게 되는 것이다.

많은 리더에게 어떠한 부하직원과 함께 일하고 싶은가라고 질문한다면 대부분 능력있고 열심히 일하는 직원이라고 답변한다. 여기서 열심히 일하는 직원의 의미가 무엇일까? 퇴근시간 관점에서 보면 일찍 퇴근하는 직원보다는 늦게까지 일하는 직원이라는 뉘앙스가 느껴진다. 안타깝게도 우리는 아직 근로시간 패러다임속에서 살고 있다. 이제 근로시간 패러다임을 직무주의 패러다임으로 바꾸어야 한다. 물론 오래 일하는 것도 중요하다. 그러나 더욱 중요한 것은 제대로 일하는 것이다. 근로시간 단축이라는 정말 어려운 과제를 통하여 우리 회사의 일하는 방식의 변화와 인사제도의 변화를 성공적으로 시행하는 계기가 되기를 기대해 본다.

〈HR Insignt 2018년 2월호의 기고문을 일부 수정하여 작성함〉

11 심층학습

파리바게뜨 사건을 통해 살펴보는 기업의 인력운영 전략

2017년 9월 25일 필자는 언론을 통해서 "파리바게뜨 제빵기사 불법파견" 사건을 접하게 되었다. 언론 보도를 천천히 살펴보면서 바로 한 가지 궁금한 점이 생겼다. "협력업체"라는 단어이다. 일반적으로 도급과 파견관계는 3자 관계로 구성된다. 도급의 경우 도급인, 수급인, 근로자이며 파견의 경우 사용사업주, 파견사업주, 근로자이다. 그러나 파리바게뜨 사건은 협력업체를 포함하여 4자관계(가맹점, 협력업체, 제빵기사, 파리바게뜨)로 이루어져 있다는 점이다. 필자는 내용을 좀 더 자세히 살펴보면서 파리바게뜨 사건은 통상적인 도급과 파견관계가 아니라 매우 특수한 고용관계에서 비롯된 것임을 알게 되었다.

[파리바게뜨–협력업체–제빵기사–가맹점주 계약구조]

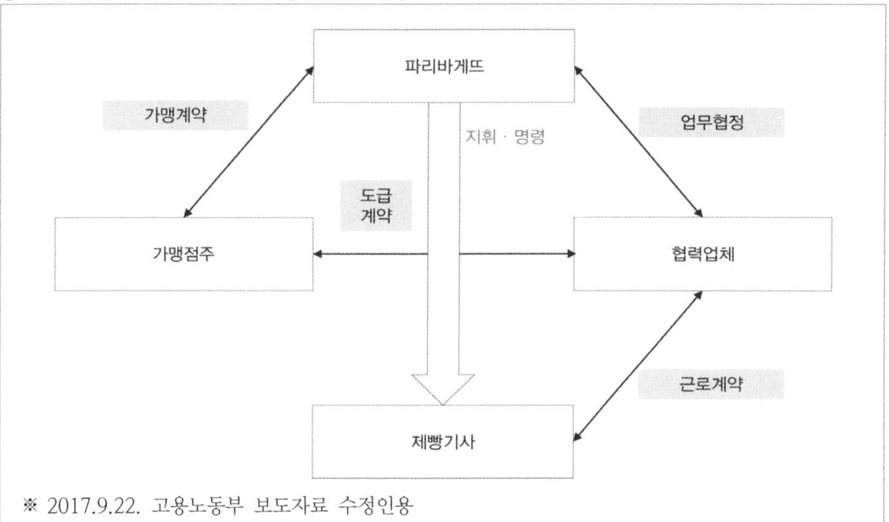

※ 2017.9.22. 고용노동부 보도자료 수정인용

파리바게뜨의 4자관계 계약구조는 상기 그림과 같다. 가맹점주와 협력업체가 도급계약을 체결하고 협력업체와 제빵기사는 근로계약을 체결한다. 가맹점주와 파리바게뜨는 가맹계약을 체결하고 파리바게뜨와 협력업체는 업무협정을 체결한다. 매우 복잡한 계약 관계이다. 이와 같은 계약관계에서 고용노동부는 '파리바게뜨가 제빵기사에게 직접적인 지휘 · 명령을 하였기 때문에 이는 불법파견에 해당하고 파리바게뜨가 실질적인 사용사업주에 해당한다'고 판단하고 파리바게뜨에게 고용명령을 내린 것이다. 일반적인 도급과 파견의 법률관계는 다음의 그림과 같다.

[도급과 파견의 법률관계]

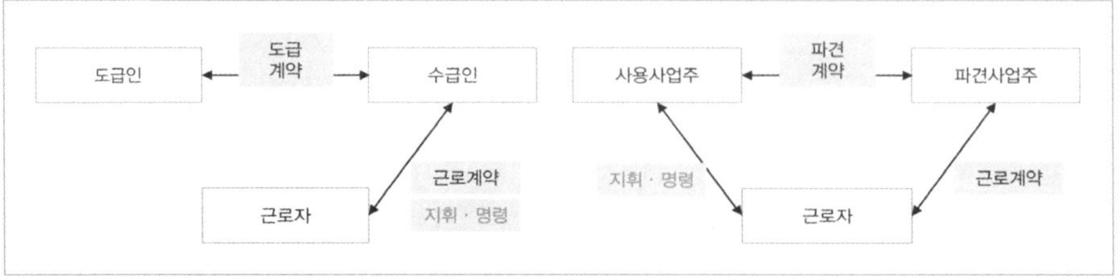

도급의 경우 도급인과 수급인이 도급계약을 체결하고 수급인과 근로자가 근로계약을 체결하는 방식이다. 당연히 수급인이 근로자에 대하여 인사노무관리상 지휘 · 명령권을 가지게 된다. 반면에 파견의 경우 사용사업주와 파견사업주가 파견계약을 체결하고 파견사업주와 근로자가 근로계약을 체결한다. 이 경우 도급과 달리 사용사업주가 근로자에 대하여 인사노무관리상 지휘 · 명령권을 가지게 된다. 결론적으로 고용노동부는 파리바게뜨가 제빵기사에 대하여 지휘 · 명령권을 행사하였기 때문에 이는 근로자파견관계에 해당하고 파리바게뜨를 사용사업주로 판단한 것이다. 피견근로자보호 등에 관한법률 제6조의2 제1호에 따르면 '제5조 제1항의 근로자파견 대상 업무에 해당하지 아니하는 업무에서 파견근로자를 사용하는 경우' 고용의무를 명하고 있다. 제빵업무는 근로자파견대상업무가 아니기 때문에 고용의무 명령이 내려진 것이다.

이와 같은 상황에서 한 가지 이해할 수 없는 점이 발견된다. 협력업체의 존재이다. 필자는 수년간 파리바게뜨에서 빵을 사먹으면서 당연히 '제빵기사는 가맹점주와 근로계약을 체결했을 것이다'라고 생각하였다. 그러나 실제는 제빵기사와 협력업체가 근로계약을 체결한 것이다. 협력업체는 어떠한 이유 때문에 등장한 것일까? 조사 결과 협력업체는 파리바게뜨 퇴직임원이 설립한 회사인 것으로 밝혀졌다.

이제 고용노동부 시정명령에 따라 고용의무를 이행하였을 경우를 가정해 보자. 파리바게뜨가 제빵기사를 모두 고용하게 되면 아래와 같은 법률관계가 형성될 가능성이 매우 높다.(파리바게뜨 사건은 아래 그림과는 상이한 계약관계로 종결됨)

[파리바게뜨의 새로운 계약구조(가정)]

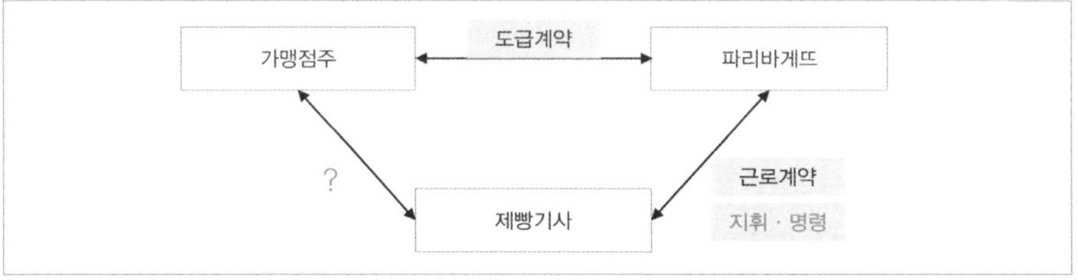

가맹점주와 파리바게뜨가 도급계약을 체결하고 파리바게뜨와 제빵기사가 근로계약을 체결하는 방식이다. 이러한 도급계약이 적법하게 운영되기 위해서는 반드시 파리바게뜨가 제빵기사에 대한 지휘 · 명령권을 행사하여야 한다. 만약에 가맹점주가 제빵기사에 대하여 지휘 · 명령권을 행사하게 되면 또 다시 불법파견의 문제가 발생하게 된다. 그렇다면 지휘 · 명령권을 판단하는 요소는 무엇일까? 고용노동부의 "근로자파견의 판단기준에 관한 지침"에 따르면 지휘 · 명령권에 대한 판단요소로서 1) 작업배치 · 변경 결정권 2) 업무 지시 · 감독권 3) 휴가, 병가 등의 근태 관리권 및 징계권 4) 업무수행에 대한 평가권 5) 연장 · 휴일 · 야간근로 등의 근로시간 결정권 등을 언급하고 있다. 그렇다면 과연 파리바게뜨가 제빵기사를 고용한 후 상기와 같은 도급계약 관계에서 가맹점주와 파리바게뜨 중 누가 지휘 · 명령권을 주도적으로 행사하게 될까? 향후 인력운영 방식에 따라서 결정되겠지만 상식적으로 한 공간에서 하루 종일 근무하는 가맹점주가 작업배치, 업무지시, 근태관리, 업무평가, 시간외근로 결정 등을 주도적으로 시행할 가능성이 높을 것이다. 그렇다면 불법파견의 쟁점은 또 다시 발생하게 된다. 즉, 고용노동부는 가맹점주를 파견관계의 사용사업주로 판단하고 제빵기사에 대한 고용의무를 명하게 되는 상황이 발생할 수 있다는 것이다.

필자는 백화점, 할인점, SSM(기업형 슈파마켓, 이하 '슈퍼마켓'이라 함)을 운영하는 유통회사에서 10여년간 근무하였다. 당시 슈퍼마켓이 60여개점이 있었는데 슈퍼마켓 운영의 한 가지 고민사항이 있었다. 바로 직영점 구조와 가맹점 구조의 선택의 문제였다. 직영점 구조는 직접 인력을 고용하여 슈퍼마켓을 운영하는 방식이며 가맹점은 가맹점주를 통한 운영방식이다. 직영점과 가맹점은 장단점이 명확하다. 직영점은 본사의 전략과 지침에 따른 매장 운영과 서비스 품질의 표준화가 가능하지만 재무적 투자 및 인력운영의 부담이 발생한다. 반면 가맹점은 반대로 재무적 투자 및 인력운영의 부담이 없지만 본사의 영향력이 제한되며 일정수준의 서비스 품질의 저하가 발생하게 된다. 필자의 회사는 오랜 고민 끝에 직영점 구조로 슈퍼마켓을 운영하는 것을 선택하고 이를 지속하였다. 즉, 본사의 영향력과 서비스 품질을 선택한 대신에 인력운영과 육성의 부담을 감수한 것이다.

그럼 이제 파리바게뜨 사건으로 돌아가 보자. 파리바게뜨는 대부분 가맹점 구조로 운영되고 있다. 앞서 살펴본 바와 같이 가맹점 구조는 나름대로의 장점과 단점을 가지고 있다. 특히 인력운영 측면에서 볼 때 가맹점 구조는 인력운영의 부담이 없는 반면 인력에 대한 통제력은 제한된다는 점이다. 당연히 파리바게뜨는 가맹점 구조로 매장을 운영하면서 인력운영의 부담을 지지 않는 장점을 취하였다. 그러나 인력운영에 대한 통제력이 제한되는 단점을 매우 복잡한 방식의 고용관계로 해결하려한 것으로 보인다. 그러나 파리바게뜨가 선택한 4사관계의 고용관계는 장기적으로 볼 때 가맹점주와 제빵기사 그리고 파리바게뜨 모두에게 복잡한 문제를 발생시킬 것이다.

파리바게뜨를 이용하는 고객에게 질문을 던져 보자. "파리바게뜨 제빵기사의 사장님은 누구인가요?" 아마도 대부분의 고객은 "가맹점주 아닌가요?"라고 대답할 것이다. 이 간단한 질문에 정답이 있을지 모른다. 이번 고용노동부의 고용명령을 기회삼아 파리바게뜨가 복잡한 고용관계가 아니라 가맹점주와 제빵기사 중심의 단순한 고용관계로 변화되기를 기대해 본다.

○○제과 사건에 대한 고용노동부 판단(고용노동부 보도자료 참고, 2017.9.22)

고용노동부는 ○○제과가 제빵기사 등에 대해 사실상 직접 지휘 · 명령을 하여, 「파견근로자보호 등에 관한 법률」(이하 "파견법")상 사용사업주로서의 역할을 한 것으로 확인했다.

이와 관련, 고용노동부는 계약의 명칭 · 형식을 불문하고 근로관계의 실질에 따라 판단하여, ○○제과가 형식상 계약당사자가 아니라고 해도 실질적으로 사용사업주로서의 역할을 하였다면 불법파견이 성립한다고 밝혔다.

실제로 ○○제과는 제빵기사에 대해 「가맹사업거래의 공정화에 관한 법률」(이하 "가맹사업법") 상 교육 · 훈련 외에도 채용 · 평가 · 임금 · 승진 등에 관한 일괄적인 기준을 마련, 시행하였을 뿐만 아니라, ○○제과 소속 품질관리사(QSV)를 통해 출근시간 관리는 물론, 업무에 대한 전반적인 지시 · 감독을 함으로써 가맹사업법의 허용범위를 벗어나 파견법상 사용사업주로서 역할을 한 것으로 확인하였다.

한편, 가맹점주들이 제빵기사에 대한 연장근로 요청 등 업무상 일부 관여한 사실은 있지만 이는 미미한 것일 뿐, 사실관계 및 법률관계를 종합해 볼 때, ○○제과가 제빵기사에 대해 전반적인 지휘 · 명령을 하였고, 따라서 실질적인 사용사업주는 ○○제과임을 확인한 것이다. 결론적으로, 협력업체는 파견사업주, ○○제과는 사용사업주가 되며, 협력업체 · ○○제과 모두 파견법상 무허가 파견, 파견대상업무 위반 등 불법파견의 책임을 지게 된다. 한편 협력업체들은 ○○제과의 퇴직 임직원등이 설립한 것으로, 단순히 제빵기사 등을 공급하는 기능만을 행하면서 가맹점주들로부터 도급비를 수령하여 회사를 운영하였는데, 이는 제빵기사에게 지급되어야 할 임금의 일부가 협력업체로 흘러들어간 것이다.

〈노동법률 2017년 10월호의 기고문을 일부 수정하여 작성함〉

12 심층학습

근로감독 대비 실무상 체크 포인트

근로감독은 기업의 인사노무 부서에게 가장 부담되는 업무이다. 기업의 경영자는 근로감독 시행 결과 '아무런 이상이 없다'면 당연한 것으로 생각하고, 만약 '시정명령 등의 조치를 받았다'면 지금까지 인사노무부서가 업무를 제대로 하고 있지 않았다라고 판단하기 때문이다. 특히 최근 노동환경의 급격한 변화와 함께 최저임금, 근로시간, 비정규직 등 근로감독이 매우 강화될 것으로 예상되고 있다. 그러나 근로감독은 철저한 준비를 통하여 충분히 대비할 수 있는 업무이다. 그럼 이제부터 근로감독에 대비한 실무상 체크포인트를 살펴보기로 하자.

Ⅰ. 근로감독이란 무엇인가?

1. 개요

먼저 기업이 근로감독에 대하여 정확히 이해하는 것이 중요하다. 근로감독관 집무규정 제11조에서는 근로감독이란 "감독관이 근로조건의 기준을 확보하기 위하여 사업장, 기숙사 그 밖의 부속건물에 임검하여 노동관계법령 위반 여부를 점검하고 법 위반사항을 시정하도록 하거나 행정처분 또는 사법처리하는 일련의 과정을 말한다"라고 정의하고 있다. 즉, 감독관이 사업장의 노동관계법 준수여부를 점거하여 법 위반사항에 대하여 행정처분 또는 사법처리하는 것을 의미한다. 여기서 중요한 것은 근로감독 결과 노동관계법 위반사항이 있을 경우 회사가 처벌을 받게 된다는 사실이다.

또한 근로감독관에 대해서도 다시 한번 생각해볼 필요가 있다. 대부분의 기업들이 근로감독관을 고용노동부 소속으로 행정업무를 처리하는 공무원으로 인식하고 있다. 그러나 함께 알고 있어야 할 사항은 근로감독관은 사법경찰관이라는 사실이다. 근로기준법 제102조 제5항에서는 "근로감독관은 이 법이나 그 밖의 노동관계법령 위반의 죄에 관하여 「사법경찰관리의 직무를 행할 자와 그 직무범위에 관한 법률」에서 정하는 바에 따라 사법경찰관의 직무를 수행한다."라고 규정하고 있다. 따라서 근로감독이란 사법경찰관이 회사에 대하여 노동관계법상 위반사항을 점검하는 것이라고 인식하고 철저히 대비하는 것이 필요하다.

2. 근로감독관 집무규정 주요내용

필자는 기업에서 10여 동안 근무하면서 인사노무 업무를 수행하였다. 근무 중 2~3년에 1회 정도 관할 노동지청으로부터 근로감독을 받았던 것 같다. 그러나 정말 안타까운 사실은 근로감독관 집무규정에 대해서 전혀 모른 상태에서 근로감독을 받았다는 것이다. 근로감독관 집무규정이란 근로감독관이 일하는 방식을 정해 놓은 지침을 말한다. 따라서 근로감독관은 근로감독관 집무규정을 기준으로 업무를 처리하게 된다. 그렇다면 회사는 당연히 근로감독관 집무규정을 정확히 숙지하고 근로감독을 받아야 한다는 결론에 이르게 된다. 근로감독관 집무규정의 주요내용은 다음과 같다.

1) 근로감독의 구분

근로감독관 집무규정 제11조에서는 에서는 사업장 근로감독을 정기감독, 수시감독, 특별감독 등 3가지로 구분하고 있다.

첫 번째, 정기감독이란 사업장 근로감독 종합시행계획에 따라 실시하는 근로감독을 말한다.

두 번째, 수시감독이란 사업장 근로감독 종합시행계획이 확정된 이후 법령의 제 · 개정, 사회적 요구 등으로 정기감독계획에 반영하지 못한 사항에 대하여 별도의 계획을 수립하여 실시하는 근로감독을 말한다.

세 번째, 특별감독이란 특별한 사업장에 대하여 노동관계법령 위반사실을 수사하기 위해 실시하는 근로감독을 말한다. 특별한 사업장은 노동관계법령 · 단체협약 · 취업규칙 및 근로계약 등을 위반하는 중대한 행위로 인하여 노사분규가 발생하였거나 발생 우려가 큰 사업장, 임금 등 금품을 지급기일 내에 지급하지 아니하여 다수인 관련 민원이 발생하거나 상습체불 등으로 사회적 물의를 일으킨 사업장, 불법파견 또는 기간제 · 단시간 · 파견근로자에 대한 차별적 처우 등으로 사회적 물의를 일으킨 사업장 등이 해당한다.

2) 근로감독 시행

근로감독관 집무규정 제17조에서는 “지방관서장은 정기감독을 실시하려는 경우에 특별한 사유가 없는 한 감독일 10일 전에 해당사업장에 그 사실을 문서로 통보하여야 하며, 사업장의 요청이 있는 경우에 10일의 범위에서 감독일자를 조정할 수 있다.”라고 규정하고 있다. 따라서 정기감독의 경우에는 보통 사전에 회사에 공문을 발송하지만 수시감독과 특별감독의 경우에는 그렇지 않다는 점을 기억할 필요가 있다. 그리고 근로감독 시 가장 중요한 사항은 준비서류라고 할 수 있다. 근로감독 시 준비해야할 주요서류를 근로감독관 집무규정 〈별표2〉을 기준으로 살펴보면 다음과 같다.

〈사업장감독시 점검 확인 주요서류〉

1. 근로기준법 분야

- 취업규칙, 기숙사 규칙, 인사규정, 징계규정, 단체협약
- 근로계약서, 근로자 명부, 출근부
- 임금결정 · 지급방법 또는 계산의 기초에 관한 사항(임금협약, 급여규정 등)
- 상여금 지급기준 및 지급서류(상여금지급규정 등)
- 단시간근로자의 근로조건 관련서류
- 임금대장(근로시간, 통상임금 산정의 적정여부 등)
- 승급 또는 감급 관련
- 해고 · 퇴직 관련
- 평균임금 산정 관련
- 경영상 이유에 의한 고용조정 관련
- 퇴직금 지급 관련
- 취직인허증 및 연소근로자 취업동의서
- 산전후휴가, 시간외근로, 경미한 근로 전환 관련 등
- 근로시간제도 관련서류(탄력적근로시간제, 선택적근로시간제, 근로시간계산의 특례, 근로시간 및 휴게시간의 특례 도입관련 서면합의서 등)
- 인가 · 허가 · 승인 · 인정 관련서류(야업 · 휴일근로 인가시 법 제68조제3항에 의한 근로자대표와의 협의서류)
- 연 · 월차 유급휴가 적치 · 사용대장
- 재해보상 서류
- 사용증명서 발급 관련

2. 최저임금법 분야

- 최저임금 적용제외 인가 서류
- 최저임금사항 주지 관련 서류
- 도급으로 사업을 행하는 경우 인건비 단가 등 도급계약 관련 서류
- 감시적 또는 단속적 근로종사자에 대한 적용제외 승인서, 수습근로자의 근로계약서 등 최저임금 감액적용 관련 서류

3. 근로자퇴직급여보장법 분야

- 퇴직급여제도의 선택 · 변경 관련 근로자 대표의 동의서

- 퇴직연금제도의 내용 변경 관련 근로자 대표의 의견청취자료 및 동의서
- 퇴직연금규약
- 규약에서 정한 사항의 이행 관련 서류
- 운용관리업무 및 자산관리업무의 수행 계약서
- 퇴직연금제도 가입자의 교육실시와 관련된 서류
- 규약에서 정한 사항의 이행 관련 서류(DB제도 재정 검정 관련 서류, DC제도 부담금 납입관련 서류 등)

4. 근로자 참여 및 협력증진에 관한 법률 분야

- 노사협의회 규정
- 노사협의회 회의록
- 노사협의회 설치 및 규정신고 관련
- 노사협의회 위원 구성 관련
- 정기노사협의회 개최 관련
- 고충처리위원 선임 및 처리 관련

3) 근로감독결과 조치

근로감독관 집무규정 제21조에서는 별표를 통하여 사업장 감독결과에 대한 조치기준을 규정하고 있다. 근로감독관 집무규정의 핵심은 바로 별표3과 별표4라고 할 수 있다. 근로감독결과 조치에 대해서는 별표3의 개별적 근로관계법을 중심으로 살펴보기로 한다.

가. 일반조치 기준

1. 조치기준란에 기재된 시정기간내에 시정하도록 서면지시하되, 기한내에 시정완료하면 내사종결하고, 기한내에 시정하지 아니하면 범죄인지 보고 후 수사에 착수한다.(행정질서벌의 경우는 과태료 부과)
2. 조치기준란의 반의사불벌 관련사항
   - 피해자가 처벌을 희망하지 아니하는 명시적인 의사표시가 있는 경우 진정사건 또는 사업장근로감독 사안은 내사종결하고
   - 범죄인지사건, 고소 · 고발 사건은 불기소의견으로 검찰 송치한다.
3. "즉시시정"의 경우 시정완료하면 내사종결하고 시정하지 아니하면 범죄인지(과태료 부과)한다.

4. "즉시범죄인지" 또는 시정기간이 명시되지 않은 경우에는 즉시 범죄인지 보고(과태료 부과)한다.
5. 처리기간의 계산은 민원사무처리에관한법률 제6조의 처리기간의 계산에 의한다.
6. 위의 1호부터 5호까지는 별표4 「집단 노동관계법령 위반사항 조치기준」에도 준용한다.
7. 기간제법 제8조 및 파견법 제21조를 위반한 경우에는 시정기간 내에 시정하도록 서면으로 지시하되, 기한까지 시정을 완료하면 행정종결하고, 기한까지 시정하지 아니하면 별지 제51호서식의 차별적처우내용 통보서에 관련 서류 사본을 첨부하여 관할 지방노동위원회에 통보한다.

나. 주요위반사항에 대한 세부 조치기준(개별적 근로관계법 중심)

구분	법조문	위반사례	조치기준
근로기준법	제14조	법령요지 등의 게시 위반	시정기간 7일 이내(미시정시 과태료)
	제17조	주요 근로조건 서면 명시 및 교부의무 위반	시정기간 7일 이내(미시정시 범죄인지)
	제36조	각종금품 미청산	시정기간 14일 이내(미시정시 범죄인지, 반의사불벌) 다만, 평균임금 산정 등 임금 계산상의 단순 착오로 인한 체불인 경우 시정기간 25일 이내
	제42조	계약서류 미보존	시정기간 7일 이내(미시정시 과태료)
	제43조	임금의 체불, 부정기불, 비통화불, 간접불	시정기간 14일 이내(미시정시 범죄인지, 반의사불벌) 다만, 평균임금 산정 등 임금 계산상의 단순 착오로 인한 체불인 경우 시정기간 25일 이내
	제60조 제1·2·4·5항	연차유급휴가 미부여	시정기간 25일 이내(미시정시 범죄인지)
	제65조	여성과 18세 미만자 사용금지 위반	즉시 시정(미시정시 범죄인지)
	제74조 제1항	출산전후휴가 90일 미부여	즉시 범죄인지(다만, 출산지연으로 산후 45일이 안되는 경우 내사종결)
	제93조	취업규칙 미신고	시정기간 25일 이내(미시정시 과태료)

구분	법조문	위반사례	조치기준
최저 임금법	제6조 제1·2항	최저임금액 미달	즉시 시정(미시정시 범죄인지) 다만, 최근 3년 이내 최저임금액 미달로 행정지도 또는 범죄인지 한 사실이 있는 경우에는 즉시 범죄인지 보고 후 수사에 착수
남녀고용 평등과 일·가정 양립 지원에 관한 법률	제13조 제1항	직장내 성희롱의 예방을 위한 교육 미실시	최근 1년 이내(회계기준) 교육을 미실시하였을 경우 25일 이내에 교육을 실시하도록 시정지시(미시정시 과태료) 다만, 최근 3년 이내 2회 이상 교육을 미실시하였을 경우 즉시 과태료
	제19조 제1항	육아휴직 미부여	즉시 시정(미시정시 범죄인지)
	제19조의2 제5항	육아휴직을 이유로 해고 그 밖에 불리한 처우금지 위반	즉시 범죄인지
근로자 퇴직급여 보장법	제9조	퇴직금 미청산	시정기간 14일 이내(미시정시 범죄인지, 반의사불벌) 다만, 평균임금 산정 등 임금 계산상의 단순 착오로 인한 체불인 경우 시정기간 25일 이내
기간제 및 단시간 근로자 보호 등에 관한 법률	제17조	근로조건의 서면명시 의무 위반	즉시 과태료(7일 이내 시정시 과태료 1/2 감액)

근로감독 시 조치기준은 크게 즉시 범죄인지, 즉시 과태료, 즉시 시정, 시정기간 7일 이내, 시정기간 14일 이내, 시정기간 25일 이내 등으로 구분된다. 회사가 근로감독 시 유의해야 할 사항은 바로 즉시 범죄인지, 즉시 과태료에 해당하는 위반사항이다. 즉시 범죄인지(예시 : 출산전후휴가 90일 미부여 등)에 해당하는 사항은 적발 시 범죄로 인지되어 처벌로 이어지게 되고 즉시 과태료(예시 : 기간제 근로자 등에 대한 서면명시 의무 위반 등)에 해당하는 사항은 적발 시 과태료 처분이 이루어지게 된다. 따라서 근로감독관 집무규정 상 즉시범죄 또는 즉시 과태료에 해당하는 사항은 별도로 체크하는 것이 필요하다.

다. 특별한 조치 기준

다음 각 호의 어느 하나에 해당하는 경우에는 즉시 범죄인지 또는 과태료 부과 등의 조치를 하여야 한다.
1. 제12조제3호에 따른 특별감독 결과 위법사항을 확인한 경우
2. 감독실시일 기준 최근 3년간 별표3 또는 별표4 조치기준의 동일한 사항을 다시 위반한 경우
3. 근로조건 자율개선 지원을 받은 사용자가 점검결과를 허위로 보고한 경우
4. 고의 또는 중과실로 주요 근로조건을 위반하여 사회적 물의를 일으켜 즉시 범죄인지 또는 과태료 부과가 필요하다고 판단되는 경우

또한 근로감독관 집무규정 상 시정기간이 부여되는 일반적인 경우에도 즉시 범죄인지 또는 과태료가 부과되는 특별한 조치기준에 대해서 숙지하는 것이 필요하다. 특별한 조치기준에 해당하면 시정기간을 부여하는 시정조치가 이루어지는 경미한 경우에도 즉시 범죄인지 또는 과태료 부과가 이루어지기 때문에 특별히 유의하여야 한다. 특별한 조치기준에 해당하는 사유 중 특히 주의해야 할 사항은 '최근 3년간 동일한 사항을 다시 위반한 경우'이다. 대부분의 기업이 경미한 사항(법령요지 등의 게시 위반 등)에 대한 시정조치는 별 문제가 없다고 생각하는 경우가 많다. 그러나 해당 법위반 사항이 최근 3년간 동일한 사항이 다시 발생한 경우에 해당한다면 즉시 범죄인지 또는 과태료 부과가 이루어질 수 있다는 점을 반드시 기억할 필요가 있다.

Ⅱ. 근로감독 실무상 체크 포인트

근로감독 점검에 대비하기 위하여 근로감독 주요부문별로 점검 체크리스트를 통하여 우리 회사의 노동관계법 준수여부를 점검 한 후 인사노무관점의 체크포인트에 대하여 살펴보고자 한다. 최근 근로감독 시 가장 중요하게 생각되고 있는 최저임금, 근로계약체결, 근로시간, 금품청산, 성희롱예방교육, 노사협의회 등이라고 볼 수 있다. 실제 모의 사전근로감독을 한다는 생각으로 점검 체크리스트를 작성해 보고 근로감독 점검 체크포인트를 정리해 보자.

1. 최저임금 관련

1) 최저임금 점검 체크리스트

<table>
<tr><th>구분</th><th>점검내용</th><th>점검결과</th><th>근로감독 결과
위반시 조치 기준</th></tr>
<tr><td rowspan="4">최저
임금법</td><td rowspan="2">(최저임금)근로자에게 최저임금액
(2019년 8,350원, 2020년 8,590원) 이상의 임금을 지급한다.
〈법 제6조〉
※ 3년 이하 징역 또는 2천만원 이하 벌금</td><td>① 최저임금액 이상의 임금을 지급한다.</td><td rowspan="2">• 즉시 시정(미시정시 범죄인지)
– 다만, 최근 3년 이내 최저임금액 미달로 행정지도 또는 범죄인지한 사실이 있는 경우에는 즉시 범죄인지 보고 후 수사에 착수</td></tr>
<tr><td>② 최저임금액 미만의 임금을 지급한 경우가 있다.</td></tr>
<tr><td rowspan="2">(최저임금)최저임금을 근로자가 쉽게 볼 수 있는 장소에 게시하거나 적당한 방법으로 근로자에게 주지시킨다.
〈법 제11조〉
※ 100만원 이하 과태료</td><td>① 최저임금을 근로자에게 주지시킨다.</td><td rowspan="2">• 시정기간 7일 이내(미시정시 과태료)</td></tr>
<tr><td>② 최저임금을 근로자에게 주지시키지 않는다.</td></tr>
</table>

2) 최저임금 근로감독 체크포인트

최근 근로감독 시 가장 중점 감독사항은 최저임금 위반여부이다. 2018년부터 최저임금이 매우 급격하게 인상되었기 때문에 사업장에서 최저임금 위반 사례가 발생할 가능성이 높기 때문이다. 또한 고용노동부는 최저임금 인상으로 인한 상여금 변경, 수당 변경 등 다양한 임금체계 개편에 대해서도 별도로 적법성을 판단할 가능성이 있기 때문에 철저히 준비하는 것이 요구된다.

최저임금 관련 근로감독 시 몇 가지 중요한 쟁점이 있다. 첫 번째 최저임금 위반 여부 판단은 총액기준이 아니라 시간급 기준이라는 점이다. 예를 들어 월급기준으로 최저임금 이상의 급여를 지급하더라도 해당 임금에 연장근로가 포함된 기준이라면 시급기준을 적용할 때 최저임금 위반이 될 수 있다. 두 번째 최저임금에 모든 임금항목이 포함되지 않는 다는 점이다. 대표적으로 정기상여금의 경우 최저임금에 포함되지 않는다. 따라서 상당히 높은 수준의 연봉을 지급하는 회사의 경우에도 상여금이 800% 등으로 설정되어 있는 경우 최저임금 위반이 발생할 수 있다. 세 번째 최저임금과 통상임금은 다른 개념이라는 점이다. 많은 인사담당자가 최저임금과 통상임금을 동일한 개념으로 이해하고 있다. 예를 들어 최근 고정적으로 지급되는 식대는 통상임금에 포함되는 것으로 판단한다. 그러나 식대가 통상임금에 포함되더라도 최저임금에는 포함되지 않는다는 점을 기억할 필요가 있다.

2. 근로계약 체결 관련

1) 근로계약 체결 점검 체크리스트

<table>
<tr><th>구분</th><th>점검내용</th><th>점검결과</th><th>근로감독 결과
위반시 조치 기준</th></tr>
<tr><td rowspan="9">근로
기준법</td><td rowspan="6">(서면근로계약)근로계약 체결 시 임금의 구성항목·계산방법·지급방법·소정근로시간·휴일 및 연차유급휴가는 서면으로 명시한다.
〈법 제17조〉
※ 500만원 이하 벌금</td><td>① 임금의 구성항목</td><td rowspan="6">• 시정기간 7일 이내(미시정시 범죄인지)</td></tr>
<tr><td>② 임금계산 방법</td></tr>
<tr><td>③ 임금지급 방법</td></tr>
<tr><td>④ 소정근로시간</td></tr>
<tr><td>⑤ 휴일에 관한 사항</td></tr>
<tr><td>⑥ 연차유급휴가</td></tr>
<tr><td rowspan="3">(서면근로계약)사용자는 임금의 구성항목·계산방법·지급방법, 소정근로시간, 휴일, 연차유급휴가에 관한 사항이 명시된 서면을 근로자에게 교부하여야 한다.
〈법 제17조〉
※ 500만원 이하 벌금</td><td>① 교부</td><td rowspan="3">• 시정기간 7일 이내(미시정시 범죄인지)</td></tr>
<tr><td>② 미교부</td></tr>
<tr><td>③ 근로자의 요구에 따른 교부
* 단체협약 취업규칙 변경 등 대통령령으로 정하는 사유로 인해 변경되는 경우</td></tr>
</table>

<table>
<tr><th>구분</th><th>점검내용</th><th>점검결과</th><th>근로감독 결과
위반시 조치 기준</th></tr>
<tr><td rowspan="3">기간제 및 단시간 근로자 보호 등에 관한 법률</td><td rowspan="3">(서면근로계약)기간제 및 단시간근로자와 근로계약을 체결하는 때에는 기간제법 제17조에서 정한 근로조건을 서면으로 명시한다.
〈법 제17조〉
※ 서면 명시 근로조건
① 근로계약기간
② 근로시간·휴게
③ 임금의 구성항목·계산방법 및 지불방법
④ 휴일·휴가
⑤ 취업 장소와 종사할 업무에 관한 사항
⑥ 근로일 및 근로 일별 근로시간(단시간근로자에 한하여 적용)
※ 500만원 이하 과태료</td><td>① 기간제 및 단시간근로자와 근로계약을 체결하면서 기간제법 제17조에서 정한 근로조건을 서면으로 명시한다.</td><td rowspan="3">• 즉시 과태료(7일 이내 시정 시 과태료 1/2 감액)</td></tr>
<tr><td>② 기간제 및 단시간근로자와 근로계약을 체결하면서 기간제법 제17조에서 정한 근로조건 중 일부 또는 전부를 서면으로 명시하지 않는다.</td></tr>
<tr><td>③ 단시간근로자와 근로계약을 체결하면서 근로일 및 근로일별 근로시간은 명시하지 않는다.</td></tr>
</table>

2) 근로계약 체결 근로감독 체크포인트

근로감독 시 가장 빈번하게 지적되는 사항이 근로조건의 서면명시와 교부의무 위반이다. 많은 기업이 근로계약서 작성 시 근로기준법에서 정한 서면명시 사항을 누락하여 문제가 되는 경우가 많이 발생하고 있다. 먼저 정규직 근로자의 경우 임금의 구성항목, 계산방법, 지급방법, 소정근로시간, 휴일, 연차유급휴가 등 6가지를 근로계약서에 서면으로 명시하여야 한다. 그리고 기간제 근로자의 경우에는 정규직 근로자의 서면명시사항 6가지에 추가로 근로계약기간, 휴게, 취업의 장소와 종사하여야 할 업무 등 총 9가지를 서면으로 명시하여야 한다. 또한 단시간 근로자의 경우에는 기간제 근로자의 서면명시사항 9가지에 추가로 근로일 및 근로일별 근로시간을 서면으로 명시하여야 한다. 그리고 한 가지 반드시 알아야 할 내용이 있다. 정규직 근로자의 경우 서면명시 위반에 경우에 시정조치를 하게 되지만 기간제 근로자 및 단시간 근로자의 경우에는 서면명시 위반이 발생한 경우 즉시 과태료 처분이 이루어진다는 사실이다. 또한 근로계약서 교부 이행 여부를 명확히 하기 위해서 근로계약서 내용에 "사업주는 근로계약을 체결함과 동시에 본 계약서를 사본하여 근로자의 교부요구와 관계없이 근로자에게 교부함(근로기준법 제17조 이행)"이라고 명시하는 것이 바람직하다.

3. 근로시간 관련

1) 근로시간 점검 체크리스트

구분	점검내용	점검결과	근로감독 결과 위반시 조치 기준
근로 기준법	(연장근로)연장근로는 근로자와 합의하여 실시하며, 연장근로시간은 1주에 12시간을 초과하지 않는다. 〈법 제53조〉 ※ 2년 이하 징역 또는 1천만원 이하 벌금	① 연장근로는 근로자와 합의하며 1주 12시간을 넘지 않는다.	• 시정기간 7일 이내(미시정시 범죄인지)
		② 연장근로는 근로자와 합의하나 1주 12시간을 넘는 경우가 있다.	
		③ 근로자 합의 없이 1주 12시간 이내에서 연장근로를 실시한다.	
		④ 근로자와 합의 없이 1주 12시간을 초과하여 연장근로를 실시한다.	

2) 근로시간 근로감독 체크포인트

근로시간 부분은 근로시간 단축을 통한 일자리 창출 관점에서 몇 년이 지속적으로 강도 높게 근로감독이 이루어지고 있다. 근로시간 중 연장근로시간 한도 위반이 가장 중요한 내용이라고 볼 수 있다. 근로기준법에서는 당사자 간에 합의로 1주간에 12시간을 한도로 근로시간을 연장할 수 있다고 규정하고 있다. 따라서 1주간에 연장근로시간이 12시간을 초과하게 되면 시정조치의 대상이 된다고 보아야 한다. 그러나 많은 기업이 해당 근로기준법 조문을 오해하는 경우가 많이 있다. 당사자 간에 합의로 1주간에 12시간을 초과하는 연장근로를 실시하고 가산수당을 적법하게 지급하면 문제가 없다고 생각하는 경우이다. 근로감독 시 주당 12시간을 초과하는 연장근로가 발생한 것이 확인되면 해당 연장근로시간에 대한 가산수당 지급여부와는 관련 없이 연장근로시간 제한 위반으로 시정조치가 이루어진다는 사실을 기억해야 한다. 또한 참고로 연장근로시간 제한 초과 문제가 발생한 사업장의 경우에는 재발 방지를 위한 근로시간 운영 개선 계획서를 제출하도록 하는 경우가 있다는 것도 알아둘 필요가 있다.

4. 금품청산 관련

1) 금품청산 점검 체크리스트

구분	점검내용	점검결과	근로감독 결과 위반시 조치 기준
근로기준법	금품청산)근로자가 퇴직하면 14일 이내에 임금 등 일체의 금품을 지급하며, 특별한 사정이 있는 경우 근로자와 합의하여 지급기일을 연장한다. 〈법 제36조〉 ※ 3년 이하 징역 또는 2천만원 이하 벌금	① 퇴직일로부터 14일 이내에 일체의 금품을 지급한다. ② 퇴직일로부터 14일 이내에 금품을 지급하지 않는 경우가 있다.	• 시정기간 14일 이내(미시정시 범죄인지, 반의사불벌) - 다만, 평균임금 산정 등 임금 계산상의 단순 착오로 인한 체불인 경우 시정기간 25일 이내

2) 금품청산 근로감독 체크포인트

근로감독 시 반드시 점검하는 사항이 금품청산 관련 내용이다. 근로기준법 제36조에서는 근로자가 사망 또는 퇴직한 경우에 14일 이내에 임금 등 일체의 금품을 지급하도록 규정하고 있다. 따라서 근로감독이 이루어지게 되면 근로감독관은 퇴직자 명부를 요청하고 퇴직자의 최종월의 급여, 퇴직금, 미사용연차휴가수당 등이 퇴직일로부터 14일 이내에 지급되었는지 여부를 확인하게 된다. 금품청산과 관련하여 많은 위반사항이 발생하는데 대부분의 경우는 임금지급일과 관련하여 발생한다. 당월 임금지급일이 익월 5일인 회사의 경우를 예를 들어 보자. 이 회사의 직원이 당월 10일까지 근무하고 퇴직한다면 임금 및 퇴직금 등은 당월 24일까지 이루어져야 한다. 그러나 대부분의 회사는 업무상 번거로움을 이유로 임금지급일인 익월 5일 임금 및 퇴직금 등을 지급하는 경우가 일반적이다. 이러한 업무처리는 금품청산 위반의 문제를 발생시키게 된다. 이 시점에서 우리는 근로기준법 제36조 단서조항을 기억할 필요가 있다. 해당 조문 단서조항에서는 ‘다만, 특별한 사정이 있을 경우에는 당사자간의 합의에 의하여 기일을 연장할 수 있다’고 규정하고 있다. 따라서 회사가 다양한 사유로 인하여 퇴직 후 14일 이내에 금품청산을 하지 못하는 경우가 발생한다면 사직원 하단 또는 별도의 확인서를 통하여 ‘본인은 최종월의 임금과 퇴직금을 회사의 임금지급일(○○월 ○○일)에 지급받는 것에 대하여 동의합니다’라고 합의하는 것이 반드시 필요하다.

5. 성희롱예방교육 관련

1) 성희롱예방교육 점검 체크리스트

구분	점검내용	점검결과	근로감독 결과 위반시 조치 기준
남녀고용평등과 일·가정 양립 지원에 관한 법률	(직장내 성희롱 예방)직장내 성희롱 예방교육을 법령에 정하여진 방식에 따라 1년에 1회 이상 실시하고, 사업주 및 근로자는 동 교육을 받아야 한다. 〈법 제13조〉 ※ 300만원 이하 과태료	① 전 직원을 대상으로 1년에 1회 이상 직장내성희롱 예방교육을 실시한다.	• 최근 1년 이내(회계년도 기준)교육을 미실시하였을 경우 25일 이내에 교육 실시하도록 시정지시(미지정시 과태료) - 다만, 최근 3년 이내 2회 이상 교육을 미실시하였을 경우 즉시 과태료
		② 직장내 성희롱 예방교육을 실시하지 않거나 부적정하게 실시한다.	
	(직장내 성희롱 예방)직장내 성희롱 발생이 확인된 경우 지체없이 행위자에 대하여 징계나 그밖에 이에 준하는 조치를 하여야 한다. 〈법 제14조 제1항〉 ※ 500만원 이하 과태료	① 직장내 성희롱이 발생한 사실이 없음	• 시정기간 25일 이내(미시정시 과태료)
		② 직장내 성희롱 발생이 확인된 경우 지체없이 행위자에 대한 징계나 그밖에 이에 준하는 조치를 취하였다.	
		③ 직장내 성희롱 발생이 확인되었으나 지체없이 행위자에 대한 징계나 그밖에 이에 준하는 조치를 취하지 않았다.	

2) 성희롱 예방 점검 체크포인트

성희롱 예방 관련 내용은 최근 근로감독 시 매우 자주 지적되는 사항중의 하나이다. 또한 2018년도 성희롱 예방 관련 법률이 강화되고 일부 기업의 성희롱 관련 문제가 사회이슈가 되고 있는 상황이기 때문에 철저히 대비하는 것이 필요하다. 성희롱 예방 점검 관련하여 꼭 기억해야할 사항이 있다. 성희롱 예방 교육은 1년에 1회 실시하는 것이 중요한 것이 아니라 사업주를 포함한 모든 근로자가 성희롱 예방 교육을 받아야 한다는 사실이다. 많은 기업이 1년에 1회 집체교육의 형태로 성희롱 예방교육을 실시하였지만 휴가, 출장 등의 사유로 일부근로자가 성희롱 예방교육을 받지 않아 시정조치를 받는 경우가 있다. 또한 성희롱 예방교육의 경우 최근 3년 이내 2회 이상 교육을 미실시하였을 경우 즉시 과태료가 부과된다는 점을 반드시 기억할 필요가 있다. 실제 많은 기업에서 일부 근로자가 성희롱 예방 교육을 받지 않아서 회사가 과태료 처분을 받는 경우가 지속적으로 발생하고 있다. 따라서 회사는 사업주와 전체 직원이 매년 성희롱 예방교육을 받았는지에 대해서 철저히 확인하는 것이 필요하다.

6. 노사협의회 관련

1) 노사협의회 점검 체크리스트

구분	점검내용	점검결과	근로감독 결과 위반시 조치 기준
근로자 참여 및 협력 증진에 관한 법률	(노사협의회)를 설치하고 노사협의회규정을 제정(변경)하여 관할 지방고용노동관서의 장에게 제출하였다. 〈법 제4조, 법 제18조〉 ※ 노사협의회 설치를 정당한 사유없이 거부하거나 방해한 자 : 1천만원 이하 벌금 ※ 노사협의회 규정 미제출 : 200만원 이하 과태료	① 노사협의회를 설치하고 노사협의회 규정을 제정하여 관할 지방고용노동관서의 장에게 제출하였다.	
		② 노사협의회를 설치하였으나 노사협의회 규정을 관할 지방고용노동관서의 장에게 제출하지 않았다	
		③ 노사협의회를 설치하지 않았다.	
		④ 노사협의회 설치 대상 사업장이 아니다.	

2) 노사협의회 근로감독 체크포인트

노사협의회는 근로감독 시 필수적으로 점검하는 내용이지만 특별히 준비하는 것이 어렵지 않다. 먼저 노사협의회를 설치하고 노사협의회 규정을 고용노동부 관할 지청에 신고해야 한다. 그리고 분기별로 노사협의회를 개최한 후 회의록을 작성하여 보관해야 한다. 추가적으로 고충처리위원을 선임하고 고충처리대장을 유지하는 것도 체크할 사항이다.

Ⅲ. 근로감독 체크포인트를 마치며

지금까지 근로감독 점검에 대비하기 위해서 근로감독관 집무규정과 노동관계 부문별 근로감독 주요사항을 통하여 살펴보았다. 근로감독은 인사노무부서 입장에서는 피하고 싶은 업무임에는 틀림없다. 그러나 고용노동부 근로감독 계획에 따라 회사는 정기적으로 근로감독을 받을 수밖에 없다. 그렇다면 이제 근로감독을 막연히 부담스럽게 여기지 말고 차분히 그리고 철저하게 준비하는 것이 필요하다고 생각된다. 또한 근로감독 준비는 매우 어려운 업무가 아니다. 평소에 노동관계법 준수여부를 충실히 점검하였다면 특별히 별도의 준비가 필요하지 않은 업무일 수 있다. 이제 근로감독을 근로감독 시에 준비하는 것이 아니라 평소에 준비하는 인사노무부서가 되기기 바라며 글을 맺는다.

〈2019년 상반기 노동행정 실무활용 참고서 기고문을 일부 수정하여 작성함〉

참고문헌

1. 국내도서 및 논문

경쟁적 패러다임과 인사조직 연구 : 자유주의와 공동체주의를 중심으로, 배종석 외(2009), 인사·조직연구 제17권 제2호

국부론, 애덤스미스 저(김수행 역), 비봉출판사

기간제 근로자 판례분석 - 기간제 근로계약 해지의 정당성 - (2008), 중앙노동위원회

넛지, 리처드 탈러·캐스 선스타인 저(안진환 역), 리더스 북

드라이브, 다니엘 핑크 저(김주환 역), 청림출판

마음의 작동법, 애드워드 L. 데시·리처드 플래스트 저(이상원 역), 에코의 서재

신인사관리, 박경규 저, 홍문사

신인적자원관리, 김영재·김성국·김강식 저, 탑북스

업종별 직무평가 도구개발 - 공공서비스 및 사회복지서비스산업(2017), 한국노동연구원

업종별 직무평가 도구개발 - 철강산업, 호텔산업, 은행산업(2017), 한국노동연구원

역할급 설계방법과 사례, 신재욱·김광우 저, 피앤씨미디어

월간 인사관리 2019년 10월호

인사관리시스템 3.0, 이용석 저, 클라우드나인

인사평가와 코칭 기술, 도널드 L. 커크패트릭 저(이석재・정재창・이재영 역), 김앤김북스

임금연구, 경총 노동경제연구원 2015년 가을호

임금연구, 경총 노동경제연구원 2016년 겨울호

임금연구, 경총 노동경제연구원 2016년 여름호

조직학의 주요이론(제4판), 오석홍・손태원・이창길 외 편저, 홍문사

중앙대학교 경영대학 정연앙 교수 강의 자료

직무가치 중심의 직무급 설계 전무가 과정 교재, 한국공인노무사회

직무급과 한국의 노동, 정승국・노광표・김혜진, 한국노동연구원

직무중심임금관리, 정연앙 저, 한국인사관리협회

직장 내 괴롭힘 판단 및 예방・대응 매뉴얼, 2019.2, 고용노동부

직장인 생산성 인식 실태 보고서(2012), 언스트앤영

진짜 성과관리, 송계전 저, 좋은땅

초기업단위 직무평가 개발방안 연구(2015), 한국노동연구원

통상임금과 임금구성체계의 합리화 방향 -상여금을 중심으로- 김동배(2013), 한국고용노사관계학회 "통상임금과 임금체계 개편 세미나"

팀장의 성과관리, 이동근 저, 북갤러리

하이 아웃풋 매니지먼트, 앤디 S. 그로브 저(유정식 역), 청림출판

한국형 중소중견 기업의 직무평가 모델(KSJE) 개발에 대한 연구(2014), 한양대학교 산학협력단

핵심역량모델의 개발과 활용, Lyle M, Spencer.Jr, Signe M, Spencer. PSI컨설팅

현대인사관리론, 최종태 저, 박영사

HR BEST PRACTICE 112, 한국인사관리협회

IT시대의 과제달성형 목표관리, 아사에 스에미츠 저(정경진 역), 오즈컨설팅

2. 외국도서 및 논문

Jeffrey Sanchez-Burks and Fiona Lee, Richard Nisbett, Incheol Choi, Jasook Koo, Shuming Zhao (2003) "Conversing Across Cultures: East-West Communication Styles in Work and Nonwork Contents"

McCleland.D.C(1973), Testing for competence rather than for intelligence.

Victoria L. Brescoll and Eric Luis Uhlmann(2008) "Can an Angry Woman Get Ahead? Status Conferral, Gender, and Expression of Emotion in the Workpllace"

저자소개

김복수(金福洙)

- **노무법인 예담HR컨설팅 대표 컨설턴트/공인노무사**

- 한화그룹(한화갤러리아)에서 근무(1998~2007)하면서 인사·조직 업무를 수행하였고 2008년부터 현재까지 노무법인 예담HR컨설팅의 대표 공인노무사로 활동하고 있다. 약 20년간의 인사·조직·노사관계 업무 경험을 바탕으로 강의, 코칭, 컨설팅 등의 업무를 수행하고 있다. HR과 노동법을 통합한 인사노무관리를 통하여 '기업의 건강한 성장과 직원의 행복을 돕는 일'을 비전(vision)으로 삼고 일하고 있다.

- **학력사항**
  - 중앙대학교 대학원 경영학과 졸업(경영학 석사, 인사/조직 전공)
  - 중앙대학교 경영대학 경영학과 졸업

- **경력사항**
  - 現. 노무법인 예담HR컨설팅 대표 컨설턴트/공인노무사(2008~현재)
  - 現. 예담 인사평가연구소 소장
  - 現. 중앙경제 HR교육원 교수
  - 現. KPC 한국생산성본부 교수
  - 前. 한화그룹[한화갤러리아] 근무(1998~2007)
  - 前. KPC 한국생산성본부 경영컨설팅본부 책임컨설턴트
  - 前. HRM전문가 인증 출제위원

- **저서**
  - *체크포인트 근로감독 대응실무(개정판, 2023)*
    - 김복수 · 정호영 공저, 중앙경제 -
  - *스토리텔링 인사노무관리[노동법편](개정3판, 2023)* - 중앙경제 -
  - *노동법 좀 아는 리더(2022)* - 중앙경제 -
  - *인사평가 트랜스포메이션(2024)* - 중앙경제 -

- boksoo.kim@hryedam.co.kr

- https://blog.naver.com/yedamkbs